わが親愛なるパレスチナ隣人へ

イスラエルのユダヤ人からの手紙

ヨッシー・クライン・ハレヴィ 著
神藤誉武 訳

Letters to My Palestinian Neighbor

Yossi Klein Halevi

ミルトス

著者の自宅から見える防壁

著者（左）とアブドゥラー・アンテプリ師

ヤッフォ港の水夫たち

小屋を建てる
（キブツ・ヤスウール、1939 年）

荒野の開拓（キブツ・ハゾレア、1937 年）

イスラエル独立宣言（テルアビブ、1948 年）、ダヴィッド・ベングリオン首相（奥中央）
その頭上に掲げられているのは建国の立役者ヘルツェルの遺影

エチオピアのシグド祭

「ソロモン作戦」によりエチオピアから
イスラエルに帰還した人々（1991 年）

テルアビブの創設（1909 年）

現在のテルアビブ

ユダヤ人の入植地
テコア

仮庵の祭り

樹齢二千年のオリーブの木（エルサレム）

神殿崩壊日に西の壁で祈るユダヤ教徒

西の壁を見上げる空挺兵（1967 年）

神殿の丘の南側（中央がアル・アクサ寺院）

岩のドーム周辺で
祈るイスラム教徒
(エルサレム)

ユダヤ教徒の
「マクペラの洞窟」
イスラム教徒の
「イブラヒーミ寺院」
(ヘブロン)

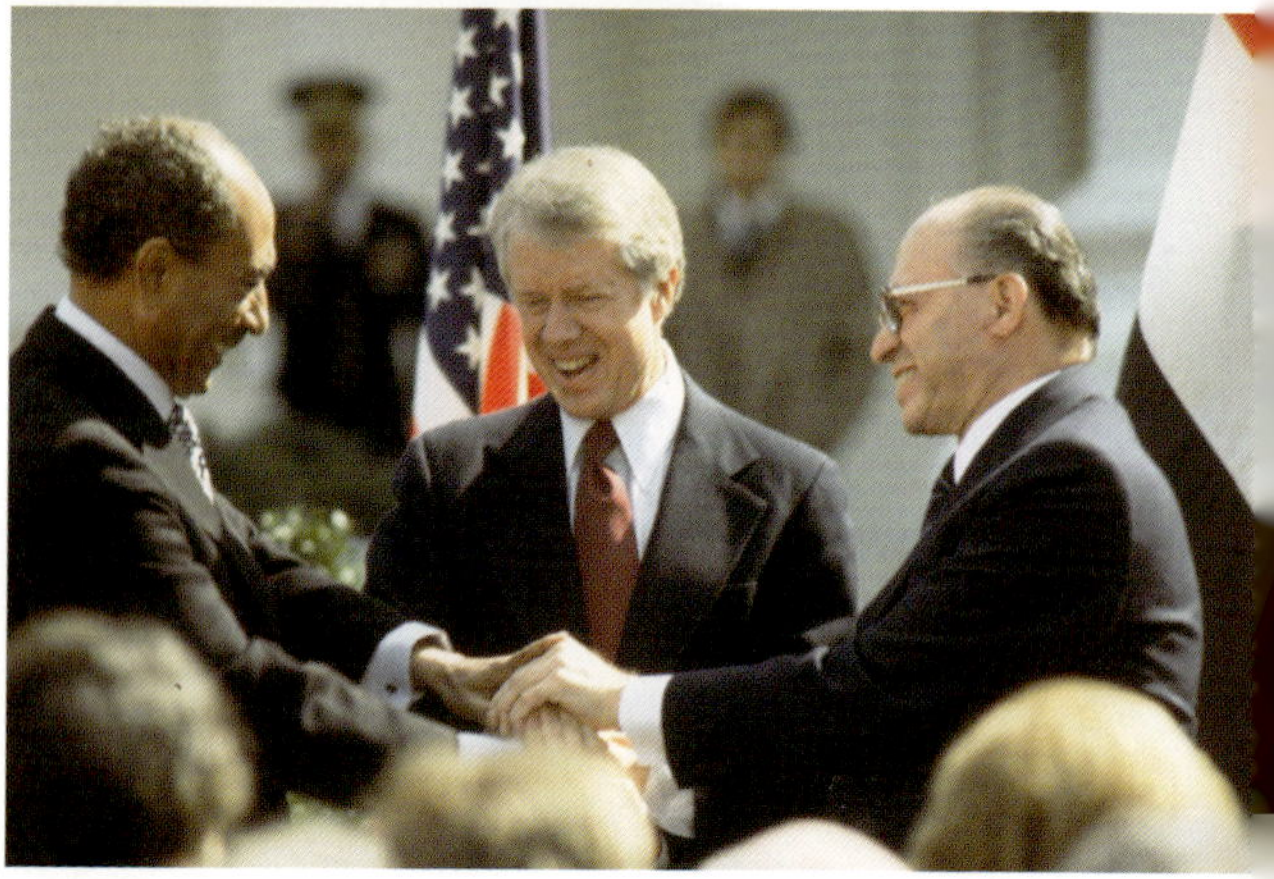

エジプト・イスラエル
平和条約(1979年)

左から
アヌアル・サダト
(エジプト大統領)
ジミー・カーター
(アメリカ大統領)
メナヘム・ベギン
(イスラエル首相)

オスロ合意（1993 年）

左から
イツハク・ラビン
（イスラエル首相）
ビル・クリントン
（アメリカ大統領）
ヤセル・アラファト
（パレスチナ議長）

第二次
インティファーダ
（2000 年～）

ガザからロケット弾が幾度もユダヤ人の住宅地に撃ち込まれている

ヌセイラット難民キャンプ（ガザ）

シェルター
に避難する
イスラエル
人の若者

アウシュヴィッツ
を訪問する
ムハンマド・
ダジャーニ教授

©Alamy

エミール・
シュファーニ教父

ヤッド・ヴァシェム・ホロコースト記念館の
「記憶のホール」

ユダの荒野に架かる虹
（エルサレムの東）

この邦訳版を、宗教対話と中東和平に尽力された天台宗の大阿闍梨、
葉《は》上《がみ》照《しょう》澄《ちょう》尊者の霊前に捧ぐ

Y・K・L

読者の皆様へ

　私はこの五年間、イスラム教の指導者《イマーム》でデューク大学のアブドゥラー・アンテプリ師と共に、ムスリム・リーダシップ・イニシアチブ（the Muslim Leadership Initiative、以下ＭＬＩ）を指導する栄誉に与《あずか》っています。これは、新進気鋭のイスラム系アメリカ人指導者たちに、ユダヤ教とイスラエルについて教える教育プログラムです。これまで、ＭＬＩを通して、百人以上の参加者がシャローム・ハルトマン研究所のエルサレム・キャンパスを訪れています。同研究所は、ユダヤ教の多元的なあり方を推進する優れたイスラエルの研究教育センターで、ＭＬＩのスポンサーであり、私はそこで研究員を務めています。

　本書の一部は、このプロジェクトの成果です。本文中に提起されている内容の多くは、アブドゥラー師やＭＬＩの友人たちとの濃密な勉強会や、個人的に交わした会話から生まれた副産物です。

　本書の試みは、私のすぐ隣に住むパレスチナ人にユダヤ人の物語を語り、ユダヤ人のアイデンティティにおけるイスラエルの重要性を説明することです。和平の障害になる主な要因の一つは、他方の話を聞けないことにあります。それで、本書のアラビア語訳を無料でダウンロードできるようにしました。

リンクは、次のとおりです。https://www.letterstomyneighbor.com/

パレスチナ人、またアラブ・イスラム圏で暮らす方たちは、同リンクにアクセスして、本書で扱っているどんなことでも、私宛に書いてください。対話の精神で書いてくださった手紙には、どんな難題であろうと、返答するつもりです。私の意図は、中東における私たちの共通の未来について、公に会話を開始することなのです。

前書、『エデンの園の入り口で』（*At the Entrance to the Garden of Eden*）では、私のパレスチナ社会の訪問記を綴りました。それは、私の隣人の信仰と体験を多少なりとも理解する試みでした。本書はその続編とも言えます。今度は、イスラエル人としての私の信仰と体験を、私の隣人に説明する試みです。

本書によって、最も基本的な前提で意見を異にするお互いに、対話を促《うなが》したいのです。それで、まだ会ったことのないパレスチナの隣人であるあなたに向けて、本書を書いています。互いに耳を傾ける旅路を始められることを願って。

わが親愛なるパレスチナ隣人へ――イスラエルのユダヤ人からの手紙／目次

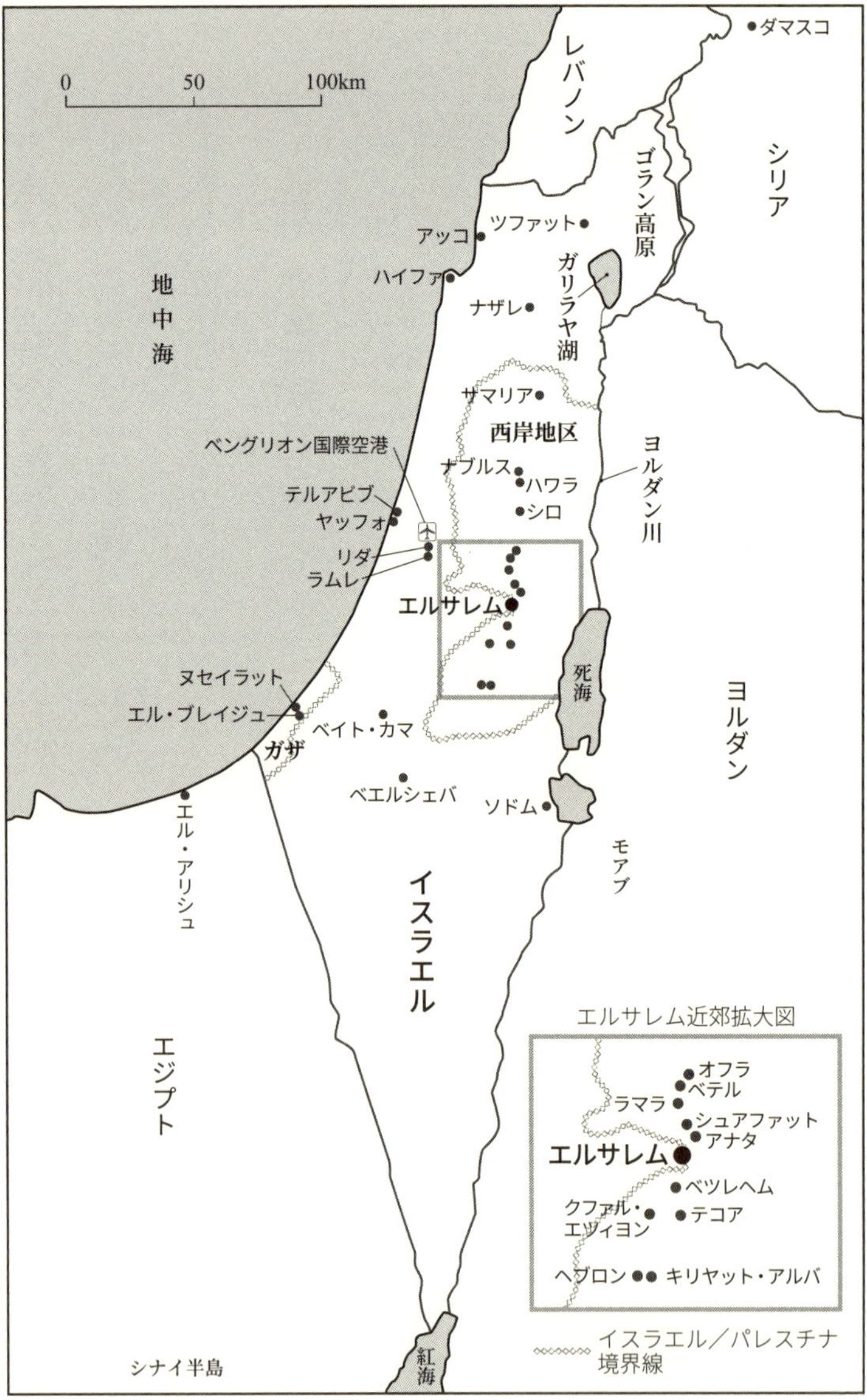
0
50
100km
ダマスコ
レバノン
シリア
ゴラン高原
ツファット
アッコ
ハイファ
ナザレ
ガリラヤ湖
地中海
サマリア
西岸地区
ベングリオン国際空港
ナブルス
ハワラ
シロ
ヨルダン川
テルアビブ
ヤッフォ
リダ
ラムレ
エルサレム
死海
ヨルダン
ヌセイラット
エル・ブレイジュ
ベイト・カマ
ガザ
ベエルシェバ
ソドム
モアブ
エル・アリシュ
イスラエル
エジプト
エルサレム近郊拡大図
オフラ
ベテル
ラマラ
シュアファット
アナタ
エルサレム
ベツレヘム
クファル・エツィヨン
テコア
ヘブロン
キリヤット・アルバ
紅海
イスラエル／パレスチナ境界線
シナイ半島

わが親愛なるパレスチナ隣人へ――イスラエルのユダヤ人からの手紙

手紙1　私たちの間にある壁

親愛なる隣人へ

あなたのことを「隣人」と呼ばせてください。というのも、まだあなたの名前も知らないし、あなたの個人的なことは何も知らないからです。私たちの現状を思うと、お互いの関係を「隣人」という言葉で表すのは、あまりにも軽率かも知れません。私たちは、互いの夢を踏みにじり、それぞれが抱く郷土《ホーム》への想いをかき乱しています。それぞれにとって、歴史上かつてない最悪の悪夢の現実を生きています。それなのに、隣人と呼ぶべきなのでしょうか。

でも、それ以外に、あなたのことをどう呼んだらいいのか分かりません。私は、かつてあなたに直に会えると信じていたし、それが今でもあり得ることを願ってこの文を綴っています。あなたが、私のベランダからほんの先の、近くの丘の上で暮らしている姿を想像しています。互いに会ったことはないけれど、それぞれの生活に深く関わり合っています。

だから、隣人と呼ばせてください。

私たちは、互いの景観を分断するコンクリート壁の反対側で暮らしています。私が住んでいるのは、東エルサレムのフレンチ・ヒルという住宅地で、あなたからは丘に面して建てられた階段状の住宅群が見えるでしょう。私の家は、その一番端の棟にあります。

私のアパートから、あなたがエルサレムに入るために通過しなければならない検問所が、ほんの少しだけ見えます。もちろん、あなたが通過許可書を持っているという前提のことですが。でも私には、検問所は至る所にあるように感じます。私が、早朝の日課どおり、瞑想と祈祷にふけっている時、絶え間ないクラクションの音で、時折妨げられることがあります。検問所の前の車列で、苛立《いらだ》つ運転手たちが鳴らしているのです。あなたも、あの苛立つ行列にいたことがあるのでしょうか。

時々、あなたのいる丘から煙が立つのが見えることがあります。黒い煙は、タイヤを燃やしていることを意味しているのだと分かって、かなりの時が経っています。それに続いて若者たちがイスラエル兵士めがけて石を投げる。そして、兵士たちが撃つ催涙ガスの白い煙が立つ。そんな中、あなたはどうやって通常の生活を送っているのですか。

あなたはパレスチナ人として、イスラエル人の私が享受している市民権を認められてはいません。あなたの丘と私の丘との格差は今も続き、私自身ユダヤ人として、またイスラエル人としての最も深い自己理解と道義的な責任に、疑問を投げかけています。この格差に終止符を打つためにも、私は二国家共存を支持しているのです。

今は夜明け前。あなたの丘に面した書斎にいます。夜のしじまを乱すのを躊躇《ためら》うように、優しく、ムエジン（訳注・イスラム教の礼拝時を知らせる人）が呼びかけています。私は、白い祈祷衣で身を覆い、あぐらをかいて瞑想用のクッションに座り、向こう側から聞こえる祈りの招きに応えるように、額を床につけます。神との最も親密な対話の中で、私はあなたに語りかけることを願っているのです。

壁の向こうから、太陽がおぼろな光を放っています。腕には経札《テフィリン》の黒い帯を巻きつけ、小さな黒い箱の一つを心臓近くの前腕に、もう一つを額に結びつけると、心と知性が信仰心に結ばれます。その箱の中には、神が唯一であることを宣言した、ユダヤ教で最も重要な祈りを含む聖書の句が記されています。「聞け、イスラエルよ。我らの神、主は一つである」。あるいは、クルアーンにあるように、「彼は唯一なる神。永遠なる、すべてをあらしめる絶対的創造主」

私の窓からは、砂漠色の広大な景色の向こうに、不釣合いな蒼《あお》いスポットが見えます。死海です。その向こうにはヨルダンの峰々。私自身が、この広大な中東の一部に溶け込んでいくようです——

でも、あの壁が、私をベランダのすぐ向こうの制圧という現実に呼び戻します。

まだ壁が建てられる前のこと。色々なことがうまく行かなくなる前に、あなたを知ろうとしたことがありました。一九九八年末のこと、前世代のようで、確かに前世紀のことです。聖地で暮らす私の隣人の信仰、イスラム教とキリスト教の巡礼に出掛けたことがありました。私が願ったのは、あなたの神学理論を知ることではなく、一人のユダヤ教徒として、あなたの信仰生活の片鱗を体験することでした。最も内面的な時間において、あなたはどのように祈るのか、あなたはどのように神と出会うのか、そのことを学びたかったのです。

忌まわしい行為を正当化するために神の名がしばしば唱えられるこの地にあって、どうしたらユダヤ教徒とイスラム教徒が多少でも神の臨在を共にし、信仰者として共に暮らせるのか。それを見極めることが私の目的でした。私が学びたかったのは、イスラム教の寺院《モスク》でアットホームな気持ちを抱くことであり、イスラム教を脅威としてではなく、霊的体験の機会として捉えることでした。ムエジンの呼び声を、その意図するとおり、目覚めの招きとして聞きたかったのです。

ユダヤ教では、贖罪日《ヨム・キプール》に断食しても償《つぐな》うことのできない罪があります。それは、神の名を汚すことです。神の名を誤って用いたり、神の名において不当な行為をした信仰者が、この罪の対象者となります。私は、宗教を異にする人たちが出会うことは、神の名を聖とすることに繋がると信じています。異なる信仰を持つ人々と交わりを持つことは、宗教的な謙虚さを育み、真理と神聖さは一つの宗教宗派に限定されないことを認識させてくれます。私にとっては、ユダヤ教が、神と深く交わるための大切な言葉ですが、神は様々な言葉を話されます。

私の願いは、そのような多様な対話を高く評価し、神の広大さに多少なりとも触れること。そんなことを思って、イスラム教の世界に入って行ったのです。

幸運にも、いくつかのモスクで、祈りの列に並んで、イスラム教の祈祷の動作に連なり、礼拝にこの身を浸すことを許されました。神に従う体験は、まず列をなして、両隣の人と肩と肩をそろえて一列に並ぶことから始まることを学びました。そして、神聖な動作が続く。お辞儀をし、元の姿勢に戻り、ひれ伏して、立ち上がる。それを、自分の身体があたかも水に変化するように感じるまで繰り返す。自分が生まれるずっと前から始まり、死んだずっと後にまで続く、祈りの波濤《はとう》の一滴のように感じるまで繰り返される。

聖地で共存するということは、時として、互いに距離を置いて暮らすことで保たれています。エルサレムの旧市街にある、イスラム教、ユダヤ教、キリスト教、アルメニア教の四つの区域がそれを裏づけています。「安全は、互いの距離感で計られる」というメッセージです。

私のこの旅路は、距離感によって保たれている共存に逆らうもので、和合できる可能性があるという強い主張だったのです。

私は、イスラム教を探究する一環として、ガザ地区の中部にあるヌセイラットの難民キャンプに友人から招かれました。一九九〇年、かつて私はイスラエル兵としてそこに配属され、細い路地をパトロールしたことがありました。十代の若者たちが壊れた瓶や鉄梃《かなてこ》を投げて、「アムノンがよろしく《アムノン・ベサレム・》言ってたぞ《アレイク》」と繰り返し叫んでいました。それは、かつてイスラエルの予備兵だったアムノン・ポメランツのことで、彼は隣にあるエル・ブレイジュ難民キャンプに迷い込み、暴徒に囲まれ、生きたまま焼き殺されました。

十年後、私は巡礼者としてヌセイラットを再び訪れました。シェイフ・アブドゥル・ラヒーム師は、イスラム神秘主義スーフィーの小さなモスクに務める初老の指導者で、心の働きを重視する神秘家でした。師は、私をその小さなモスクに招いてくれました。モスクは、礼拝者が軽薄な行動を慎むように、墓地の向かいに建てられていました。当初、師は私をイスラム教に改宗させようとしていました。指を立てて、イスラム教の信仰告白であるシャハーダを師の後に続いて唱えるように言いました。私は、私の隣人であるイスラム教徒がどのように神に仕えるのかを学びに来たのであって、ユダヤ教の信仰に満足しています、と伝えました。師は納得しませんでした。預言者ムハンマドによらないでは神に至る道はない、と彼は言いました。

突然、師は向かいの墓地に私を連れて行きました。二人で彼の師の霊廟に入り、静かに佇《たたず》みました。彼が私の手を握りました。私たちは、自分たちが共に死すべき者であるという共通の感覚を抱きました。数カ月後、再びそこを訪れました。その時、シェイフ・アブドゥル・ラヒーム師は、笑顔で私を迎えてくれました。彼は胸に手をあて、こう言ったのです。「あなたがあの墓を訪れて、互いの手を握り合った時から、あなたのことを身内のように思うようになった。私の弟子は、イスラム教徒であれ、ユダヤ教徒であれ、皆私の心の中にいる」

私は、一年に及ぶ旅路を通して、イスラム教を愛するようになりました。その恐れなき心、特に死に直面した際の心構えは素晴らしいと思います。西洋人は、得てして自己の死ぬべき運命に向き合うことを避けようとします。でもイスラム教徒は違う。最も平凡な者から最も知的な信者に至るまで、自らが永遠不変の存在ではないことを心得ています。イスラム教には、この自覚を信者に促《うなが》す並外れた力があることを、私は学んだのです。

パレスチナ人と政治を論じていると、「この土地の所有者は誰かなど、なぜ議論するのか。結局、私たちの両方がこの土地の一部になるではないか」（訳注・互いにこの地に埋葬されて、その一部となること）と言われることがあります。まったく同じ表現がユダヤの伝統にもあります。自らのはかなさを受け入れる勇気は、互いの民族の間に平和を語る宗教的な言葉を生み出し、政治的な柔軟さをもたらし、独善的な主張を回避する基《もとい》となります。

こんなことを隣人のあなたに書いているのは、これまでに私が出会ったほとんどのパレスチナ人同様、あなたが宗教的な人であり、戒律を厳格に守ってはいないとしても、信仰者だと思っているからです。私があなたの宗教を訪れたのは、平和を語るための宗教的な言葉を学ぶためでした。外交官たちの善意による努力がこれまで水泡に帰してきた理由の一つは、それぞれが抱く深い宗教的な心情を蔑《ないがし》ろにしたことにあると私は思っています。中東に和平を実現させるためには、何かしら互いの心に訴えるものでなければなりません。

それで、私は、信仰者同士の対話として、あなたに語りかけるのです。

どんなに互いの表現の仕方は違っていても、私たちの信仰は根本的に同じ世界観を持っています。究極的には、見えない世界は物質界より確実であり、この世界は偶然の産物ではなく、どんなにベールに覆われていても、ある目的に従って創造されたこと。私たちは、本質的に、肉体であるよりも、唯一なるものを根源とする霊魂であること。

私たちを創造し養い給う聖なる存在を認める代わりに、この生命の奇跡、意識の奇跡は偶然の産物であると考えることほど滑稽なことはない、と私は思っています。

私がパレスチナ社会を訪れたのは、あなたの信仰生活について学ぶだけでなく、少しでもこの紛争をあなたの視点から垣間見るためでした。パレスチナ人の悲劇、すなわち、転地の体験が行動原理となり、屈辱的な敗北の日を一年の最も大切な記念日とする、人々の壊滅的な体験に接するためでした。私は、できる限り自分自身の物語から離れて、パレスチナ人の歴史的な思い入れや、ユダヤ人があなたたちにもたらした過ちに向き合おうと努めました。許可を得ずに家を建てたため、イスラエルに壊された人々に私は会いました。そもそも、エルサレム市当局は、パレスチナ人が許可を取得しにくいように設定しています。あなたの話に耳を傾け、パレスチナ人の歴史や回想録、詩歌を読みました。あなたの記録を知って、苦悶しました。私は決して、ユダヤ人の郷土帰還――私たちユダヤ人はそう表現するのですが――への愛を失ったわけではなく、粘り強さと勇気、そして何よりも信仰の物語として大事にしています。ただ、それに真っ向から対立する、侵略と占領、追放というあなたの物語から、もはや目を逸《そ》らすことができなくなりました。私たちの二つの記録、同じ物語の相容れない二つの視点が、私の中で共存するようになったのです。

イスラエルに住む私たちは、長年あなたたちを、まるで姿形のない見えない存在のように扱い、無視してきました。アラブ世界が、ユダヤ人の、国家主権に値する民族として自らを定義する権利を否定してきたように、私たちもまた、パレスチナ人が、アラブ民族の中でも特有な人々であると自らを定義する権利を否定し、同じように国家主権に値する人々であることを否定してきました。紛争を解決するには、互いの自決権だけでなく、それぞれの自己定義の権利を認め合う必要があります。

今では、多くのイスラエル人が、あなたたちの民族自決権を認めるようになりました。一九八〇年代後半に勃発したパレスチナ人の一斉蜂起、第一次インティファーダの後、私と同世代の多くのイスラエル人は気づいたのです。占領が、あなたたちだけでなく私たちにとっても災難であること、イスラエルの左派がかねてから警告していたことは正しかった、と。ヨルダン川から地中海に至るすべての土地に対する私たちの歴史的な権利を履行するには、あまりにも大きい代償が伴うことを悟ったのです。占領が永続化すれば、私たちは、ユダヤの倫理的な価値を体現する民主国家であり続けることができなくなります。あなたたちをいつまでも占領することを、私たちは望んでもいません。私が、私の郷土に帰還したのは、他の民族の郷土意識を否定するためではありません。

あなたの主張や痛みを否定するつもりはない、と私が言うとき、あなたがそれを聞き入れてくれることを願っています。

もちろん、多くのイスラエル人は、正しいのは自分たちのほうで、あなたたちには実質的な歴史的権利など何もない、と主張し続けていました。でも、かなりの人が違和感を覚えるようになったのもその頃です。「自責の念に駆られたイスラエル人」の陣営が現れました。真摯な和平案をもってパレスチナ人に歩み寄る責任は、占領しているイスラエル側にあると私たちは思ったのです。そのために、一九九三年九月十三日、オスロ和平プロセスの正式な幕開けとして、ホワイト・ハウスの芝生の上でヤセル・アラファトと握手したイスラエルの首相イツハク・ラビンを、私たちは支持しました。

そして、二〇〇〇年九月に第二次インティファーダが勃発。何千ものイスラエル人が私たちの街頭で殺害され、負傷しましたが、あなたの地域はさらに多く数千人もの犠牲者が出ました。爆破されたバスの残骸をイスラエルで目にするようになりました。惨事の記憶は薄れつつありますが、今でもはっきりと憶えていることがあります。自爆テロリストが、エルサレムにある私の職場に近い喫茶店を攻撃し、父娘を殺害しました。その娘が結婚する前夜のことでした。翌日、結婚式に招かれていた人たちは、彼女の葬式に参列したのです。私は、その家族と面識があったので、喪に服す遺族を訪れました。妻として、母親として、悲嘆に暮れる夫人は、信仰で毅然とした態度をもって、訪れるすべての人を慰めていました。その時に気がついたのです。どんなことがあっても、ユダヤ民族をこの地から再び引き離すことはできない、と。

妻のサラと私は当時、二人の十代の子供を育てていました。毎朝必ず、さようならのキスをするようにしていました。この子たちと二度と会えないかもしれない、と思いながら。二人のすぐ近くで、テロ事件が何度も起こりました。コビー・マンデルという十三歳の少年が石打ちに遭って殺害されたのですが、私の息子ガヴリエルは彼とサマー・キャンプで一緒でした。コビーくんの遺体は洞窟の中で見つかりましたが、あまりにも損傷が酷《ひど》くて、ＤＮＡ鑑定でやっと彼の遺体だと認定することができたほどでした。

和平プロセス破綻の責任は誰にあるのか。この点に関しては、イスラエル人とパレスチナ人では見解が大きく分かれるし、これからも議論が絶えないでしょう。私を含むほとんどのイスラエル人は、私たちの当時の指導者たちが和平実現に尽力してきたと信じています。それに対して、あなたたちの指導者は妥協を拒み、テロに訴えてイスラエル側の意志を損ね、さらなる譲歩を勝ち取ろうとしていたと認識しています。オスロ合意がなぜ失敗したのかということについて、あなたの意見がどれだけイスラエル側の認識と異なっていたとしても、この認識が、私たちイスラエル人の世界観と政策を形成してきたのかを考慮することなくして、今日のイスラエル人を理解することはできません。

第二次インティファーダを通して、私たち、自責の念に駆られたイスラエル人のほとんどが、パレスチナの指導層に和平の意志があるとは信じられなくなったのです。テロだけが理由ではありません。私たちが失望したのは、史上最悪のテロの波が私たちを襲ったタイミングが、イスラエル側が、占領を終わらせるための誠意ある提案を――それも二つの提案を――した後だったからです。二〇〇〇年七月のキャンプ・デーヴィッドで、エフード・バラク首相は、イスラエルの指導者として初めて、パレスチナ人の住む東エルサレムを首都として、西岸地区とガザ地区にパレスチナ国家を築くことを認めました。イスラエルは何十という入植地を撤収し、数万人のユダヤ人居住者を彼らの家から追い出すつもりでした。当時は壁もありませんでした。障壁が建設されるとしてもそれは普通の国境フェンスであり、イスラエル国とパレスチナ国を区別するためのものです。占領に必然的に伴う不義が終わるはずでした。しかしアラファトはその提案を退け、代案さえ提示しませんでした。

　キャンプ・デーヴィッドでの交渉が失敗に終わり、イスラエル人とパレスチナ人は、果たしてイスラエル側が真剣な努力をしたのかということで論じ合いました。しかし半年後の二〇〇〇年十二月、アメリカのビル・クリントン大統領が独自の和平案を提示しました。バラクがキャンプ・デーヴィッドで提示した九一％前後の領土を九五％に引き上げ、さらに補正的な領土交換と、イスラエルの領土を横断するように西岸地区とガザ地区を繋ぐ道路を敷くという提案でした。この時も、バラクがイエスと言ったのに、アラファトはノーと答えました。後にクリントンは、和平プロセスはアラファトのせいで決裂したと述べています。

　紛争終結の可能性を信じていた多くのイスラエル人にとって、これは衝撃的な瞬間でした。「パレスチナ人の指導者たちはイスラエルとの和平を望んでいて、こちらが確かな提案をすれば先方は当然同意してくれるはずだ」という主張を、イスラエル国民に説得しようとして、生涯を捧げた人たちを知っています。イスラエル左派の悲劇は、その主張を国民の大半に説得することに成功してしまったことです。そして和平プロセスは、文字どおり、私たちの目の前で空中分解してしまいました。

　二〇〇八年、イスラエルのエフード・オルメルト首相が、パレスチナの指導者マフムード・アッバスに、土地交換と共に、ほぼ全面撤退に近い提案を申し入れました。アッバスは応答すらしませんでした。今日、近隣諸国と和平を結んで正常な生活を送りたいと切に願っている一般のイスラエル人は、パレスチナ指導者が和平を望んでいると今なお考えている左派の人々の主張を、妄想と見なしています。

第二次インティファーダの非情な暴力に劣らず、イスラエル人に動揺を招いたのは、その根底にある動機でした。それは、私たちが共有するこの地でユダヤ民族が主権国家として存在する権利の否定でした。この地は、二つの民族が共に分かち合って暮らさなければならないという考えを否定したのです。この地におけるユダヤ人の存在を抹消することを意図したもので、テロより根の深い病理の現れでした。反乱は、占領に対してではなく、イスラエルの存在そのものに対してだったのです。

占領に対しては暴力をもって戦うしかない、というパレスチナ人の声を私は聞いてきました。イスラエル人の目には、逆の力学が働いているように見えます。私たちの視点から見たら、占領がテロをもたらすのではなく、テロが占領を長期化させているのです。私たちがどれだけ努力しても、結局私たちに対するテロが止むことはないとイスラエル人は思っているのです。実際、イスラエルが二〇〇五年にガザを撤退した時がまさにそうでした。入植地を取り壊し、軍事基地を撤収しました。それなのに、その後何年もの間、数千発のロケット弾が境界近くにあるイスラエルの住宅地に打ち込まれたのです。

パレスチナの指導者は、自らの同胞に、イスラエルに国家としての歴史的な正当性はないと絶えず言い続けています。私たちは、彼らを通して悟りました。この紛争は、最終的に、境界線の問題ではなく、入植地やエルサレム、また聖所の問題でもない。この境界内のどこであれ、私たちの存在する権利についての問題であり、私たちユダヤ人が一つの固有の民族として認めてもらう権利についての問題なのだ、と。

イスラエル左派の衰退は、私の国の政治を一世代にわたって変化させてしまいました。オスロ合意の壊滅的な崩壊に伴い、右派が政権を取り戻しました。一九九〇年代、イスラエルの和平推進派のデモには数十万人が集結しましたが、今ではせいぜい集まっても数千人でしょう。

もちろん、多くのイスラエル人は、両民族がこのひどい閉塞状態に至った責任は自分たちにもあることを十分心得ています。例えば、オスロ和平交渉の最中も、私たちが入植地での建設を続けたために、あなたの同胞は、私たちイスラエル人の紛争解決への約束に疑問を抱き、無力感を強めたことでしょう。しかし紛争解決の決定的な瞬間に、私たちの指導者がイエスと言うのに対してパレスチナの指導者はノーと言うのを、私たちは見てきました。

私がここまで詳しく言及するのは、この瞬間が、イスラエル社会をも私自身をも変えてしまったからです。なぜ私が占領の重荷を道義的に受け入れられるのか、窓の外に見える壁と共に生活を続けることができるのか、この事実からお分かりでしょう。

私がパレスチナ社会を訪れることもなくなりました。あまりにも危なくなったからです。パレスチナ自治政府の管轄する地区に入ったイスラエル人は、リンチに遭いかねません。やがてイスラエルは、国民がそのような地区に出入りすることを禁じるようになりました。私がパレスチナの人々と結んだ関係も薄れてしまいました。

二〇〇〇年代の初め、人間爆弾が炸裂するにつれ、私は、たいていのイスラエル人と同じように、西岸地区とイスラエル、あなたの丘と私の丘を隔てる防壁の建設を支持しました。自爆テロ犯が西岸地区から主権国家であるイスラエルへ容易に侵入し、私たちのバスに乗り、喫茶店に入るのを阻止する必死の試みだったのです。

効果はてきめんでした。防壁が建設されると自爆テロの波は収まりました。この防壁は、私の子供たちの安全を守ってくれる、中東で生き残るための手段であると思っています。だから、この嫌いな壁に感謝しているのです。他にどうしようもないと思うからです。

第二次インティファーダのせいで、私の歩み寄ろうとする気力はすっかり失せてしまいました。どんな形であれ、あの旅路を続けるのは無理だと思ったのです。あなたの物語も、主張も、不満も、もう聞きたくなかった。私はあなたの丘に向かって叫びたかった。こんなはずじゃなかった！　私たちのパートナーになって、妥協案を交渉しようではないか！　私を見てくれ、私の存在を認めてくれ！　私にも物語があるんだ、と。

パレスチナ側のメディアで、私たちユダヤ民族の物語がどう描かれているのかを目にするにつれて、絶望しそうです。パレスチナのメディアも、思想的には多様ですが、ただ一点においては共通しています。それは、ユダヤ人は民族ではないので国家を持つ権利はないという考えです。パレスチナの学校でもモスクでも、このメッセージが流布しています。ユダヤ人が昔この地に住んでいたというのはシオニストの虚言《きょげん》で、エルサレムの丘の上に神殿などなかった。ナチスによるユダヤ人大虐殺《ホロコースト》もシオニストの戯言《たわごと》で、それは欧米からイスラエルの支持を得るために作り上げられたもの。あなたの側で広く浸透している言説によれば、私は根っからの嘘つきで、歴史もなければこの地のどこにも正当な権利を持たない土地泥棒で、この地とは関係のないよそ者となっています。

あなたのメディアでは日常的に、イスラエルもユダヤ人も怪物《モンスター》のように描かれています。九・一一の同時多発テロの責任は私たちにあり、起こらなかったはずのホロコーストで私たちはナチスと手を組み、パレスチナ人を殺して臓器を奪い、さらに自然を巧みに操って環境災害を起こしている。そして、もちろん、私たちは秘密裡に世界を支配していると伝えられています。

パレスチナ人の中にも、ユダヤ人を魔物として描くのに嫌悪し、二つの正義の物語の板挟みになっていることを率直に認める人がいることを、私は知っています。あなたもその一人であることを願っています。ただ私の知る限り、このような捉え方はパレスチナの主流なメディアでは禁じられています。パレスチナ人側の物語を打ち消すのではなく、それと両立するような形で述べたとしても、ユダヤ人の物語の正当性を少しでもほのめかすような発言は封じられてしまいます。

もし私が存在せず、私の存在する権利もなければ、どうやって互いに和解などできるのでしょうか。だからあの壁は、互いの間にあるより深い壁の現れなのです。私たちは、最も基本的な共有言語さえ合意することができません。私は、この地における私の存在を、追放を強いられた固有の民族が帰還する一端と捉えています。ユダヤ国家の再建は、歴史の正義であり修復の行為です。私にとって、イスラエルの主権のもとにエルサレムでユダヤ人として生きることは、精神的な誇りと宗教的な霊感の源《みなもと》なのです。

私は、あなたの存在はこの地において不可欠なものと考えています。パレスチナ人は、よく自らをオリーブの木に例えます。私は、あなたがこの地に根を下ろしていることに、あなたがこの風景に抱く愛に、啓発されます。

それで、あなたは私をどのように捉えているのですか。あなたから見れば、私は、歴史的な犯罪と宗教的な侵害である植民地主義による侵略の一端なのでしょうか。それとも、この地に存在する正当性が、あなたにもあるように、ユダヤ人にもあると認めることができますか。この地で暮らす私の生活を、かつて引き抜かれたオリーブの木が元の場所に植え戻されたのだ、と見ることはできるのでしょうか。

私たちの対立が深まるにつれ、壁はこの風景にますます溶け込んでいき、住宅や丘や移りゆく光線の一部とさえなっていくように感じます。壁がまったく消えてしまうこともあります。私の目は、壁から視線を逸らすことを学びました。私のアパートは十分高いので、壁の向こうの荒野に目を移すことができるのです。抑圧から目を逸らし、広大な風景を楽しむことができるほどです。

でも、壁は依然として屈辱の象徴としてあり続けています。壁の存在は、イスラエルが近隣の人々の間に自らの場所を見出だしたいという、私の抱く最も深い希望を否定します。

第二次インティファーダの後の数年間、私は、多くのイスラエル人のように、こう言っていました。私たちは和平のために努力したのに、あらゆる残忍な方法で拒絶された、と。でも、これではあまりに軽薄です。私は、一人の信仰者として、この互いの断絶を恒久的なものと受け入れることは許されず、絶望と和解することは禁じられています。クルアーンが力説するように、絶望は神への不信と同じことです。和解の可能性を疑うことは神の力を制限することであり、特にこの地における奇跡の可能性を制限することになります。平和が不可能と思えるとき――そんなときにこそ、聖書は私に「平和を尋ねて、これを追い求めよ」（詩編三四・一五）と命じています。

だから隣人さん、私はあなたにお願いしたいのです。私が真摯に語る私の物語があなたの心に響くことを希望し、たとえ意見が完全に一致しないとしても、互いに分かり合える一助になることを願っています。私がイスラエル政府に望むのは、積極的に二国家共存案を推し進め、たとえ道のりは遠くとも、合意のための可能性を探ってくれることです。さらに私の政府に望むのは、安全保障や脅威についてだけでなく、希望と共存と道義的な責任についての言葉を語ることです。そして、入植地の拡張を政府が中止することを願っています。これらは、あなたのためだけでなく、私のためでもあります。この文を書いている今も、政権についているイスラエルの右派政府は、未来を見通したアプローチができないように見受けられます。

私の願いは、今、私たちの近隣諸国が――シリアの惨事でも、中東の他の地域でも――壊滅的な状況にある時、パレスチナ人とイスラエル人が共に絶望の淵からから這い上がり、生きることを選択することです。でも、それが成るためには、私たちが互いに夢見ているもの、そして恐れていることを知り合う必要があります。

私は、あなたの社会を二度訪れました。最初は一兵士として、次は巡礼者として。それは、占領者としてしかあなたと接することのできない現状に甘んじたくなかったからです。その体験については、もっと詳しく語る機会があるでしょう。今私が申し上げたいのは、終わりそうもない占領が、私の隣人の生活に及ぼす衝撃に耐えられなかったことです。そして、私のユダヤ人としての道義的な信頼性――正義と公正を重んじ、神の似姿に創造された人間生命の価値をその世界観の中心に据える、由緒ある伝統の担い手としての信頼性――が損なわれることにも耐えられませんでした。

あなたへの訪問を再開する一つの方法として、私はこの手紙を書いています。ただ、これまでとは違います。最後に私がパレスチナ社会を訪れた時は、あなたを知ろうとしました。あなたと言い争うことも、自分自身について語ることもしませんでした。むしろ私は聞こうとしたのです。

今度は、私の信仰と私の物語――二つは不可分ですが――を、あなたに伝えたいと思っています。私がユダヤ人であるのは歴史のゆえです。だから私は、あなたの隣人としてこの地に戻ってきました。

互いの見解を相手に納得させるのは無理でしょう。私たちはお互い、自らの存在に深く根ざした物語の中で生活しています。集団と個人のあり方を明確に定めているので、それぞれの物語を捨て去ることは裏切りとなるでしょう。

でも、私たちのそれぞれの社会に浸透している相手側について語る物語を、私たちは問い直す必要があります。私たちは、それぞれの歴史上最悪の悪夢を相手側に投射してきました。あなたにとって、私たちは植民地主義者、十字軍。そして私たちにとって、あなたはユダヤ民族を抹消しようとする最新の殺戮《さつりく》的な敵。

そうではなく、私たちは互いを、ヨルダン川と地中海の間の小さな同じ土地にしがみつく、トラウマを抱えた民族と見なすことはできないでしょうか。どちら側も、相手が訴える正義の主張と和解することなくして、和解も正義も見出だすことはできません。

互いを理解しようとする努力を少しもしないで結ばれた和平は、長続きしないと私は思います。私たちの指導者が今後、どんな公式文書に調印しても、あなたの丘や私の丘の現実生活で損なわれてしまう。それは冷たい協定となり、色あせて死滅し、むしろ抹殺されてしまう愛のない和平となるでしょう。いずれにしろ、私たちは、あまりにも密接に暮らしているので物理的に離れて暮らすことは不可能です。だから生きていくために、私たちは共に生きることを学ばなければならないのです。

確かに征服者のほうが、被征服者よりも、相手側の異なる物語に開かれたより繊細な立場を取りやすいのは常です。征服者である私が、どんな権利をもって、互いに認め合うべきことをあなたに求められるでしょうか。私が、恐れを抱く特異な征服者だからと言えないでしょうか。端から端まで十五キロ弱だった一九六七年以前の国境まで撤退することは、混沌とした中東で、自らを守る能力が致命的に損なわれるのではないか。損なわれるだけでなく、私は抹消されてしまうのではないかと恐れているのです。

もうだいぶ前に私は悟ったのです。私をこの地に結びつける歴史的な権利と宗教的な悲願があるからといって、他の人々に犠牲を払わせてこの地すべてを所有することは許されない、と。だからどれだけ痛みが伴っても、私は、二者間の正当な主張の衝突を解決する現実的な手段として、分割案を支持します。

ただ、イスラエル国の正当性がパレスチナ社会やアラブ・イスラム世界で広く否定されてきた体験が、私たちの態度を頑なにし、憤慨させているのです。そして、ありのままの私たちを受け入れず、私たちがこの地域に不可分の存在であることを拒絶する限り、あなたの側は、繰り返し私たちの固い決意を過小評価するのです。あなたに劣らず、私も、互いに共有するこの地に、自分の場所を確保するためには犠牲を払うつもりです。

占領終結の鍵は、私たちユダヤ人が占領地から撤退して領土を縮小する意志を示すこと。その返礼としてあなたの側は、西岸地区とガザ地区をパレスチナ国家の領土と認め、イスラエル国を脅かすことはないという意志を表明して、何らかの希望をユダヤ人に示すことです。

これから書くことの多くは、あなたにとって不快に感じることかもしれません。これから手紙の中でも、「イスラエルの地」という表現を私は使います。私にとっては自然な言い回しなのですが、あなたは侮辱と感じるかもしれません。そんな意図はありません。私が願っているのは、あなたが、あるいは壁のそちら側にいる誰かが、この手紙を読んで応答してくれることなのです。私にとって、あなたが不特定の存在ではなく、一人の人格、一つの声となってくれることを願っています。あなたの怒りの反応でも構いません。私たちの間でこれまで試みられてきたことはことごとく悲惨な失敗に終わり、双方に死と破壊をもたらしてきました。さあ、互いに対話を始めてみて、何が起きるか試してみませんか。

ということで隣人さん、お待たせしました。あなたを、私の精神的な家《ホーム》にお招きします。

いつの日か、互いの実際の自宅《ホーム》に喜んで迎え入れる日が来ることを願いつつ。

手紙2　要請と熱望

親愛なる隣人へ

今日は、ユダヤ教の一年を通じて最も悲しい日です。ユダヤ暦ではアヴ月の九日、ティシュアー・ベアヴの断食の日。かつてエルサレムにあった二つの神殿の崩壊を記念する服喪の日です。バビロニアの王ネブカドネザルによる紀元前五八七年の第一神殿崩壊は、バビロニア捕囚をもたらし、ローマ軍司令官ティトスによる紀元七〇年の第二神殿崩壊は、ユダヤ人が世界に散らされる要因となりました。バビロニア捕囚は、ペルシアの王キュロス皇帝がバビロニアを占領しユダヤ人に故郷への帰還を許すまで、七十年間に及びました。ローマ軍による離散は二千年に及び、一九四八年のイスラエル建国まで続きました。

私は、断食の途中で何度も腕時計に目をやり、このちょっとした試練の終わりが待ち遠しくなると、イスラム教の断食《ラマダン》のことを考えます。私の知るイスラム教徒は、あの断食の三十日間を、聖なる時にとっぷりと浸《ひた》る機会としてとても楽しみにしています。そのことを思うと気をとり直して、この自らを慎む霊的な機会を喜んで受け入れることができるのです。

七月末の朝、荒野から吹きつける乾燥した熱風は、この時期に特有な過酷さを増します。実際、ユダヤ暦はこの地の自然サイクルを反映しています。過越《ペサハ》の春の祭りには、エジプトからの解放と新生を祝いますし、小麦の収穫期に当たる春の終わりの七週の祭り《シャヴオット》には、シナイ山で神の啓示《トーラー》を受け取った、霊的な実りを祝賀します。だから、この乾き切った夏に神殿崩壊日《ティシュアー・ベアヴ》の断食の日が来るのは、この地の喪失感を表現しているようで、時宜《じぎ》にかなっています。

昨夜、私は西の壁に行ってきました。神殿が崩壊された後に残った遺構です。石畳の広場には様々なユダヤ人がいました。まるで人類の縮図のようにも感じました。礼拝に訪れた人たちは車座になって地に座り、私たちの流浪を強調するように聖書の哀歌《あいか》を朗読していました。「ああ、昔は、人の溢れていたこの都、今は寂しいさまで座している」（哀歌一・一）。エルサレム、そして私たちの神殿の崩壊を嘆くために、二千五百年前に綴られた書です。中には、超正統派のユダヤ教徒がいました。超正統派には多数の宗派があり、黒い中折れ帽の大きさや形、黒いコートの長さで見分けることができます。彼らは、ポーランドやハンガリーで話されていたイディッシュ語訛りのヘブライ語で、聖書を朗唱しています。カールした揉み上げを左右に垂らしたイエメン出身のユダヤ人は、喉音《こうおん》の強いヘブライ語で朗唱していました。その発音は、離散する前のユダヤ人の話し方に近いと言われ、ヘブライ語の使用が礼拝や経典の学習時に限定され、民族の日常会話から追いやられる前のことです。広場には、ロシア系やイギリス系、エチオピア系、また、とりわけフランス系の人が目立ちました。フランス系ユダヤ人は、西欧諸国で起きている反ユダヤの暴力から避難して、最近大挙してイスラエルに帰還してきました。

そこでは、哀悼の意を表する形式的な一連の立ち振る舞いが行なわれているのですが、私は本当の意味での嘆きを感じませんでした。大声で聖句を朗読している敬虔な人もいましたが、私には悲嘆の真似事《まねごと》のように映りました。離散が終わったのに、離散を嘆くことは難しいのです。

確かに、ユダヤのすべての祈りが成就したわけではありません。私たちはこの地に戻ってきました。でも、西の壁の至る所で、私たちを守るために警備しているイスラエル兵の姿を見ると、再建された私たちの独立国家についてのみならず、今なお続く脅威について考えさせられます。ティシュアー・ベアヴの必要性を感じなくなったのは、一部のことなのです。ユダヤの伝統は、帰還と贖い《あがない》（訳注・神による救い、解放を指す）との間にある中途半端な状態を、予測できませんでした。だから、私たちは喪に服す儀式を繰り返しながらも、落ち着きがなく、統制を欠いているのです。私たちは郷土《ホーム》にはいるものの、まだ完全に贖われたわけではないからです。

私は車座になっている人々の間を巡りながら、驚異の念に打たれました。私たちは自らの発祥の地に戻ってきています。世界中に散り散りになったお互いが、いつか一つの民族として自らを立て直すことをユダヤ人がずっと信じてきたとおり、そのことが実現しているのです。

私の知っている大半のイスラエル人は、信仰を持っています。既成の宗教ではなくても、意義ある生き方を信じています。イスラエル人は、復活した言語を話して復興した郷土で暮らす自らの存在そのものを奇跡だと感じています。詩編の作者は、「主がシオンの捕囚を帰されたとき、私たちは夢見る者のようであった」（詩編一二六・一）と記しています。イスラエル人であることは、夢の中へと目覚めさせられたようなものです。

ある朝、十代の息子シャハルを車で学校に送った時のこと、旧市街の近くで渋滞に遭いました。私は息子にこう言いました。「こうやって渋滞に巻き込まれると、うんざりするもんだな。それは他のどんな町であっても同じだ。でも、ふと思うことがあるんだ。日常のどんなに退屈で些細なことであっても、私たちの父祖たちにとってはどれだけ大きな夢だったんだろう、って」

別に答えが返ってくるとは思っていませんでした。ジャズ奏者であるシャハルは、歴史的な話題はあまり口にしません。だから、彼の答えに私は驚きました。「ボクはそのことをよく考えるよ」と言ったのです。

言われてみれば、そのとおりです。ユダヤ人は、この国に住みながら、自らの存在があり得ない出来事であると思わないわけがありません。

一度ローマを旅行した時、一種の巡礼としてティトスの凱旋門を訪れたことがありました。エルサレム攻囲戦の勝利を祝した記念碑です。門のアーチには、私たちが滅亡させられた様子がレリーフに刻まれていました。ローマ軍の兵士が、ローマの通りで神殿の燭台《メノラー》を担いでいる姿です。離散の時代、ユダヤ人はこの門をくぐらないようにしていました。それは、敗北を受け入れないことの象徴でした。私は凱旋門をくぐり、ユダヤ人の不屈さが立証された今の時代に生かされていることについて、感謝の祈りを捧げました。

ユダヤ人はどうやってそれを成し遂げたのか。私たちの先祖は、離散の地にありながら、どのようにして希望を保てたのでしょうか。さらにユダヤ人は神に見捨てられ、キリスト教とイスラム教に取って代わられたように見なされる中で、どうしようもないほど失墜した信仰をどうやって忠実に保ち続けられたのでしょう。異郷の地にあるユダヤ人が、支配的な宗教からの弾圧や改宗の誘惑に、どう堪え忍んできたのでしょうか。

もちろんユダヤ教を捨て去った人もいました。それが今日、世界のユダヤ人口が約一千四百万人とあまりにも少ない原因の一つでしょう。今なおユダヤ人として生き続けているのは、人知を超えた信仰を保ち続けてきた人たちの子孫です。うち萎《しお》れていた私たちの先祖は、語り継がれてきた離散と帰還のユダヤの物語が、いつの日か成就すると信じてきました。

私がユダヤ教徒として生きているのは、彼らの信仰のお陰なのです。

神殿崩壊はユダヤ教に最大の危機を突きつけました。聖書に基づいたユダヤ教は、イスラエルの地と神殿が中心となっていました。なのに大半のユダヤ人がこの地から追放され、神殿が崩壊してしまった状況で、いったい何をしたらいいのでしょう。

ユダヤ人は次第に気づきました。この度の離散はバビロニア捕囚の一時的滞在とは違い、無期限で終わりの兆しが見えないのだ、と。そしてユダヤ人は矛盾するような反応を示しました。捕囚は私たちの犯した罪に対する神の裁きであって、神が許されるまでは自らの運命に甘んじなければならないと考えていました。それでも捕囚が永久に続くという考えに与《くみ》しませんでした。そして、彼らは積極的に希望と信仰を育んだのです。それは聖書の預言者たちが示したように、いつの日か捕囚という服役が終わり、神が地の果てから自分たちを連れ戻してくださるという信仰であり、驚異的な確信でした。しかしながらこの期待はあまりにも現実離れしており、帰還できるのは遠い先の話で救世主《メシア》が到来する時代に委ねていました。確かに救世主だけが、諸民族の間に散らされた無力な人々のために独立国家を復活させることができます。

ユダヤ人はこの延々と続く神殿崩壊と贖いの中間期にあって、離散を現実と受け入れつつも、それがいつまでも続くとは考えない二面的な捉え方をしていました。

大衆の教師でありユダヤ法の権威であったラビたちが、ユダヤ教の新しい門守《かどもり》として現れました。神殿の崩壊と共に、神殿祭儀の責任を担っていた祭司たちが突如として用無しになったのです。神の啓示は途絶え、預言者たちは黙さざるを得ませんでした。このことは、私たちの霊的失敗の最も痛ましい現象でした（ユダヤ教によれば、ユダヤ人は、イスラエルの地でのみ預言を与えられることになっています）。会堂《シナゴーグ》が神殿の代わりとなり、祈祷が動物の燔祭に取って代わりました。ユダヤ教が霊的に発展する大きな一歩となりました。このような革新を通して、ユダヤ教は離散を受け入れたのです。

しかしラビたちは、離散を受け入れたユダヤ教に離散そのものを否定する仕組みを作りました。それは、いつの日か神殿崩壊日が逆転して贖いの祭日となるというものです。ユダヤの伝承によれば、神殿崩壊日に救世主が誕生することになっています。


ユダヤ人は、流浪していた期間中ずっとイスラエルの地と共に生きてきました。この地における自然のサイクルやそこで生まれた物語や預言と共に生きてきたのです。ユダヤの宗教学校では、ユダヤ法の安息年《シェミター》について論じました。七年毎に耕作を止めてイスラエルの農地を休ませて回復させる律法です。ユダヤ人はまるで、今なお彼の地の農夫であるかのように、種まきと刈り入れの時期を知っていました。ユダヤ人とイスラエルの地の関係は、空間から時間へと移りました。私たちにとってイスラエルの地は、過去と未来、記憶と期待の中に存在していたのです。いつの日か、時間に追いやられたこの地が再び空間に現れることをユダヤ人は信じていました。

何よりも、ユダヤ人は祈りの中でイスラエルの地を保ち続けてきました。ユダヤの祈りはこの地への熱望に満ちています。子供の頃、私はニューヨーク・ブルックリン市のユダヤ教徒の家庭に育ったのですが、窓の外の天気とは関係なく遠いこの地の自然のリズムに合わせ、冬には雨が降るように祈り、夏には露が降りるように祈っていました。朝と夕の祈りでも、食後の祈りでも、私はシオンの名を唱えました。実際にイスラエルの地を訪れる前から、受け継がれてきた記憶として私はこの地を知っていたのです。

サラと私が結婚式の天蓋《フッパー》の下に並んだ時、ユダヤ人が何世紀にもわたって行なってきたように、「エルサレムよ、もしも私があなたを忘れるなら、私の右の手は萎《な》えるがよい」（詩編一三七・五）と古《いにしえ》の詩編を唱えました。そして、私たちの人生において最大の喜びの時に、滅ぼされた神殿を記憶してグラスを割りました。

望郷の思いが最も強烈に表現されているのは、イスラム諸国で生きたユダヤ人が残した祈祷詩でしょう。「囚《とら》われ人を救い出してくださるように、私の神にお願いしよう」。イエメンのユダヤ人たちは、自らをシオンから追放された者と見なしていました。中世スペインのユダヤ詩人ユダ・ハレヴィは、後に世界中のユダヤ人に受け入れられた悲しげな祈りを綴りました。「シオンよ、あなたの囚われ人の平安を、あなたは尋ねないのか」。モロッコのユダヤ人は夜中に会堂に集まり、帰還の祈りを朗唱していました。

ユダヤ人は多種多様な離散生活において、熱望を表現する儀式を発展させてきました。シグド（訳注・古代エチオピア語で嘆願の意）と呼ばれるエチオピア系ユダヤ人の祭日がその一例です。年に一度、晩秋に数千のユダヤ人が村々から集まり、はるか彼方のゴンダール地域にある山に登ります。白い服を着て断食をし、シオンの方角である北に向かい、帰還できるよう祈りを捧げました。

シグド祭については、私の友人シモンから教わりました。私がイスラエルに帰還した一九八〇年代に、彼も帰還しました。彼は最も貧しい離散コミュニティの出身で、一方私は最も豊かなコミュニティの出身ですが、私たちはシオンを愛するという同じ心で育てられました。シモンのイスラエルで暮らしたいという熱望は、シグド祭で育まれました。オレは八歳の頃から毎年断食しているんだ、と誇らしく話してくれました。

何世紀もの間、他のユダヤ人コミュニティと隔絶した状態だったエチオピアのユダヤ人は、自らを世界で最後に生き残ったユダヤ人だと思っていました。近隣のキリスト教徒は彼らを「よそ者《ファラシャ》」と呼び、黒魔術の使い手だと噂して恐れていました。そう、中世ヨーロッパのキリスト教徒が、ユダヤ人は悪魔崇拝者で井戸に毒を混入していると触れ回って恐れていたようにです。エチオピアのユダヤ人は、自らを「イスラエルの家《ベタ・イスラエル》」と呼んでいました。来る年も来る年も、何世紀にもわたって山に登り続けました。その信仰を通して、シオンを慕う思いが忍耐強く育まれてきたのです。

一九八三年のある日、シモンの家族は近所の人たちと一緒に、エルサレムに向かって文字どおり歩き始めました。イスラエルのラビたちが、ベタ・イスラエルがユダヤ人であることを認定したばかりの頃でした。数千年の間、他のユダヤ民族と切り離されて生活していたために、彼らがユダヤ人かどうかの正当性が問題になっていたのです。当時のイスラエル首相メナヘム・ベギンの政府が、彼らの帰還を歓迎すると発表しました。それで、エチオピアにいた数千のユダヤ人が動き出しました。しかし何週間もかけてジャングルや砂漠の中を歩いて行ったため、老人は疲労困憊《こんぱい》して途上で命を落とし、子供たちは飢えで亡くなりました。人口比でエチオピア系のユダヤ人ほど、シオンに向かう道中で多くの死者を出したコミュニティはありません。

シモンの家族が最初に滞留したのは、スーダンにある難民キャンプでした。イスラム系政府の追及を恐れ、シモンや他のユダヤ人は宗教的な出自を隠して、イスラエル政府の職員が彼らを探し出してくれるのを待ちました。ある日、シモンをユダヤ人ではないかと疑ったスーダンの兵士が、鋼鉄入りのブーツでシモンの素足を思い切り踏みつけました。それ以来、彼は足が不自由になってしまいました。

中東の指導者たちが「イスラエルの存在する理由はただ一つ、ホロコーストが起きたからだ。そしてパレスチナ人が、西洋人の罪の代償を払うはめになった」と言うのを聞く度に、私はエチオピア系ユダヤ人のことを思います。エチオピア系ユダヤ人の多くは、イスラエルに来るまで、ホロコーストのことなど聞いたこともありませんでした。イスラエルで暮らすユダヤ人の半分は、ナチスの影響力が及ばなかったアラブ世界の出身です。

イスラエルが存在しているのは、たとえそれが祈りの中だけであっても、途絶えることなく人々の心に存在し続けたからです。イスラエルは、ユダヤ人の積み重ねてきた熱望の力によって再建されました。しかしこの地への愛着心は、熱望することだけに留まりませんでした。ユダヤ人は、何世紀にもわたってこの地で暮らし、この地で埋葬されるために東や西からやってきたのです。

ローマ帝国は、ユダヤの国を滅ぼした後、ユダヤ人がエルサレムで暮らすのを禁じました。キリスト教の統治になって、禁止令はいっそう厳しくなりました。エルサレムのイスラム教指導者のほうが寛容でした。指導者《カリフ》ウマルが、西暦六三八年にエルサレムを征服すると、ユダヤ人にエルサレムへ戻ることを許しました。この厚意は、私たちが共有する歴史の一部です。

切実な要請が、郷土帰還という熱望に政治的な表現をもたらしました。それは、ユダヤ人とシオンの地の関係を時間から空間に取り戻すということでした。十九世紀のロシアでは、数百万のユダヤ人が、政府の扇動する集団殺戮《ポグロム》の脅威に晒《さら》されていました。多くのロシア系ユダヤ人が住まいを後にし、西に向かいました。

新しく発足したシオニスト運動は、窮地にある同胞だけでなく、「ユダヤ人全体」の流浪状態に恒久的な解決をもたらそうとしました。しかし、ユダヤ人の置かれた状況がどんなに絶望的であったとしても、反ユダヤ主義や避難場所の必要性が、シオニズムの本質を定義づけていたわけではありません。時代の要請がシオニズムの緊急性を促《うなが》しましたが、シオンを慕う心こそがシオニズムの精神的な実体なのです。

シオニズムにおいて、時代の要請と人々の熱望が合流したのです。

そして要請と熱望が衝突した場合は、熱望が優先されました。シオニズム初期の決定的な瞬間が、まさにそうでした。

一九〇三年のことです。シオニズムの指導者テオドール・ヘルツェルはウィーンの新聞記者で、同胞の救済に没頭していましたが、八方塞がりの状態でした。ヘルツェルは同化したユダヤ人だったのですが、シオニズムに至ったのは、ユダヤ人の郷土帰還への熱望からではなく、ユダヤ人を救う時代の要請に駆り立てられたからでした。当時イスラエルの地はオスマン帝国領の一部でしたので、彼はトルコ皇帝を説得してユダヤ人の大量移民の許可を得ようとしましたが、うまくいきませんでした。ローマ教皇もヘルツェルに、シオニズムを支持できないと伝えました。ユダヤ人の流浪は、ユダヤ人が、イエスが救世主であることを認めないことへの神の罰だから、というのが理由でした。貧困にあえぎながらも夢見る者たちのために発足させたヘルツェルの運動は、破綻寸前でした。西ヨーロッパで暮らす裕福なユダヤ人のほとんどは、ヘルツェルを避けていました。ヘルツェルのユダヤ国家建設案は、自分たちがヨーロッパの異邦社会に受け入れられようとする努力を台無しにしてしまうのではないかと懸念していたからです。「皆さんの努力が成功するよう、健闘を祈ります」と、ヘルツェルはベルリンやウィーンのユダヤ人に言いました。

ヘルツェルは必死でした。暴徒の暴力はロシア系ユダヤ人に対して強まるばかり。集団殺戮《ポグロム》とは比べものにならない想像を絶する大惨事が、ヨーロッパのユダヤ人に降りかかるのではないかとヘルツェルは直感していました。

すると、東アフリカの地に移住したらどうかと、イギリス人がヘルツェルに提案してきました。ヘルツェルのユダヤ郷土建設の願いを利用して、彼らはアフリカに英国に忠実な入植者を得ようと考えたようです。

シオニストの間で、やがて「ウガンダ案」と呼ばれるようになるこの提案に反発が起こるだろうことは、ヘルツェルには分かっていましたが、シオニズムは実利的でなければならないと考えました。

もしシオンに帰還するのが無理なのであれば、同僚の活動家たちはこの実現可能な提案を受け入れてくれるのではないかと期待しました。

ヘルツェルは、シオニスト会議でこの案を提示しました。演壇の後ろに東アフリカの地図を掲げ、代表者たちに語りかけました。私たちの心の内で、シオンに取って代わる地はどこにもない。でも、ロシアにいる同胞をはじめとしたユダヤ人が直面している危険を考えてほしい。熱望よりも要請を優先するべきではないのか、と。

この提案に対して、苦悶に満ちた反発が返ってきました。最も強烈に異議を唱えたのは、ロシアのユダヤ人コミュニティから遣わされた若い代表者たちでした。ヘルツェルがまさに救おうとしていたユダヤ人の同胞たちです。

ロシアから来た若い女性が演壇に駆け登り、壁からアフリカの地図を剥《は》ぎ取りました。

ロシアの代表団は、当時はまだ青年の、後にイスラエルの初代大統領となるハイム・ヴァイツマンに導かれ、会場を後にしました。彼らのほとんどは世俗的なユダヤ人でした。宗教的に敬虔な家庭で育ちましたが、社会主義を信奉する反逆児たちでした。でも彼らのその時の本能的な反発は、深く宗教的なものでした。彼らは隣の部屋に集まり、ユダヤ人が神殿崩壊日の時に会堂でするように、床に腰を下ろしていました。泣いている青年もいました。シオンのためにではなく、シオニズムのために嘆いていたのです。

ヘルツェルは彼らの所に行きました。この二千年間で、離散に終止符を打つための現実的な道筋を示した初めてのユダヤ人で、愛すべきこの指導者を、彼らはよそよそしい態度で迎えました。ウガンダはシオンへの道の一時的な中継地に過ぎない、とヘルツェルは彼らに約束しました。ヘルツェルはシオニスト運動の分裂を避けることはできましたが、ロシアの代表団は反対姿勢を続けました。

会議の閉会の辞で、ヘルツェルは、右手を挙げて詩編の言葉を繰り返しました。「エルサレムよ、もしも私があなたを忘れるなら、私の右の手は萎《な》えるがよい」（詩編一三七・五）

翌年、ヘルツェルは四十四歳で世を去りました。疲労と心不全が原因でした。彼が発足させた救済事業は行き詰まり、大惨事は不可避だと思われました。

ウガンダ案の後も、世界のあちこちにユダヤ人の「郷土」を作ろうとする試みがありました。例えば、ソ連のビロビジャンという中国との国境付近にある地域に、イディッシュ語を話す共産主義者の郷土を作るという現実離れした幻想もありました。でも、シオンに代わる案はどれもうまくいきませんでした。

もしウガンダ案が採択されていたら、シオニズムは事実上、植民地主義の運動になっていたでしょう。それは悲劇的な運動で、強欲や虚栄心からではなく、生存の必要性に駆り立てられた植民地主義です。いずれにしろ、シオニズムが厳しい評価を受けるのは不可避だったでしょう。

しかしシオニズムが、万難を排し、どんな結末を招こうとも、シオンにこだわることによって、この運動は復興運動であるという自らの正当性を示しました。この地で生まれた民族を帰還させるという運動です。

シオニズムはあまりにも特異な事象ですが、他のカテゴリーに当てはめて考えがちです。例えば、十九世紀に起きたヨーロッパのナショナリズムの一環と見なして、シオニズムを植民地主義運動の一つだと定義するのは容易なことです。

確かにシオニズムは、ヨーロッパの民族主義から大きな影響を受けました。でもそれは、二千年に及ぶ帰郷の夢が取った表現形式に過ぎません。また、シオニズムは西側で発足した運動でしたが、東側でその絶頂期を迎えました。イスラエル国家が樹立すると、中東のすべてのユダヤ人コミュニティがシオンに帰還したのです。

その呼び声に最初に応えたのは、イエメンのユダヤ人でした。一九四九年からの一年間で、四万人以上のユダヤ人で構成された由緒あるコミュニティが、イスラエル初の空輸作戦によって帰還しました。一度も飛行機を見たことのない多くのイエメン系ユダヤ人の心に、「鷲《わし》の翼に乗って」離散の地から連れ戻されるという聖書の約束が思い起こされました。そして、その預言が滑走路で文字どおりに成就しているのだと感じたそうです。

さらに一九五一年、イラクの由緒あるユダヤ人コミュニティが帰還しました。数十万というイラク系ユダヤ人のコミュニティのほぼ全員が、イスラエルに飛行機で移送されました。これは史上最大の空輸作戦となりました。その中には、バグダッドのコスモポリタンなユダヤ人やクルディスタンの田舎暮らしのユダヤ人、神秘主義者、共産主義者、シオニスト活動家もいました。

これに続いたのが北アフリカのユダヤ人でした。そしてエジプト、シリア、レバノンと、由緒あるユダヤ人コミュニティが、次々とイスラエル国に帰還したのです。

今日のイスラエル人の大半は、中東の地を離れてこの地に再び居住するために帰還したユダヤ人の子孫です。彼らに、シオニズムはヨーロッパの植民地主義運動だと言っても、何を言っているのかさっぱり分からないでしょう。

中東のユダヤ人は、政治的なシオン帰還運動が発足した当初から関わっていました。一八八二年、イエメンのユダヤ教神秘主義者《カバリスト》は、この年をヘブライ語で表記すると、贖いの年になると計算しました。それで、数千のイエメン系ユダヤ人がヤッフォの港に赴《おもむ》き、救世主《メシア》を迎えようとしたのです。

ところが彼らが出くわしたのは、ロシアから最初に来たシオニストの開拓者たちでした。それは同胞との喜ばしい再会とはなりませんでした。離散の地の両端からやって来た二つのユダヤ人グループは、互いに警戒し合いました。伝統を非常に重んじる中東のユダヤ人と、ヨーロッパから来た鼻っ柱の強い若い開拓者たちとの間で、折り合いが悪くなっていきました。

でもある意味、イエメンの神秘主義者は正しかったのです。一八八二年はユダヤ民族の贖いの年でした。近代のシオン帰還が始まった年だからです。そしてこの始まりの瞬間に、そこにどんな行き違いがあったとしても、東洋のユダヤ人と西洋のユダヤ人が出会いました。それ以前に互いに連絡し合っていたわけではありません。イエメンのユダヤ人は、ヨーロッパで形成されつつあった若いシオニストのグループのことなど知りませんでした。

イエメン系の人たちは、政治的な意味での「シオニスト」ではありません。でも、根源的にはシオニストでした。自分たちの民族の主権回復を願い、郷土に戻って来たユダヤ人でした。

シオニズムは、二十世紀の終わりにまたロシアに戻りました。七十年続いた共産体制の難民であるロシア系ユダヤ人が、イスラエルに大量帰還したのです。ソ連政府による同化政策のもと、自らの信仰を学ぶことも実践することも禁じられ、多くはユダヤ人のようには見えない人ばかりでした。でも、彼らはこの地でユダヤ民族に連なり、ヘブライ語を学び、ユダヤ暦のリズムで生活し、他の離散の地から帰還したユダヤ人と結婚しています。同化がユダヤ人の存続のためになるのは、イスラエルの地だけです。

パレスチナの指導者が、このロシアからの帰還移民を引き合いに出し、多くの人がユダヤ人以外と結婚していることから、ユダヤ国家の正当性に異議を唱えているのを私は聞いたことがあります。でも、シオニストの観点からしたら、私たちの帰還移民の波に「正当性」の優越はありません。イラクやイエメンの伝統的なユダヤ人も、かつてのソヴィエト連邦出身の同化したユダヤ人も、皆この地の出身者であり、彼らの子孫が郷土に帰還してきたのです。反シオニストが言い張っているように、シオニズムとユダヤ教を切り離すことはできるのでしょうか。ユダヤ教が真っ当な「宗教」であるのに対して、シオニズムは「政治」運動に過ぎないのでしょうか。

答えは、どんな文脈でシオニズムという言葉を使っているかによります。もし、十九世紀末に現れた政治的な運動の意味で使っているのなら、確かにユダヤ教には、シオニズムから独立した諸形態があったでしょう。イスラエルが建国されるまでの間、ユダヤ人は、シオニズム計画の妥当性を激しく論じ合いました。マルクス主義者のユダヤ人は、やがて起こるであろう世界革命の理念から逸脱しているとして、シオニズムを拒絶しました。超正統派のユダヤ教徒は、シオニズムを世俗化運動として退け、救世主《メシア》だけがユダヤ人を郷土に戻すことができると主張する人もいました。

しかしもし、シオニズムという言葉を、イスラエルの地へのユダヤ人の愛着心と、私たちの発祥の地にユダヤの主権を回復する夢という意味で使うのなら、シオニズムのないユダヤ教はあり得ないでしょう。ユダヤ教は、単なる一連の儀式や戒律だけではなく、場所に関わる理想《ビジョン》なのです。近代の様々な運動は、郷土への愛と帰郷の夢を抜きにしたユダヤ教の諸形態を生み出しましたが、すべて失敗に終わりました。

イスラエル国が独立した時、反シオニズムは、ユダヤ人の生活にとって重要な存在ではありませんでした。ほとんどの超正統派ユダヤ教徒も、声高に主張する非主流派を除いて、ユダヤ国家を容認していました。イスラエル国の独立宣言には、超正統派ユダヤ教徒から共産主義者まで、あらゆるユダヤ人コミュニティの代表が署名しています。その宣言書は、ユダヤ民族の中では、シオニズムによって造られた国の正当性の証左なのです。

近年、特に離散の地に住む過激なユダヤ人左派の間で、イスラエルから切り離されたユダヤ・アイデンティティを作ろうとする試みが再び起こっています。でも、ユダヤ人が大多数を占める繁栄したこの国で、世界の大半のユダヤ人が生活している今、この議論はすでに決着済みです。これまでユダヤ人の生活からイスラエルの地を切り離すことができなかったのですから、それは現在のイスラエル国も同様でしょう。

一九八二年の夏、神殿崩壊日のすぐ後、私はニューヨーク市街の家を後にしました。エルアル・イスラエル航空に乗り、ユダヤ民族史上、最大の挑戦に挑んでいるユダヤ人の同胞に加わりました。当時私は二十九歳、ジャーナリストで独身でした。後ろを振り返ることなく、これまでの生活を後にしたのです。

当時はレバノン戦争が始まったばかりで、イスラエルの世論は激しく二分していました。左派と右派の人々が路上で怒鳴り合っていました。インフレ率は三〇〇%。そんな中で、私は郷土《ホーム》に帰ったのです。

ある意味、イスラエルの歴史でもそんな最悪の時期に帰還したのは、良かったと思っています。幻想や幻滅を抱く余地など、ほぼ与えてくれませんでしたから。私は前提条件を設けず、期待も抱かずに生活を始めました。イスラエルの物語がどう展開しようと、今からは私の物語なのです。

「郷里」のアメリカ人たちが首をかしげて、「なぜアメリカから中東に移ったんだい」と尋ねると、私はジャーナリストに特有な喩《たと》えで答えました。イスラエルの現実を、新聞の見出しだけでなく、裏のページを通しても知る必要がある。ユダヤ帰還の手応えやニュアンスを知りたかったんだ、と。

すべてが懐かしく、また同時に奇妙に感じました。通りをゆっくりと歩きながら、まるで、ユダヤ人の未来に踏み込んだ時間の旅人《タイム・トラベラー》のようでした。なるほど、ユダヤ人が郷土に帰還した時代とはこんな感じなのか、そう自分の中で繰り返しかみしめていました。

一般のイスラエル人が当然のこととしている不屈さ、彼らの戦争やテロ、貧窮した帰還者の相次ぐ波への対応能力を知って謙虚になりました。ユダヤ教の祭日が本来遵守されるべき場所で生活できることを光栄に感じました。一九八〇年代初めのイスラエルの生活の滑稽さを笑ったりもしました。例えば、白黒の国営テレビ局だけを観るためにテレビの受信料を払っていたのです。ストレスを抱えた圧力鍋の中のような生活が、感情や心理にどう影響を及ぼすのかを理解しようとしました。「なんでアメリカを離れたの、あっちのほうが良かったんじゃない？」。怪訝《けげん》な顔をした十代のイスラエル人が、私にそう質問しました。続いて、「で、どうやったらアメリカのビザをもらえるの？」と尋ねるのです。

これまでずっと、一つの不安が私につきまとっていました。「今度こそユダヤ人はうまくやっていけるのだろうか」と。実際、私たちは二度もこの地を失っています。ユダヤ人の歴史において大きな皮肉とも言うべきことは、ユダヤ教ではイスラエルの地が中心的な位置を占めてきたのに、ユダヤ人はこの地の外で暮らす歴史のほうが、中で暮らすよりもはるかに長かったということです。私たちは、郷土と離散の両方を経験した民族です。聖書は、私たちが神の期待に応えて生きなければ、土地が「あなたたちを吐き出す」（レビ記一八・二八）と、これ以上ない明白な表現をもって戒めています。ユダヤ教の祈りに、「私たちは、自らの罪のゆえに、私たちの土地から追放されました」という一節があります。私たちの帰還には恐ろしい条件が付いているのです。私たちの手にユダヤ国家が委ねられましたが、私たちは、ユダヤ国家の崩壊を目撃する世代となるのでしょうか。

　私たちの挑戦は並大抵のものではありません。何世紀もの間、ほとんど交流もなく過ごして散り散りになっていたコミュニティを、どうやって一つの国民に仕立て上げていくのか。宗教的なアイデンティティと世俗的なアイデンティティのバランスをどう保つのか。ユダヤ系イスラエル人とアラブ系イスラエル人の間に、共有できる公共空間をどのようにして作っていくのか。私たちのこの地における存在権を認めない敵と、どのように和平を結ぶのか。国境全域の脅威からどうやって自らを守るのか。私たちの民族が脅かされることなく、どうやってあなたたちの民族を強める手助けができるのか。


　イスラエル人を慰めてくれるのは、私たちの直面してきた諸々の課題が、この地に帰還した当初から手に負えないようなものであったということです。イスラエルは、良きにつけ悪しきにつけ、絶えず自らを驚かせてきました。あるときは、国家なしで過ごした二千年間を埋め合わせようと夢中になり、私たちのすべての夢をほんの数十年の間に実現させようとしてきました。と同時に、他の民族が何世紀にもわたって犯した同じ過ちを繰り返しているように見えるときもあります。

　たとえあらゆるジレンマや失敗点がイスラエルにあるとしても、私がこの地で暮らそうと決心したことを後悔することはありません。むしろその逆です。イスラエルの欠点は、挑戦すべきものであって妨げとなるものではありません。それは私自身の欠点であって、ユダヤ人の私が向き合うべき私自身の存在の歪《ゆが》みなのです。成功したときも失敗したときも、栄光の中でも屈辱の中でも、イスラエルの運命は私の運命であり、私が共有するべき責任です。私にとってこれがシオニズムの意味なのです。ユダヤ教は、共同体として生きる中で、社会の倫理や行動を形成していきます。だからイスラエルの地は、私たちの最も高貴な理念、離散の地で概念化されたものを、困難な現実に対してテストする絶好の場であって、ここでユダヤの物語の真価が問われるのです。

私がこの地に帰還したのは個人的な決断によるものでしたが、イスラエルは、郷土に帰還する民族の一員として私を受け入れてくれました。私の出身がニューヨークなのかムンバイなのか、私の存在が経済的な利益になるのか重荷になるのか、そんなことは関係ありませんでした。私がユダヤ人であるがために郷土に帰還し、イスラエルの市民権を取得できたのです。

私は、「帰還法」によって受け入れられました。それはどんなユダヤ人でも、希望する人には市民権が与えられる法律です。私は、パレスチナ国家が最初に制定する法律は、あなたたちの帰還法だろうと思っています。郷土に帰還したい離散のパレスチナ人には、誰であれ市民権が自動的に付与される法律です。これは、離散に終止符を打つために建設された国家が負うべき義務です。

私は毎回、海外旅行からイスラエルのベングリオン国際空港に帰り着いてイスラエルのパスポート保持者の列に並ぶとき、自分が新参の帰還者のように感じて、どこか心が高鳴るのを感じます。感傷的にならないようにと自らに言い聞かせても、抑えきれません。何十年経っても、イスラエル人として郷土に帰還できることを有り難く思うのです。

私は、高尚で理想主義的なあらゆる動機に駆り立てられ、イスラエルに帰還しました。でも詰まるところ、たった一つの理由で私はこの地に来たのです。その理由とは、帰還が可能だったから、です。神殿崩壊日が、もはやユダヤ人の歴史を決定づける最終審判とはならない時代となり、私はその時代に生きる恩恵に浴することができたからです。

手紙３　運命と使命

親愛なる隣人へ

ではユダヤ人とは誰のことでしょう。ある宗教を指すのか、それともある民族か、または民族性《エスニシティ》か、あるいは人種のことでしょうか。

この問いは、私たちの紛争に直結しています。アラブ世界が、ユダヤ人の国民国家としてのイスラエルの正当性を否定する、その核心に及ぶからです。

ユダヤ人は一つの家族として始まりました。四千年前、アブラハムとサラが一族を築き、それがやがて一つの民、そして一つの信仰となりました。家族、つまり同じ運命共同体に属しているという根本的な意識が、現在に至るまでユダヤ人のアイデンティティの中核にあります。それに属する人が、いかなる宗教的・政治的な信条を抱いていようと関係ありません。

ユダヤ人同士の家族としての絆は、時に劇的な表現で示されることがあります。私が世界中のユダヤ人と同じ家族であるという意識を抱くようになったのは、ソヴィエト連邦からユダヤ人を救出するための抗議運動に参加することを通してでした。一九六〇年代にその運動に加わりました。当時、私はまだ少年で、ニューヨーク・ブルックリン市に暮らしていましたが、何千マイルも離れた所に暮らしている、まだ一度も会ったことのないユダヤ人のための抗議運動に参加したのです。でも家族に国境などありません。私にとって、自分の兄弟や姉妹が危険に晒《さら》されているときに、彼らを助けるのが私の責任であるというのは自明のことでした。ソ連のユダヤ人を「救出する」というのは、物理的な危険から守ることではありません。彼らは破滅の危機に直面していたわけではなかったからです。そうではなく、政府の政策によって、彼らのユダヤ人としてのアイデンティティが脅かされていたのです。それは、ユダヤの教育や慣習を禁じ、ユダヤ人としての彼らの存在を抹消するための政策でした。それで私たちは、家族の一員として彼らを失わないために行動を開始したのです。

世界中のユダヤ人が長期的な抗議活動を展開し、二十五年間続きました。この運動は、ユダヤ人のアイデンティティとその目的を改めて定義する役目も担いました。世界各地から数千のユダヤ人が、ユダヤ人の同胞に会って屈しないよう励ますためだけに、ソヴィエト連邦を訪れました。この抗議活動は世界中に広まり、どんなに小さく離れたコミュニティであっても、ほぼすべてのユダヤ人コミュニティがこの取り組みに引き寄せられて参加しました。やがて、一九八〇年代末にソヴィエト連邦の門戸が開かれ、繋がりの途絶えていたユダヤ人は同胞に加えられました。

家族としてのユダヤ人の意識は、より個人的なレベルでも体験することができます。私は、旅行をする度に、互いを思い合う大家族の一員である祝福に与《あずか》り、自分の家族意識が広がります。インドのムンバイでは、子供のいないユダヤ人夫婦の所に泊まり、息子のように接してもらいました。実際、当人にとって私は息子のような存在でした。南フランスの村で一年間暮らした時に驚いたことがあります。面識もない人からユダヤ新年のお祝いにと、新鮮な食べ物のいっぱい入った小包を頂いたのです。その人は、同胞であるユダヤ人が海外から訪れていることを伝え聞いた農夫でした。飛行場で、「あなたはユダヤ人ですか」と尋ねられることがよくありますが、その問いかけが敵意から来ているのか、それとも期待感なのかはすぐに分かります。

私たちは、逆境によって数は減少したものの、かえって強靭にもなりました。ユダヤ人が、同胞のことを熱烈に思う理由の一つは、歴史的な必要性にあります。隣人さん、この家族意識は私たちの紛争にも影響を及ぼしてきたのです。イスラエルを壊滅または弱体化させようとする試みがこれまでにありましたが、その度に、世界中のユダヤ人はユダヤ国家を一層支持するようになりました。

しかしこの強烈な家族意識が、逆説的ながら、ユダヤ人の連帯意識を弱めることもあります。どの家族でもそうですが、互いに強い期待を抱くあまりに、裏切られたと感じることもあります。家族の一員であるはずの同胞が、共同体の利益や価値に反して行動していると判断すると、互いに激しく軽蔑し合って敵対することがあります。これは、ユダヤ人の家族意識の暗い側面です。

ユダヤ人の家族意識は民族意識となって現れます。

民族意識がユダヤ人のアイデンティティの中心にあることを踏まえると、神を信じないユダヤ人という、一見首を傾《かし》げたくなるような存在も理解することができるでしょう。例えば、イスラム教やキリスト教では、信仰の基本理念を信じなくなった信者は、もはやイスラム教徒あるいはキリスト教徒ではありません。しかし信仰のないユダヤ人でも、依然として同胞に忠誠を尽くし、その安寧に寄与し、子供をユダヤ人として育てている人は、広く他の同胞からユダヤ人だと見なされます。

私は、パレスチナ人やイスラム教徒が次のような発言をするのを何度も耳にしました。「ユダヤ人を宗教と見なすのは構わない。私たちは、キリスト教徒よりも寛大にあなたたちに接してきた。だが、あなたたちが自らを一つの民族と称して、独立国家の権利があるという主張には全く同意しない。あなたたちは宗教であって、民族ではないことを私たちは知っているのだから」

ユダヤ人の民族意識を認めないことが、私たちの間を隔てる重要な要因の一つです。私の知っている穏健派のパレスチナ人で、流血の終結を願っている人でも、ユダヤ人が正当な民族であるという考えにはノーという場合が多いのです。パレスチナの指導者たちが「ユダヤ人は宗教だ」と決めつけ、私たちユダヤ人が有史以来、自らを「固有の信仰を持つ民族」であると定義づけることを許さない限りは、イスラエル国は正当性に欠け、その存在には疑問の余地が残る、とこれからも見なされるのでしょう。

ユダヤ教の民族意識には、重要な霊的側面があります。もしユダヤ人が自己保全にしか関心を抱かない家族、つまり同じ運命に繋がれただけの家族だったら、二千年間の流浪と逆境を生き延びることができたかは疑問です。ユダヤ人の共同体は、二つのレベルで機能しています。一つは家族として、そしてもう一つは信仰です。ユダヤ人の家族意識を強めたのは、自分たちユダヤ民族は人類の発展のために急を要する霊的役割を担っている、という使命感でした。

使命が運命に意味を与えるのです。

ユダヤ教は神と民との愛の物語です。このロマンスはしばしば、波乱に満ちています。聖書が記しているように、神がユダヤ人の不信仰を咎《とが》めることもあり、またユダヤ人のほうも、特に酷《ひど》い迫害のときに、神が自分たちとの契約をなおざりにしていると非難したりします。いずれにしろ、ユダヤ民族が存在する限り、この愛の物語は続くのです。

ユダヤ教の目指すところは、一つの民族が聖別されることを通して、全民族が聖別されることです。この信仰によれば、神は人類の中からあるグループを無作為《ランダム》に選びました。あえて強調しますが、それは聖人君子の民ではなかったのです。そしてその集団はシナイ山で啓示を受けました。神は、モーセという偉大な人物だけにではなく、全イスラエルに顕《あらわ》れたのです。奴隷状態から解放されたイスラエル民族の月並みさこそ、ある意味で、彼らが選ばれた理由でした。言うなれば、ユダヤ人が選ばれたのは、彼らが生まれながら特別だったからなのではなく、むしろそうではなかったからでした。いわば民族レベルで「ごく普通の人」、普通の民、どこにでもいる民だったからです。人類を代表する見本が、仲介者なしに神と出会ったときにどんな反応を示すか、その試験台《テスト・ケース》となるためでした。シナイ山の啓示は、人類が歴史の頂点で経験する啓示の下稽古《リハーサル》だったのです。

ユダヤ教徒は同じ一神教として、イスラム教徒やキリスト教徒と信仰や価値を共有しているものの、重要な違いがあります。イスラム教もキリスト教も普遍的な信仰で、原則として万人を対象としています。いずれも、世界の未来像を描いていますが、それは自らの形に造り直された未来像です。どちらの信仰も、歴史の終末には、人類が自分たちの宗教を受け入れると信じているのです。

ユダヤ教は、対照的に、特定の民族を対象とした信仰です。

ユダヤ教は、イスラム教やキリスト教と共に、普遍的な理想を抱いています。それは、いつの日か、神の実在が、今日の物質界に感じるのと同じくらいに明確に感じられるようになることです。この三つの信仰はいずれも、神の顕現に人類を備えることを目的としています。ユダヤ教の夢見る未来とは、やがて全人類が存在の統一性を悟り、エルサレムにある「神の家」に詣《もう》でることです。

しかし、ユダヤ教は、全人類がユダヤ教徒になることを願ってはいません。むしろ、ユダヤ教徒の役割は霊的な先駆者となることであり、主に、自らの常識を覆すような存続を通して、神の臨在を証しすることです。そして、人類が超越界に突入するための道備《みちぞな》えを手助けすることです。つまり、普遍的な目標のために特定の民族が選ばれるという神の計画なのです。

ヘブライ語聖書（訳注・キリスト教の「旧約聖書」のこと）の構造がユダヤ人の目的を明らかにしています。

まず天地創造の物語で始まり、次に人類の創造、人類の高い存在状態を示す「エデンの園」から物質界への不可思議な失墜、兄弟殺しの始まり、動物界のレベルを超越できない人類の無力、そして終末的な大惨事、聖書で言う「洪水」に至ります。

人類は神の計画を実現することに失敗し、神は新しい方策を求めました。それで神は、アブラハムを選んで一つの民族を起こし、やがてこの民族を通して、聖書が記すように「地上の諸国民はすべて祝福される」（創世記二二・一八）ことを意図しました。以後、聖書は焦点を絞り、人間の性《さが》を克服し、「祭司の王国、聖なる民」となるために奮闘する民族の物語となります。人類を救う神の計画は、歴史を通してその理想《ビジョン》を実現する民族が必要です。だから、ユダヤ教にとって民族意識と信仰は不可分なのです。ユダヤ民族なしのユダヤ教はあり得ません。

ヘブライ語聖書は普遍的な理想《ビジョン》をもって頂点に達します。やがて神の臨在が、預言者イザヤの言う「大海を覆っている水のように」（イザヤ書一一・九）鮮明となり、人類は一つであることを悟る時がくる。聖書の物語は宇宙の根源に戻り、人類は楽園に帰る。でもそれは、歴史を通して成長し、より高度に進化した状態で帰るのです。

それぞれの宗教的な形式には——イスラム教やキリスト教の普遍的なアプローチも、ユダヤ教の民族意識に基づくアプローチも——霊的長所および短所があります。普遍的な信仰の長所は、全人類に対して直に責任を負っていると捉えていることです。イスラム教の聖都メッカに何百万人もの巡礼者が集まっている光景は、諸民族の多様性を示していて、私は深い感動を覚えます。と同時に、すべてを包括する普遍的な信仰は、自らの道が神に至る唯一正当な方法だと捉えたくなる誘惑と闘わなければなりません。

ユダヤ教は特定の民族を対象としているので、他の信仰の正当性を受け入れることができます。私はユダヤ教徒として、人類を私と同じ宗教の姿に作り直すつもりなどありませんから、他の信仰が神に至る様々な道を示していることを嬉しく思っています。イスラム教とキリスト教は数多くの魂を神との関係に導き入れ、同時に私の民族の聖なる物語を広めてくれました。今やユダヤ教はヒンズー教や仏教と親交し、そうした主要な信仰について、ユダヤ教師や学者たちは、ユダヤ教としての捉え方を模索し始めています。

民族意識に基づいた信仰の危険性は、自らのことしか考えられなくなることです。とりわけ非常に熱心で伝統的なユダヤ教徒に見られる傾向は、自分たち以外の人類とその諸問題に無頓着なことです。ある面、これは数千年に及ぶ迫害がもたらした結果です。多くのユダヤ人は自らを守るために閉鎖的になってしまったのです。だとしても、ユダヤ教が抱えている落とし穴は、世界に対して自らの普遍的な目標を忘れることであり、神の最重要の関心は人類にではなく、たった一つの民族にあると考えてしまうことです。

ユダヤ人は、隠遁者《いんとんじゃ》のような閉鎖された民族ではありませんし、ましてや特定の民族性や人種を指すわけでもありません。イスラエルの通りを歩いている人々を見ても分かるとおり、驚くほど多彩な人間の顔ぶれです。ユダヤ教は改宗者を受け入れています。ユダヤ教正統派では、改宗の手続きが煩雑です（ユダヤ教の他の教派ではそれほどでもありませんが）。でも、その手続きが完了すると、改宗者は他のどのユダヤ人とも同じように見なされます。ユダヤ教徒は、改宗者に自らの出自を思い起こさせるような言動を禁じられています。イスラエルの共同体でよそ者扱いされているような印象をわずかでも与えてはならないからです。

ユダヤ人の間で最も慕われている人物の一人に、モアブ人のルツがいます。彼女はユダヤ教に改宗し、救世主《メシア》の系譜の創始であるダビデ王の曽祖母となりました。ユダヤの伝統は、改宗者と救世主の関係を示すことを通して、私たちユダヤ人が特有の民族ではあっても、普遍的な目標を帯びていることを自覚させてくれます。

ルツ記によれば、ダビデ王の曽祖母は意志表明するだけで改宗できました。ルツは、イスラエル人の姑《しゅうとめ》のナオミに「あなたの民はわたしの民、あなたの神はわたしの神です」（ルツ記一・一六）と告げました。

この二つの誓いの語順は大事なことを示しています。それは、古代のユダヤ教が、ユダヤ教に改宗する手続きだけでなく、ユダヤ教のアイデンティティをどのように捉えていたかということです。ルツはまず、イスラエル民族への忠誠を誓います。その次に、神への信仰を表明します。ユダヤ人であることの根本に民族意識があるのです。

私は時折、パレスチナ人がこんな議論をするのを耳にします。「イスラエル国に歴史的な正当性なんかあるものか。ヨーロッパ出身のユダヤ人であるアシュケナジーは、古代イスラエル人の子孫なんかじゃ全くない。あいつらは、中世のハザール、紀元八世紀にユダヤ教に集団改宗した、トルコ系の王とその部族の末裔じゃないか」。しかし、アシュケナジー系のユダヤ人がハザールの末裔だという説は、ほとんどの歴史家も一笑に付しています（それに、中東系のユダヤ人ミズラヒーはどうなるのでしょう）。

百歩譲って、仮に今生きているユダヤ人全員がハザールの子孫だったとしても、ユダヤ人の正当性には何ら関わりありません。改宗者も生まれながらのユダヤ人も同等です。一度、ユダヤ民族とユダヤ教の信仰に忠誠を誓ったら、遡《さかのぼ》ってその起源、つまり最初の改宗者であるアブラハムとサラに連なるのです。さらにユダヤ教の神秘的な考えによると、改宗者の霊魂も、他のユダヤ人と共に、神の啓示《トーラー》を授かるためにシナイ山にたたずんでいた、と考えられています。

私の妻のサラは、キリスト教徒として育ちましたが、ルツのように改宗手続きを経験しました。妻はまず、ユダヤ民族を愛するようになり（ルツと同じように、一人のユダヤ人を通してです）、やがてユダヤ民族の神を愛するようになって、その道に歩むようになりました。彼女は、改宗時に名前をサラに改めました。聖書のサラのように、彼女もまたユダヤ人の系譜を築いたのです。

ユダヤ民族は、神の目的のために形成されたので、その存在自体が宗教的な範疇《カテゴリー》となりました。ユダヤ民族への忠誠は、ユダヤ教では宗教的な行為と見なされます。だからこそ、宗教的シオニストは、ユダヤ民族を愛し保護する世俗的シオニストのパートナーになることを厭《いと》いません。宗教的なユダヤ人にとって、ユダヤ民族を強化することは、この民族が神の使者として世界で働く能力に貢献するからです。

必ずしもユダヤ人のすべてのグループが、民族意識と宗教の固有な関係を認めているわけではありません。例えば、十九世紀のユダヤ教改革派は、信仰だけがユダヤ人であることを決定すると宣言しました。この立場はその後発展して、現代のユダヤ教改革派は、民族意識とイスラエルへの愛を含む一般的なユダヤ人のアイデンティティを受け入れています。宗教的な意味で、そのちょうど対極に位置するのがユダヤ教超正統派で、十九世紀のヨーロッパで反近代的な思想として登場し、民族意識への関係は曖昧でした。もちろん宗教的なアイデンティティの一部として民族意識を受け入れていましたが、閉鎖的な超正統派は実際、ユダヤ人の基本的な団結よりも厳格な宗教儀礼を優先して、主流のユダヤ共同体から孤立してしまいました。

神に選ばれた民族という考えは、特権意識ではなく責任意識を育むためのものでした。ユダヤの歴史が示すように、この役割には称賛よりも負担が伴います。ユダヤ人が自らの歴史を、神の激しい臨在の中で生きることを疎《おろそ》かにした民族の物語として捉えるのが典型的です。これがヘブライ語聖書の伝える物語です。民族の叙事詩として、本来なら美化して描くはずが、自分たちの民族に対するその容赦ない批判は驚くほどです。

キリスト教とイスラム教が台頭すると、自らの霊的な失態に対して行なっていた私たちユダヤ人の自己批判は、私たちの正当性そのものに対する彼らの攻撃に取って代わりました。ユダヤ教は、時代遅れの逸脱した宗教と蔑《さげす》まれるようになりました。しかし、ユダヤ教はこの見方に屈しませんでした。何世紀もの間、時には離散の地で敵意を抱かれながらも、自分たちが歴史における重要な霊的役割を担うことを神は期待しておられ、自分たちがやがて郷土に帰還して主権を有する共同体として生きるときに、その役割を再び担うことができると信じ続けました。

ユダヤ人の中には、人類に仕える基礎であるはずの選民意識を曲解して、世界の中で悲嘆に暮れながら孤立感を抱く人がいます。選民意識は、虚栄心や自己礼賛の神学理論を生じかねません。膨大なユダヤ教の宗教書には、優越意識を示すような例は、その真逆のものと同じくらい、すぐに見出だせます。ユダヤ人の中には、自分たちは特異であるという意識そのものが目的となり、イスラエルの民が選ばれた理由であるはずの普遍的な目標、つまり諸民族の祝福になることと、自分たちユダヤ人を中心に考える極端な意識とを取り違えている人がいます。

しかし私たちはまた、これとは真逆の問題も抱えているのです。

私たちの歴史を振り返ってみると、普遍的な未来像を求めるあまり、ユダヤ民族と袂《たもと》を分かったユダヤ人たちがいました。人類の統一が目的ならば、なぜいつまでも時代遅れの分離主義に固執するのか、と。これこそタルソのサウル、のちの聖パウロの論点でした。十九世紀、二十世紀の多くのユダヤ人が「部族主義」に耐えられなくなり、ユダヤ人としてのアイデンティティを棄てて、救世主《メシア》的な共産主義《マルキシズム》を信奉し、とりわけユダヤ人自らに悲惨な結末をもたらしました。

特異性と普遍性の緊張関係を維持するのは、今日のユダヤ民族が直面する最も大きな課題です。一方は、ユダヤの伝統にある最も偏狭で独善的な要素に閉じこもり、他方は、世界に対してあまりにも開かれているのでユダヤの物語そのものを喪失しかねない危険を孕《はら》んでいます。

時には凄まじい敵意の中にあっても発展を続けた四千年の伝統。私にとって、それを担うことは栄誉であり責任です。私たちの物語は、これまでの人類の物語に欠くことのできない要素であり、人類が今なおユダヤの歴史の声を必要としているのだと私は信じています。私のユダヤ人としてのアイデンティティの中で、特異性と普遍性は共存しています。一方への責任意識が他方を強めているのです。

手紙4　物語と存在

親愛なる隣人へ

今日はイスラエルの独立記念日です。私の丘は、この国を象徴する青と白で彩られています。外を走る車の窓からイスラエルの小さな国旗がはためいています。誇らしく旗を二本もつけている車もいるし、またバルコニーにはもっと大きな旗が吊るされています。

独立以来のこの七十年は、凝縮された濃密な歴史でした。開拓精神が旺盛で、若者たちが宗教的な献身にも似た情熱をもって大地を耕したイスラエルは、ショッピング・モールがあって、リアリティ番組の放送されるポストモダンな国へと発展しました。耕作に適さない僻地《へきち》は、ハイテク新興企業《スタートアップ》が世界一密集した経済的な原動力となり、ユダヤ難民の過密していた貧民街はテルアビブのようにガラス張りの高層ビルが建ち並ぶようになりました。かつて西欧諸国の間では最も平等な社会で、首相の給料と首相官邸の掃除夫の給料の差額はごくわずかでしたが、今や西洋で最も収入格差の大きい社会になりました。かつては集団農場《キブツ》で知られ、称賛の的だった小国イスラエルは、西岸地区に入植地を持ち、非難の的である「大イスラエル」となりました。

イスラエルの一番の偉業はその人口です。居住者は約九百万人で、うち約二百万人がアラブ人です。イスラエルは世界最大のユダヤ人コミュニティで、世界のユダヤ人口の半数近くに相当します。現在の人口統計の傾向が続けば、やがて世界のユダヤ人の大多数がこの地に住むことになるでしょう。国が創設された一九四八年、この地には五十万人が暮らしていました。

ヘリコプターがあなたの丘の上を飛んでいます。無意識にホッとします。守られているんだ、それもテロの起きやすいこの日に、と。でもすぐにあなたのことを思うのです。きっと、あなたやお子さんたちにとって、家の上をパタパタと飛び回っているヘリコプターの音を耳にするのは、どれほど恐ろしいことだろうか、と。これが私たちの呪われた関係です。私にとっての防衛策があなたを危険に晒《さら》し、私が祝っているのはあなたの敗北なのです。

逆もまた然りです。時には、私の被る不幸が、パレスチナの隣人に喜びをもたらすことがあります。ヒズボラによるミサイルがイスラエル北部の都市に、あるいはハマスによるミサイルが南部の都市に撃ち込まれたりすると、それを祝う花火があなたの丘に上がります。

サラと私は、この祭日には家族や友人を招いて、アパートの外の芝生でピクニックをします。独立記念日には、イスラエルでお馴染みのお笑い番組を毎年観ます。どこかに出かけたいと思ったりしません。家で平凡な楽しみを味わう日なのです。

昨日は戦没者記念日で、私たちは戦没者を追悼しました。そのすぐ翌日が独立記念日であるのは、相対立する感情を抱く国民生活を表しています。と同時に、追悼と祝賀が隣り合わせになっていることには、深い意味があります。私たちが独立のために払った代償を記憶する、ということです。この国で最も悲しい日は、一週間前のホロコースト記念日ではなく、戦没者記念日です。イスラエルが存続するために、この国では親が子供を埋葬しなければならないことがある、というのを思い出させるのです。ホロコースト記念日には無力さがもたらした結末を嘆き、戦没者記念日には軍事力のもたらす結果に嘆くのです。

戦没者記念日に愛国的な大言壮語を耳にすることはありません。それは絶えず脅威に囲まれている国としては大変特別なことです。ラジオから流れる曲は静かで哀愁を帯びていますし、テレビの短編番組は早逝した若者に焦点を当て、国家の物語よりも人間の物語を伝えます。そういった短編ドキュメンタリーには、国に対する深い愛を感じますが、犠牲を美化することはありません。若者たちは、時には英雄として記憶されることもありますが、常に彼らは息子であり、兄弟であり、友人なのです。兵士が亡くなると、私たちは彼を自らの子供として迎え入れるのです。

言うまでもなく、独立記念日に続くもう一つの記念日があります。あなたが追悼する日、破局《ナクバ》の日です。一九四八年にパレスチナ人に降りかかった災難——一九六七年の占領と西岸地区入植ではなく、イスラエルの建国――それがパレスチナ人が私に抱く不満の核心です。私の国家の存在そのものに不満を抱いているのです。

だから隣人さん、私たちが一九六七年の境界線に基づく二国家共存をどう達成するかを論じる前に、一九四八年、あるいはもっと前の、この紛争の起源に遡《さかのぼ》らなければなりません。一八八二年、シオニストの青年たちの第一団がヤッフォ港にたどり着いた時のことです。私たちは、相対立する互いの歴史物語を理解する必要があります。外交官たちは、紛争を解決するに当たってそれを避けようとしてきましたが、その結末が惨憺《さんたん》たるものだったのは至極当然です。

私の手元に聖地の写真集があります。写真は、十九世紀末のトルコ皇帝アブドゥル・ハミド二世の依頼によるもので、シオニストたちが現れる以前のこの地を写しています。聖所の写真もあります。まるで時間を超えて撮られたようですが、現在のように群がる礼拝者や旅行者は写っていません。村落や市街でさえ閑散として、周辺には人影が全く見当たりません。

私が事ある毎に眺めるアラブ人の写真があります。水差しを頭にのせて、井戸のそばに集まっている婦人たち。大きな岩の上に向かい合って座り、カメラを気にも留めず話に耽《ふけ》っている男女。白い髭をたくわえ、ターバンとガウンを纏《まと》って遠くからこちらに微笑む指導者《シェイフ》。

それとは対照的に、このアルバムに写るユダヤ人たちは環境に打ちのめされているようです。彼らは、シオニストの帰還運動が始まる以前からこの地に何世紀にもわたって暮らしてきた、少数派のユダヤ人コミュニティ「古いユダヤ人社会《イシューヴ》」の敬虔な住民です。その姿には、笑顔や軽快な身のこなしは見受けられません。薄汚れた袖丈《そでたけ》の長い服を着た髭の男たちは老齢で、厳しい現実を生き抜いてきたようです。アルバムに写っているアラブ人もユダヤ人も、ほとんど皆貧しいですが、ユダヤ人の貧困のほうが酷《ひど》いようです。まともな生活を送っているとは思えず、ユダヤ人の中には山羊《ヤギ》を飼う者や農夫もいません。写真に写っている男性らは、祈りを捧げているか、宗教書を手にして何気ないポーズを取っています（ユダヤ人女性は一人も写っていません）。聖地で人生の最後を過ごそうとしてやって来た人もいます。彼らの大半は海外のユダヤ人からの寄付で暮らしていました。

私は、イスラエル民族とシオンとの密接な繋がりを保ち続けてきたこの古いイシューヴのユダヤ人たちに感謝しています。彼らがこの地で暮らしていることそのものが、やがて成就するであろう帰還の約束を思い出させてくれました。ただ、初期のシオニストたちが彼らに抱いた嫌悪感も分かる気がします。若い開拓者たちは、ヨーロッパのユダヤ人地区《ゲットー》を後にし、大地を耕すことを通して新しいユダヤ人の生活を切り拓こうとしました。なのに、エルサレムやヘブロンやツファットの古いユダヤ人街で出くわしたのは、ゲットーで目にしたのと同じ卑屈さ、反射的な警戒心、主体性の欠如による困窮でした。古いイシューヴは、ユダヤ人の生活を蝕《むしば》む離散の影響を体現していました。イスラエルの地で暮らすユダヤ人でさえ根無し草のようだったのです。

アルバムの最後の写真には、ヤッフォ港の水夫たちが写っています。港には大きな岩があって、港に入る船が係船できないので、彼らが乗客や貨物を移送しました。九人の乗組員が、中にはトルコ帽を被って、長い小舟に乗り、オールを掲げ、すぐにでも出発できそうです。遠くから二隻の船が近づいています。私は、その船に乗っている若いユダヤ人開拓者たちが、自分たちの新しい郷土《ホーム》を一目見ようとやっきになっている姿を想像するのです。水夫たちはすぐに漕ぎ出して、帰還者たちを港に移送するのでしょう。

私は、この写真をいつまでも眺めていたくなります。芸術的な作品だからではありません。顔ははっきり写っていませんし、写真はありきたりのものです。でも私にとっては、このアルバムの中で最も強く心に訴えてくる映像です。というのも、この写真の人たちは、自らの世界が崩壊する転換期に自分たちがいるとは、これっぽっちも思っていないからです。

若いシオニストたちは、力強い物語、彼らの民族とこの地を繋ぐ四千年の物語と共にやって来ました。彼らは建設者、農夫、山羊飼いになるつもりでやって来ました。アブドゥル・ハミド皇帝の写真に写っているユダヤ人とは正反対です。彼らは、ユダヤ民族をこの地に再び根付かせること、この地で生まれたユダヤ人の世代を次々と育てることを目指しました。

パレスチナ人がこう言うのを耳にすることがあります。「ちょうど、オスマン帝国のトルコ人が来ては去り、イギリス人が来ては去ったように、シオニストもいつかは去っていくだろう」。この類推は、シオニズム特有の偉業を見落としています。かの侵略者たちは、主権国家はもちろん、繁栄した社会を築くことはありませんでした。彼らはやがて自らの郷土に戻りました。何をさておいても、私はあなたに次のことを受けとめてほしいのです。十字軍やトルコ人やイギリス人が失敗した土地でユダヤ人がなぜ成功できたのか。それは、私たちが単にここに来たわけではないからです。私たちは帰ってきたのです。

残念ながら、私たちは互いに、この紛争の様々な段階で、相手側の民族意識の正当性を否み、存在否定を合理化しようとしてきました。パレスチナの民族意識が作り話《フィクション》であり、あなたたちは人為的に作り上げられた民族であることを「証明する」ことにやっきになっているユダヤ人もいます。もちろん、あなたたちは作り上げられた民族です――でも、それは私たちイスラエル民族も同様です。すべての民族意識とは、その定義からして作り上げられたものです。歴史のある時点で、複数の集団が、互いの違いよりも共通性を認めて、共通の言語、記憶、進行中の物語を持つ民族として、自らを創造するのです。民族の発生は、本来的に主観的な過程をたどります。近代シオニズムの誕生について、古いヘブライ語の歌があります。「ある人が朝起きると突然／民族になっていた／そして歩き始める」。私は、民族の創造をこれほど明快に表した表現を他に知りません。

私たちは、自らの物語を語る互いの権利を尊重しなければなりません。だから隣人さん、私はあなたの物語ではなく、私の物語を伝えるためにあなたに書き綴っているのです。もし私の期待どおり返事を書いてくれるのなら、あなたが自らの歴史をどう理解しているのかを教えてください。私はあなたの自己定義の権利を尊重しますし、同様の権利を主張します。これが和平への道なのです。

私がパレスチナ人の民族意識の力を多少なりとも悟ったのは、兵役に就いていた第一次インティファーダの時でした。ガザや西岸地区でのパトロール中、若者たちが銃を携帯した兵士たちに向けて投石し、自らの民族のために戦っているのを目にしました。敵ながら立派だと思いました。彼らの立場だったら、自分も同じことをしたでしょう。第一次インティファーダは、パレスチナ人の民族意識を否定していたのは誤りだったのだと多くのイスラエル人が悟り始めた時でした。イスラエル国民の大多数は、それまでイスラエルの急進左派の主張していた二国家共存案を次第に支持するようになりました。パレスチナ人の自決権が、主流のイスラエル人の間でも論じられるようになったのです。

でも、パレスチナ民族運動はファタハからハマスまで、さらにはアラブやイスラム世界の多くも、ユダヤ民族という考えそのものを拒み続けています。当初はこの拒絶も無理のないことでした。実際、ユダヤ人は何世紀にもわたって、イスラム教の世界で宗教的少数派として生存してきました。イスラム教徒は主張しました。「オレたちは、なんで十九世紀に考案された『ユダヤ人は民族である』という考えを受け入れなければならないんだ」と。この認識は根本的な誤解に基づいています。私たちユダヤ人は常に、自らを固有の信仰を持つ民族として理解してきたからです。ユダヤ人は、状況に強《し》いられて宗教的少数派として過ごしてきました。でも私たちは一度として、自分たちが再び独立国家として復帰する時が来るという期待を失ったことはありません。この希望こそ、私たちの宗教的な信仰の基礎なのです。

紛争の当初は、この地の大半は無人地帯でした。アブドゥル・ハミド皇帝の写真を見ても圧倒的にそのような印象を受けますし、統計もそれを立証しています。十九世紀末、居住者は五十万人にも満たなかったのです。その大半がアラブ人でした（現在では、一千三百万人のユダヤ人とパレスチナ人が、ヨルダン川と地中海の間で暮らしています）。アラブ人とユダヤ人のコミュニティが増えてきても、この地は、二民族を受け入れることができました。

シオニズムが目指したのはユダヤ人を再定住させることであって、パレスチナ人を追い出すことではありませんでした。イスラエルが建国される前の時代、急先鋒の強硬派シオニスト指導者ゼエヴ・ジャボティンスキーでさえ、未来のユダヤ国家には相当数のアラブ少数派も含むのは自明のことと認めていて、アラブ少数派にはユダヤ人と同等の権利が認められるべきだと記しています。

私たちの民族の衝突は避けられなかったのでしょうか。

互いの物語と要請を振り返ってみると、共存は無理だったでしょう。一九三〇年代には、シオニストとパレスチナ人指導者たちが水面下で妥協点を探っていました。しかし、当時の主流派シオニストは二民族二国家を支持する立場でしたが、主流派のパレスチナ人は、この地のどこであれ、どんなに小さくてもユダヤ国家の設立を認めない立場でした。

対立の主な争点はユダヤ人の帰還移民でした。ユダヤ人は、たとえこの地の一部であっても、そこで主権を有する大多数として、自らを再構成する必要がありました。そのためには大量の帰還移民が必要でした。パレスチナ人は、この地のどこであれ、自らが少数派になるのを防ごうとしました。そのためにはユダヤ人の帰還移民を阻止しなければならなかったのです。

また、「ヘブライの労働《アヴォダー・イヴリート》」――肉体労働に基づく生活を若いユダヤ人に提唱する社会主義シオニストの精神――を通しても、根本的な利害の衝突が生じました。当時、シオニズム主流派のほとんどは社会主義者で、極左の人たちもいました。古い社会主義シオニストの思想によると、離散の地におけるユダヤ人の生活は、様々な要因により、中でも経済的な理由で堕落してしまったということです。何世紀にもわたって、ユダヤ人は、土地の所有や農夫になることを禁じられていたので、貧困状態に追いやられていました。社会主義シオニストにとって、ユダヤ民族を癒すというのは、ユダヤ系の貿易商人や世事に疎《うと》い学者を、農夫や労働者階級に変貌させることでした。社会主義シオニストは主張しました。イスラエルの地で自活できるユダヤ社会を築く唯一の道は、ユダヤ人のプロレタリア階級を築くことだ。ユダヤ人が経営者となりアラブ人が労働者となるような階級社会は是が非でも避けなればならない、と。

でも、社会主義の開拓者たちが二十世紀の初頭に帰還し始めると、意に反して、嫌悪感と羞恥心を抱くような、全く異なる現実に出くわしました。自分たちに先立って、一八八二年に始まった初期のシオニストの波で帰還した社会主義者ではない開拓者たちが、農村を築き、アラブ人の農夫を低賃金労働者として雇っていたのです。社会主義者が懸念していた最悪の悪夢でした。地主階級によってユダヤ国家が築かれるというのか。社会主義者にとっては、ユダヤ人の労働階級を作り出すことにユダヤ民族の未来そのものが懸かっていました。それで、若い開拓者たちは自ら労働組合を組織し、農場の肉体労働でアラブ人と張り合ったのです。目的は、アラブ人の労働を拒むことではなく、ユダヤ人を労働に就かせることでした。こうしてユダヤ人の労働階級が生まれ、しばしばアラブ人労働者が犠牲になりました。

「ヘブライの労働」は、シオニズムの無理難題な選択をよく示しています。非社会主義的な方策を選ぶと、アラブ人労働者を支配することになる。かといって、社会主義的な方策を選ぶと、労働市場が二民族の闘争の場となってしまう。

私たちの民族紛争の最大の要因は土地でした。最初はオスマントルコの支配、続いてイギリスの支配のもとで、シオニスト運動は区画ごとに土地を購入しました。その数十年間、ユダヤ人が定住した土地はすべて代金を支払って得たものです。ユダヤ人が積極的に再定住していくこの重要な時期に、土地を奪取することなどありませんでした。シオニストの運動は、合法的に土地を売却できる相手からなら、誰であれ土地を購入したのです。アラブ人の不在地主を相手にすることもしばしばありました。マラリヤの蔓延《はびこ》る沼地や岩だらけの地域など、人の住まない土地のために高額な代金を支払うこともありました（地価は、一九一〇年から一九四四年の間に五十倍になりました。シオニストによる購入が主な原因でした）。不屈のユダヤ人たちは、人の到底住めないような地域を農場や庭園に変えていったのです。

このような不在地主の土地の中には、アラブ人の小作人が住みついて、そこをずっと耕してきたものもあり、多少の金銭的補償を渡して立ち退いてもらう場合もありました。しばしばそれが、新しく購入した土地に平等な共同社会《コミューン》を築こうとした革新的な社会主義者たちによってなされたということが、一層矛盾を深めました。さらなる悲劇は、双方が相手側を、自らの最も基本的なニーズを阻《はば》む障害と見なさないわけにはいかないことでした。

私は、この歴史を思うと、自分の中で喜びと深い悲しみが交錯するのを感じます。二十代そこそこの勇敢な若者たちに歓声を上げたくなります。彼らは、自らの青春を緑化と農耕に捧げて、ユダヤ人帰還のために土地を備えました。他方で、隣人さん、あなたの民族のこと、トルコ皇帝の写真に写っていた人々のことを思うと、悲しみを覚えるのです。その生活は徐々に乱され、私たちの紛争が頂点に達した一九四八年には立ち退かされ、その営みは崩壊しました。そして、親愛なる隣人さん、私はお互いのことを思って悲しみを覚えるのです。ちょうど一九四七年に二国家共存の機会を逃したように、私たち自身も、生存を懸けた紛争についての相反する考え方から抜けられず、各世代がさらなる苦痛と相互の不満を積み重ねてきました。

私は、この論争にうんざりすることがあります。どちらの側が提案できる議論も、歴史であれ、思想であれ、政治であれ、互いに相容れない主張が含まれているからです。私たちは、自らの主張が正当であり、相手側の主張が空説であることを証明するために、どれだけ無駄なエネルギーを使ったのでしょうか。この終わりのない論争に、どれだけ世界の関心を集めたことでしょう。アルメニア人で歴史家の知り合いが以前、こんなことを言いました。アルメニア民族の虐殺を書きながら、トルコ側の否定を論駁《ろんばく》するために時間を浪費するなんて耐えられない。屈辱だし、知的にも息が詰まる。アルメニア人論争に携わるばかりに、書きそびれた本がいくつあることかと嘆いていました。

私も、私たちの論争にはうんざりしています。それでもなお、私が論じ続けるのはなぜなのか。それは、イスラエルの物語の正当性が非難されているからであり、それによって、ユダヤ人の存在の核心が脅威に晒されているからです。私のユダヤ人に関する定義は次のとおりです。私たちは、自分を誰だと思っているのか、自らに言い聞かせる物語そのものなのです。だからこそ、ほとんどのユダヤ人が、どんなにユダヤ教から離れていても、守り続けている最も大事な儀式は、私たちの民族としての古《いにしえ》の起源を語り伝える、過越祭《ペサハ》の晩餐《セデル》なのです。

私が願っているのは、もはやトラウマに満ちた互いの過去について論じる必要性を感じなくなり、互いの未来に関心を寄せる時がくることです。

シオニズムに対する戦争が本格的に始まったのは、第一次世界大戦の後でした。ユダヤ人がこの地で存在感を増すにつれ、アラブ人はより暴力的な形で応じました。帝政ロシアの集団殺戮《ポグロム》がパレスチナに導入されたのです。最悪の事例は一九二九年、聖都ヘブロンで起りました。信心深い、古いユダヤ社会《イシューヴ》のメンバーだった六十九名の無防備なユダヤ人が虐殺され、その多くがアラブ人の暴徒によって、文字どおりバラバラに斬り殺されました。と同時に、およそ四百人のユダヤ人がアラブ隣人に救われました。

この事件がシオニストの考え方の転換期となりました。それまでは、多くの人が、たとえ時間がかかるとしても共存の可能性を信じていました。しかし、ダヴィッド・ベングリオンやシオニスト指導者たちはこの事件以後、長期化する紛争の備えに取りかかったのです。

この間、アラブ世界では、約百万人のユダヤ人に対する脅威が強まっていました。一番影響力のあったパレスチナ人指導者、エルサレムのイスラム教法典権威《ムフティ》ハジ・アミン・アル・フセイニは、第二次大戦中ヒトラーの賓客としてベルリンで過ごしました。ラジオ放送で、イスラム世界に向けてナチスと手を組むことを訴え、ヨーロッパから中東に虐殺を広げるようドイツ人に勧めたのです。アラブ同盟の事務総長アザム・パシャは一九四七年、エジプトの新聞社のインタビューで、ユダヤ人に建国しないよう警告しています。「ユダヤ人が私たちを戦争に巻き込まないことを願っている。さもないと絶滅戦争になり、モンゴル軍や十字軍による大虐殺のような、歴史的大虐殺として後世の語り草となるだろう」。アザム・パシャは少なくとも悲嘆を込めて語りましたが、他のアラブ指導者は期待を込めて虐殺について豪語していました。

最終段階が始まったのは一九四七年十一月二十九日、国連総会の決議文、「独立したアラブ国家とユダヤ国家」の設立決議からでした。シオニスト運動のほとんどがこの決議案を支持しましたが、パレスチナ民族運動のほうは全員一致で拒否し、ユダヤ人の存在に反対して宣戦を布告しました。国連決議の翌日、この国の全土でユダヤ人は攻撃に晒されました。そして、六カ月後の一九四八年五月十四日にイスラエルが独立すると、アラブ五カ国の軍が侵略し、設立間もないユダヤ国家を壊滅しようとしました。

これらの出来事に関するあなた側の物語は、パレスチナ人指導者マフムード・アッバスが二〇一一年にニューヨーク・タイムズに投降した寄稿文に要約されています。彼の主張では、国連の分割案決議のすぐ後、「シオニスト勢力は、未来のイスラエル国家でユダヤ人が圧倒的多数となるために、パレスチナ・アラブ人を追い出した。それでアラブ軍が介入し、戦争とさらなる追放が起きた」

イスラエルのユダヤ人は、アッバスの言葉を読んで憤りました。アッバス閣下、シオニストが分割案を受け入れたことに関してはどう思われるのですか。パレスチナ側が分割案を拒否したことに関してはどうですか。国連決議のすぐ後で、パレスチナ人が広範囲にわたって自発的にユダヤ人コミュニティを襲撃したことについてはどう思われますか。また、アラブ軍が「介入した」のは、パレスチナ人を助けるためだったのですか。それともアラブ人指導者が繰り返し宣言していたように、ユダヤ国家を壊滅するためだったのではないのですか。

アメリカに住むイスラム教徒の友人が私に説明してくれたことがあります。アラブ人やイスラム教徒が全員一致で分割案を拒否したのはなぜか。それは当時、国連は白人の団体《クラブ》だったから、中東を分割する権利などはなかった。ちょうど、イギリスが一九一七年に発布したバルフォア宣言に、パレスチナをユダヤ人に与える権利などなかったのと同様だ、と。

でも、ユダヤ人は、自らの主張の正しさを証明するのに国際社会の合意などほとんど必要なかったのです。イスラエルの独立宣言は、正当性の証明として、ユダヤ民族の歴史的な起源とこの地への繋がりをあげています。「イスラエルの地はユダヤ民族発祥の地である」と始まり、その後で、国連のユダヤ国家支持について記しています。国連がユダヤ人に国家を「与えた」わけではありませんし、イギリスが私たちに固有の権利を「与えた」のでもありません。この地に対する私たちの主張は、私たちの存在そのものに由来するのです。それは、新国家の社会的基盤を築いたユダヤ人たちに由来するのです。国連決議の時には、国名こそありませんでしたが、すでにすべてが整備されていました。それは地下抵抗運動を戦い、イギリス支配を追い出したユダヤ人に由来するのです。その戦いは、中東で最も成功した反植民地主義者による反乱でした。

アラブの分割案反対を弁護する人はこう指摘します。ユダヤ人は少数派なのに、国連はこの土地の五五％を割り与えた、と。でもこの批判は事実を無視しています。ユダヤ国家に割り当てられた地域の半分以上が荒野であるのに対して、アラブ国家には肥沃な地域のほとんどが割り当てられていました。いずれにしろ、アラブ側が受け入れるような分割案などあるのでしょうか。たとえ、ユダヤ国家に割り当てられたのがこの地のほんの一部だけだったとしても、アラブ世界は間違いなく分割案を拒絶していたでしょう。というのも、どんな形態であれ、この地にユダヤ人の独立国を築くことは犯罪行為と見なされていたのですから。

分割案について、説得力のあるパレスチナ人の反対意見は、より単刀直入です。パレスチナ人がこう言うのをよく聞きます。よそ者があなたの家に居座ったとして、そいつに家を分割させるなんて許せますか。たとえそいつが、あなたに三部屋を与えて、二部屋だけ自分のものにしたとしても、それを公平な妥協案だと考えるのですか、と。

その気持ちが分からないでもありません。私は、ベイタルという右派のシオニスト青年運動の中で育ちました。国連の分割案にも反対したジャボティンスキーやメナヘム・ベギンの流れを汲む、最大利益を追求する運動です。ベイタルのメンバーになったのは十三歳の頃で、この地の全土が権利上自分たちのものだという非妥協的な主張に、気持ちがとても高まりました。十代の頃は、小さな銀のネックレスをしていました。それにはイスラエルの地の地図が描かれていて、西岸地区だけでなく、イギリスが歴史的パレスチナから切り離してハスモン王家に与えてヨルダン王国の領土とした地域も含んでいました。俺たちの父祖の地の運命を決めるイギリス人っていったい誰なんだ、と文句を言っていました。「ヨルダン川の両岸が俺たちのもの。こちら側も、あちら側も」と私たちは歌いました。

私はあまりにも自分の民族の主張に捉《とら》われて、あなたの民族の主張する反対意見を聞くことができませんでした。でも成長して二十代になると、それまでの考えを覆《くつがえ》すような問いを抱くようになりました。パレスチナ人は紛争をどのように捉えているのだろう。その主張の論拠は何だろう。好奇心が、独り善がりの最大の敵である思いやる心を育みました。そしてやがて悟ったのです。妥協が、個人の生活であれ、民族の場合であれ、最大主義の立場に劣らない正当な結果をもたらすのだと。

でも一九四八年、私たち二つの民族は、各々の民族の生存を懸けた戦争を戦っていたので、相手を思いやる余裕などありませんでした。全面戦争で、一般市民と戦闘員の区別など、ほとんどありませんでした。苦戦を強いられる戦いが路上や村落、市街で、一軒一軒と展開していきました。双方で虐殺も起こりました。

私が、あなた側の起こした虐殺について触れると、パレスチナ人からは大抵、「確かにあった。でも、戦争を始めたのはあなたたちのほうじゃないか。私たちは反撃しただけだ」という答えが返ってきます。イスラエルのユダヤ人も、全く同じ答えをします。アラブ軍が勝利した所にユダヤ人は一人も残っていません。何世紀にもわたって東エルサレムの住宅街に住んでいたユダヤ人世帯は、追い出されました。他の場所でアラブ兵士に捕まったユダヤ人は虐殺され、コミュニティは根絶されました。追放されるか、それとも虐殺されるか——そのいずれかだったのです。

この戦争では、双方に強みがありました。あなたのほうには、近隣五カ国の軍の後援がありました。開戦時、私たちの側には、戦車が三両と戦闘機が四機しかありませんでした。そして、私たちには誰からの支援もなかった。でも結果的にそれが私たちの強みとなりました。この生存を懸けた戦いにすべての人を動員し、死にもの狂いで戦ったからです。あなたの側が優勢になっていたら、たとえ生き残ったとしても、ほとんどのユダヤ人はこの地に残らなかったでしょう。だから、私たちユダヤ人は無我夢中で戦い、陥落したのはほんの少しのコミュニティだけでした。どこにも逃げ場がなく、私たちはユダヤ人の歴史の崖っぷちに立たされていたのです。

結局、壊滅的な結末を迎えたのはあなたの側でした。約七十万のパレスチナ人が難民となりました。戦後、難民の悲劇に関して二つの相矛盾する物語が生まれました。私たちの側は長年、「追放はなかった。あったのは戦地からの自主的な避難だけだ。アラブ人指導者たちがパレスチナ人に、すぐに圧勝するアラブ軍の邪魔にならないよう、住居から離れるように勧めた」と主張していました。あなたの側では、「追放がイスラエルの行動規範で、組織的かつ入念に計画されたシオニストの作戦だった」

と言うのです。

どちらの主張も正確ではありません。新しい世代のイスラエルの歴史家は、実際イスラエル軍によって追放された難民が多くいたことを証明しています。パレスチナ人に避難するよう勧めたアラブ人指導者もいましたが、避難と追放の区別は必ずしも明確ではありませんでした。多くの人は、追放や虐殺を恐れて避難したのです。

難民という悲劇をもたらしたのは、イスラエルの組織的な方針のせいではありませんが、しばしば現場の指揮官の決断によるものでした。一度だけ、ベングリオン首相がはっきりと追放を命じたことがあります。テルアビブ近郊の町リダとラムレです。リダからの追放には虐殺が伴いました。戦闘に加わらなかったアラブの村はそのまま残りました。ユダヤ人とアラブ人が共存するハイファ市では、ユダヤ人の市長が街頭に立って、逃げ去るアラブ人に、どうか踏みとどまってくださいと嘆願していました。戦火が激しくなると、数万の中産階級のパレスチナ人が安全地域を求めて避難しましたが、ユダヤ人が戦争で敗れた後に戻ってくるつもりでした。彼らが立ち去ることで、パレスチナ人社会の士気はさらに下がりました。あなたたちの多くが追い出され、多くの人が避難しましたが、留まった人たちもいました。だから今日、百五十万人近くのパレスチナ人がイスラエル国民として暮らしています。彼らは留まった世帯の子孫なのです（イスラエルの建国後、約十五万人が留まりました）。

けれども、終戦までに崩壊したのはあなたの社会でした。イスラエルは、無人地帯となった四百以上のパレスチナ人村落を破壊しました。そして、ユダヤ難民をそこに再定住させました。その多くはアラブ諸国の出身者でした。パレスチナの難民は、シリアやレバノン、ヨルダン、ヨルダンの領有する西岸地区や、エジプトの領有するガザに散らされて暮らすようになりました。私たちイスラエル人が主権回復を喜び、次々と発展し成功を遂げていくのに対し、あなたの民族は家とオリーブ畑を失い、焦土と化した難民キャンプに移り住み、希望もなく子供を育て、アラブ世界の望まれざる邪魔者となりました。私は、追放の苦しみの中で犠牲となった人々の命、私の喜びとは対照的にあなたが抱く絶望感を思って嘆いています。

　でも、私は生き残ったことを詫びることはできません。イスラエルのユダヤ人なら誰でもこう言うでしょう。もしパレスチナやアラブの指導者たちが、死に物狂いの戦いを宣言しないで妥協案を受け入れていたら、パレスチナの悲劇は起こらなかっただろう、と。

　イスラエルのユダヤ人が、一九四八年の物語で犯罪者扱いされるのを受け入れないもう一つの理由があります。イスラエル人口の少なくとも半分は、中東の古いユダヤ人コミュニティの出身者です。イスラエル建国後の二十年の間に、そうしたユダヤ世界の繁栄した拠点のほとんどが消滅してしまいました。ユダヤ人は、暴力的な反ユダヤ主義（追放の一形式）から逃れるか、反ユダヤ暴動への危惧、あるいはシオンへの憧《あこが》れから、自主的に立ち去りました。一九四〇年代にバグダッド、ベンガジ、アレッポ、また他のアラブの諸都市で展開した反ユダヤの集団殺戮《ポグロム》によって、数百名の命が奪われ、恐怖感が漂い、大量出国へと発展しました。ユダヤ人は財産を没取され、刑務所に入れられ、あるいは絞首刑に処せられました。この公に知られることのなかった難民は、自らを中東系《ミズラヒー》ユダヤ人と呼びました。一九四八年には、百万人近くのユダヤ人がイスラム世界に住んでいましたが、今日では四万人程度に過ぎません。

私の好きなヘブライ語の歌に「トドゥラの村」という歌があります。失われたモロッコのユダヤ文化への哀悼歌です。その歌は、アトラス山脈のユダヤ人コミュニティと共に消滅した儀式について語っています。ユダヤの少年が会堂《シナゴーグ》に連れられると、そこには木板の上に蜂蜜で書かれたヘブライ語の文字がありました。少年はそれを舐めるように言われます。聖書の文字が口に甘いことを知るためです。民俗文化を美しく物語るその背後には、一つの世界が滅んだ激しい憤りがあります。

イスラエル人は、時にイスラエルとパレスチナを、インドとパキスタンになぞらえることがあります。一九四七年のインド分割で、数百万のヒンズー教徒とイスラム教徒が互いに国境の反対方向へ逃げました。双方に恐ろしい虐殺事件が起きましたが、それはユダヤ人やアラブ人が経験したものよりもはるかに酷いものでした。

これを私たちの紛争と比べるのは正確ではありません。インドとパキスタンの場合、双方の難民がそれぞれの郷土で安住の地を見出だすことができましたが、ここではアラブ諸国から逃れてきたユダヤ人だけが郷土に戻ることができました。ユダヤ難民はまずは仮設住宅地に送り込まれ、やがて公営住宅や農村に再定住させられました。当時、イスラム教国出身の中東系ユダヤ人は酷く差別され、その時の傷がイスラエル社会の深い禍根として残っています。中東系ユダヤ人の受け入れに際して、イスラエルが様々な過ちを犯したのは事実ですが、居丈高《いたけだか》なイスラエルの支配階級でさえ、彼らのことを父祖の地に「帰還する者たち《オリーム》」と見なしていました。

パレスチナ難民は、信仰と言語を共有する近隣諸国に避難したものの、彼らは郷土を離れて亡命したのです。アラブ諸国から逃げたユダヤ人とは真逆のケースでした。ほとんどの場合、パレスチナ難民はよそ者のように扱われていました。彼らの苦境を解決しなければなりません。イスラエルは、アラブ世界と共に、その傷を癒す責任があります。ちょうどアラブ諸国がユダヤ難民の子孫に補償金を支払わなければならないように、イスラエルもパレスチナ難民の子孫に補償金を支払わなければなりません。

一九四八年にイスラエルを建国し、守り抜いた五十万人のユダヤ人は、歴史上最も類《たぐ》い稀《まれ》なユダヤ人コミュニティかも知れません。彼らは建設者であり、革命家であり、神秘家でした。死語を復活させた作家や詩人、世界の救済を夢見た夢想家《ユートピアン》でした。独立をどのように成し遂げるか、未来のユダヤ国家の国柄はどうあるべきか、口角泡を飛ばして論じ合いました。彼らは、自分たちが歴史的な瞬間に生きていること、打ちひしがれた民族を背負っていることを強く自覚していました。

私は子供の頃、よく友達とこんな質問を交わしていました。「もし、過去に生まれることができたら、ユダヤ人の歴史のどの時代に住みたい？」。私の答えは、「イスラエル建国のほんのちょっと前、民族復活の道備えをしていたシオニストたちの時代」でした。

当時の青年たちが直面した挑戦は、他のあらゆる国の建国者と同様、気の遠くなるようなものでした。自らの社会を外国（イギリス）の支配から解放するだけでなく、その社会を基礎から築き上げていく必要がありました。言語を蘇《よみがえ》らせ、文化の本質を損なうことなく近代化させ、この上なく雑多なコミュニティを一つの国民に再創造しなければなりませんでした。

この間、ユダヤ民族は二十世紀半ばに絶滅の危機に晒《さら》されました。ヨーロッパでは、ユダヤ人が死の収容所に送られていました。中東では、集団暴行の脅威が高まっていました。ソヴィエト連邦では、政府の命令によって同化政策を強いられていました。

これが、一九四〇年初めにシオニストが直面したユダヤ民族の現実でした。信仰と現実主義が織り合わさり、同胞を救出し、自らの歴史を一新したのです。

とはいえ、どんなにイスラエル建国者たちの世代に愛情や敬意を抱いていても、実際私は違う時代に生きています。それは、自らを超越する機会を与えてくれる時代です。ベングリオンの世代は、徹底して国造りに没頭しなければならなかったので、内向きでした。でも私の世代のイスラエル人が直面する挑戦は、外向きで、つまり隣人さん、あなたと向かい合わなければなりません。というのも、私の未来とあなたの未来を分けて考えることはできないからです。

イスラエルの建国に関しては、私たちの相反する物語の溝を埋めることは無理でしょう。私たちが二国家共存を協議する際も、二つの物語の問題は残るでしょう。しかし、この歴史解釈の相違のために、政治的な妥協の機会を逃すことがあってはなりません。私は歴史を尊びます。でもそれは、歴史が私たちを縛るのではなく鼓舞する限りにおいて、です。互いの物語を認め合い、相反する二つの物語と共に生きることを学ぶ。それによってのみ、過去の呪縛から未来を解放することができます。

あなたに手紙を書いているうちに、深夜になってしまいました。あなたの丘にはほんの数軒しか光が灯っていません。私たちの丘の谷間を行く道路では、静寂を破るように一台の車が走っています。この道路の向こう側に話し相手がいる。そう思って、あなたに話しかけようとすると、ほんの少しだけ孤独感が薄れます。

ムエジンの夜明け前の呼び声が聞こえます。周辺の丘に立つイスラム寺院《モスク》の尖塔《ミナレット》の呼び声が、少しズレながらこだましています。「アッラー・アクバル――神は偉大なり」。静かに厳然と語りかける声、優しい目覚めの招きを聞いて、私の心が和《なご》みます。もうすぐ始まる目まぐるしい一日への備えです。ムエジンが大声で呼びかけています。「祈りは眠りに優る」。記憶せよ、この世にいるのはほんのつかの間だ、自らの人生の夢遊病者となるな、永遠不変の幻想を抱いて時間を浪費するな、と。

そして突然、沈黙が訪れます。

私たちは、互いの息づかいが聞こえるほど、こんな身近に生活しているのです。この土地を共有する以外にどんな選択肢があるのでしょう。それは概念上のことだけではなく、具体的な意味での共有です。私たちは、互いの物語を両立させることを学ばなければなりません。だから、私はあなたに書き続けるのです。あなたの丘と私の丘を隔てるこの小さな空間、でも底知れぬ深淵《しんえん》を、乗り越えようとしているのです。

手紙5　六日と五十年

親愛なる隣人へ

今日はエルサレムの日です。一九六七年六月七日、六日戦争の最中に果たした聖都の再統一を祝う日です。荒野から熱風が吹きつけています。この夕方には、エルサレムの戦いに参加した年輩の退役軍人たちが、左派も右派も、世俗的な人も宗教的な人も、静寂とした式典に集まります。式典は戦闘が繰り広げられた東エルサレムの記念碑のまわりで執り行なわれ、亡くなった戦友を悼《いた》んで詩編を朗唱します。東エルサレムの他の所では、若い右派のユダヤ人たちが、パレスチナ人の住宅街を歌い踊りながら、イスラエル支配下での聖都の統一を高らかに謳《うた》い上げます。共存を支持する複数の団体が、この行進が別の経路を通るよう最高裁に訴えましたが、法廷は表現の自由を優先しました。私はこの判決を遺憾に思っています。神聖な信条も、他の者の要請や感受性を思いやって、時には慎まなければなりません。何と言っても、この挑戦が私たちの紛争を決定づける一因となるからです。

私がイスラエルと初めて出会ったのは、六日戦争のわずか二、三週間前、イスラエルが崩壊の脅威に直面していた一九六七年五月中旬でした。アラブの指導者たちがユダヤ人を地中海に叩き落としてやると豪語していました。カイロやダマスコで群がるデモ参加者が「ユダヤ人に死を！」と叫んでいるのをテレビで観ました。髑髏《どくろ》と骨十字を描いた横断幕が翻《ひるがえ》っていました。それが私にとっての最初の衝撃でした。ユダヤ人虐殺の脅威は、ホロコーストで終わらなかったんだ、と。

エジプトの大統領ガマル・アブデル・ナセルは、東洋に通じるイスラエルの南方航路であるチラン海峡を封鎖し、イスラエルとの国境に駐屯していた国連平和維持軍を追い出しました。これが私にとっての第二の衝撃でした。平和維持軍の目的は、こんなときのためにこそいるんじゃなかったの？しかし、国連はナセルの要求に従いました。安保理事会でまともに諮《はか》ることもなく、平和維持軍を撤収したのです。

シリアとヨルダンの軍隊は、エジプト人と一緒になって、イスラエルを包囲しました。数十万のイスラエル予備兵が召集され、当時三百万人の国民が暮らしていた国家の経済は麻痺状態でした。高校生は、公園に共同墓地を掘るように割り当てられ、何千人もの民間人が犠牲になるのに備えました。イスラエル国防軍の参謀総長だったイツハク・ラビンは、この脅威に圧倒されて、一時的に神経衰弱で倒れてしまいました。世界中のユダヤ人が、差し迫るイスラエルの滅亡を危惧していました。

私はその頃、自分の本質的な何かを見出だしたのです。自分はイスラエルのない世界では生きられない、と。隣人さん、そんな自覚はあなたには奇妙に聞こえるかもしれません。何と言っても、私はニューヨーク・ブルックリン市に住む十三歳の少年でした。なぜこんな根源的な愛着が強烈に湧いたのだろう。一度も訪れたことのない国のために自分の命を捧げてもいいと思うなんて。

それは、イスラエルが滅亡したらユダヤ民族は生き残ることができないという直観だったと私は思います。ユダヤ人が突然消滅するというわけではありません。世界のユダヤ人コミュニティは存続するでしょう。でも、生命力、自信、歴史に希望を抱くこと、ユダヤの物語を信じること、それらすべてが消散してしまう。逆境にあって私たちを支え続けてきた熱望が、嘲《あざけ》りの的《まと》となる。私たちユダヤ人が二千年間待ち続けたのは、またもや悪夢のためだったのか。私たちが世界中からシオンに集まったのは贖《あがな》いのためではなく、決定的な滅亡のためだったのか。

確かに、ユダヤ人は以前にも国家主権の喪失から生き延びてきました。でも紀元七〇年にユダヤの国が滅ぼされた時は、私たちはまだ信仰心の篤い民族でした。私たちは、粉々に砕かれた断片から新しいユダヤ人の生活を作り直しました。それは、宗教的な視点から自分たちの運命を捉えることを知っていたからです。逆説的ですが、ユダヤ人が神に罰せられたという信仰が、私たちの先祖に耐え抜く勇気を与えたのです。自分たちを罰した同じ神が、いつの日か贖ってくださる。服役の期間が済めば、離散は終わるだろう、と。しかし、今日の私たちは西洋の世俗主義やホロコーストなどによってユダヤ教の信仰を打ち砕かれ、その余波の中で生きています。現代世界における私たちの経験からどんな信仰が残っているとしても、イスラエルの崩壊を通して、それが極限まで試されるでしょう。神罰の物語として受け入れるユダヤ人はごく少数でしょう。多くの信仰的なユダヤ人にとってさえ、そんな罰はもうたくさんだと思います。

一九六七年六月五日の朝、目が覚めると、父が台所のラジオの辺りでうろうろしていました。戦争が始まっていました。その時はまだ知らなかったのですが、イスラエル空軍はすでに先制攻撃を図り、地上に駐機していたエジプト空軍の飛行機をほぼ全滅させていたのです。

イスラエルはヨルダンのフセイン国王に、「参戦しないでください。こちらも攻撃しませんから」と伝えました。しかし、東エルサレムに駐屯するヨルダン軍の部隊は、西エルサレムのユダヤ人住宅地に向かって砲撃を開始しました。イスラエルの空挺部隊は旧市街に派遣されました。限られた数時間のうちに編成し、鉄条網で囲まれた地雷原の無人地帯を通過して、ヨルダン軍の拠点を攻撃したのです。その目的は、西エルサレムへの攻撃を止めさせ、東エルサレムの展望山にある飛び地のイスラエル領土を守るためでした。イスラエル国防軍には、旧市街を攻略するという緊急対応策などありませんでした。空挺兵が城壁を包囲した時も、イスラエル政府は攻略命令を出すべきか躊躇《ためら》っていたのです。旧市街には、ヨルダンが一九四八年にそこを併合して以来、私たちが近づくことを許されなかったユダヤ教の最も聖なる場所があったにもかかわらずです。

決断が下されたのは、イスラエルの内閣で長い議論を経た六月七日の朝でした。その前に、フセイン王に今一度、「和平交渉をするなら空挺兵は撤退させます」と訴えました。フセインはこの申し出を無視。それで空挺兵は旧市街のライオン門から突入し、左に曲がって、私たちが「神殿の丘《ハル・ハバイト》」と呼び、あなたたちが「高貴な聖域《ハラム・アル・シャリフ》」と呼ぶ区域に向かい、そして西の壁に到達しました。

戦い疲れたユダヤ人空挺兵が、離散の祈りの染み込んだ西の壁の狭い割れ目に頭をもたれているあの情景に、心を動かされなかったユダヤ人はいなかったでしょう。どんなに信仰から遠のいていた人でも、無関心ではおれなかったと思います。あの瞬間を象徴する映像《イメージ》に、数名の空挺兵が互いに肩を組んで壁の前に立って見上げている写真があります。ユダヤ人の歴史において空前絶後の軍事的勝利を収めた直後の彼らですが、その若い顔つきには、勝利感ではなく、まるで巡礼者が旅の目的地に着いたような畏敬の念が漂《ただよ》っていました。あの瞬間、彼らが示していたのは独立国家の軍事力ではなく、古《いにしえ》からの民族の希望でした。

戦争の数週間後、私は父と生まれて初めてイスラエルに向かいました。遠ざかっていることなどできなかったのです。そして、そこで恋に落ちました。その風景はもちろん、荒野、山、海岸と様々で、まるで地球がこの一片の地域に凝縮されているようでした。でも、何よりも私が魅了されたのはユダヤ人の多様さでした。私の住んでいたブルックリンの地域には、主にオーストリア＝ハンガリー帝国出身のユダヤ人が暮らしていたので、モロッコやイラク、インド、その他数十カ国から帰還したユダヤ人に出会って感激しました。このことが、ユダヤ民族の可能性への私の認識を広めてくれました。離散を通して私たちはバラバラの断片になりましたが、そこではもはや不可能だと思っていたことが展開していたのです。どんなにぎこちなくても、トラウマを抱えていたとしても、それらの断片が再び一体となりつつありました。私は、イスラエル人の勇気とその確固とした気質に魅せられました。

歴史のどんな状況にあっても、彼らには最善を行なおうという心意気がありました。十代の従兄弟《いとこ》で私と同じ名前のヨッシーがまさにそうです。彼はガリラヤ湖のほとりで暮らし、ゴラン高原にいるシリア兵の銃弾の脅威の中、湖を泳ぎながら育ちました。そして、やがては自分も兵士になるのを当然のことと思っていました。

私は、イスラエル人の気質の欠点に目を留めていなかったわけではありません。その厚かましさ、偏狭さ、貧困国の哀れな物質主義。でもそれは些細なことで、私の愛は無条件でした。あの夏、自分の人生やイスラエルの生活でどんなことが起きても、いつの日か帰還者としてここに戻ってくると決めたのです。

しかしあの夏の勝利の祝典、生命そのものの祝典の真っただ中に、あなた自身が、まるで結婚式で悲嘆に暮れる人のように、いたのです。パレスチナ人の住居からは、降伏の白い布が垂れ下がっていました。ロバの手綱を引く年老いた人たちは、大きな荷物を運んでいるかのように、ゆっくりと歩いていました。シラミがつかないよう丸刈りにした子供たちが、雑な木彫りのラクダやソーダの空き瓶で作った渦巻き模様の色砂、イスラエルの国防相モシェ・ダヤンのハガキ（それは、あなたの敗北の記念品ですが）を売っていました。もしかしたら隣人さん、あなたもあの子供の一人だったのでしょうか。私は、彼らの顔を記憶から消し去り、憐れみを抑えて、僕たちはやっとのことで絶滅を免れたんだと自分に言い聞かせていました。イスラエル人が互いに言い合っていました。「考えて見ろよ、もしあいつらが勝っていたら、どんなひどい扱いをされていたか、分かったもんじゃない」。エル・

アリシュのパレスチナ難民キャンプで、子供たちがその勝利を想像して描いた絵を見たことがあります。アラブ兵が超正統派のユダヤ人を射殺している絵で、ユダヤの星を刻んだ骸骨が山積みになっていました。その絵でさえ、東エルサレムの路地で見た少年たちの憂鬱で困惑した顔を忘れさせることができません。目を閉じると、今もその姿が浮かびます。

イスラエルの地図が再び変わりました。イスラエルの国境は三つの段階を経て拡大したのです。まずは建国する前の時代の土地購入、次に一九四八年の戦争、そして最後は六日戦争です。国際社会の大部分は、最初の二段階を正当なものとして認めています。イスラエルとパレスチナ指導者のこれまでの交渉も、一九四九年当時のイスラエルの国境に基づいています。国際社会に関して言えば、この三段階目の領土獲得が争点になっています。

西岸地区の最初の入植地は、戦争から三カ月も経たない一九六七年の九月に設立されました。エルサレムのすぐ南、ヘブロンに向かう道沿いにあるクファル・エツィヨンです。国会の審議や内閣の決断、あるいは包括的な拡張計画があったわけではありません。十数名の若者が当時の首相レヴィ・エシュコルの曖昧な承諾を受けて、丘の上に移住したのです。このことがなぜ物議を醸さなかったのか。初期のクファル・エツィヨンは一九四八年の戦争で陥落したのですが、陥落直前に避難させられた幼児が若者となり、文字通り家に帰って来たからです。クファル・エツィヨンは、イスラエル人の癒されることのない精神的な傷でした。そこを防衛していた者たちは、パレスチナ人の民兵に投降し、イスラエルの独立宣言の前日に虐殺されました。だから西岸地区の最初の入植地は、ついこの間まであったユダヤ人コミュニティを再建したものでした。少なくとも当初は、聖書時代の遺産を主張するためではなく、イスラエル社会にとっては、生きた記憶として残っていた誤りを正すことが目的だったのです。

六カ月後に、別の入植者グループがヘブロンに移り住みました。ユダヤ教では、ヘブロンはエルサレムに次ぐ第二の聖都です。この時は、イスラエル人の間で猛烈な議論が起こりました。パレスチナの人口中心地にユダヤ人の入居を許すのは賢明ではない、というのが争点でした。ヘブロンは族長アブラハムと妻サラの埋葬地なので、聖書に照らしてユダヤ人がこの土地の権利を主張する根拠はあります。でも、ヘブロンもいわば現代に再建されました。一九二九年に起きた虐殺によって、そこに古代からあったユダヤ人コミュニティは消滅したからです。

つまり最初に建てられた二つの入植地は、二十世紀に滅ぼされたユダヤ人コミュニティの再建だったのです。この点を踏まえると、なぜ多くのイスラエル人が、この初期の入植を一大運動の先駆けだと見なさなかったのか分かるでしょう。入植者はもちろん、自らの行為の長期的な意味合いを理解していました。ひょっとしたら、あなたもわきまえていたかもしれません。

六日戦争のすぐ後、アラブ連盟はアラブ世界全体を代表して、イスラエルの存在を断固否定する立場を再表明しました。これがさらに、多くのイスラエル人にとって入植運動の正当性を裏付けることとなりました。入植運動の指導者の一人でユダヤ思想の教授ヨセフ・ベン・シュロモーが政治運動に携わるようになったのは、ヘブロンのユダヤ人コミュニティの再建に反対する公開書簡に署名したことがきっかけでした。しかし彼はやがて、アラブ世界がどんな国境であれイスラエルの正当性を認めるつもりがないのを悟ると、平和のために土地を譲歩《ランド・フォー・ピース》する合意が無垢《ナイーブ》だと思うようになったと述懐しています。

パレスチナ人によるテロ行為は、妥協の見込みはないというイスラエル人へのメッセージをさらに強めました。ヤセル・アラファトの手下はスクールバスを爆破し、高校生を人質に取り、イスラエルの国際空港で巡礼者を虐殺し、家族をその住居で殺戮《さつりく》し、児童の頭を岩に叩きつけ、イスラエルのオリンピックチームのメンバーを縛ったまま殺害しました。イスラエル人はこの一連の襲撃を、パレスチナ民族運動の殺戮的な目標の小さな前兆であり、妥協は不可能であることの証左として体験したのです。

それでも一九七〇年代初め、当時イスラエルの押しも押されもせぬ政権政党だった労働党が、西岸地区の入植地建設を最小限に留めていました。労働党は、パレスチナ人の要求を代弁するのは自分たちだと主張するヨルダンと、領土を返還するための合意形成を目指していました。入植グループが領土に無断で居座ると、労働党主導の政府は軍を動員してその野営地を撤退させました。

入植運動を取り締まる労働党の力が衰え始めた明確な日付があります。一九七五年十一月十日です。それは国連が、賛成七十二票、反対三十五票、棄権三十二票で、シオニズムは人種差別主義の一形態だと宣言した日です。そのような不名誉な指摘をされた民族運動は他にありません。イスラム諸国は、共産世界と一緒になればどんな反イスラエル決議も確実に通すことができたのです。

これに応えて、大勢の若いイスラエル人が、西岸地区の北部、サマリアにあるオスマントルコ時代の打ち捨てられた鉄道駅に集まり、冬の泥沼にテントを張って、「シオニズム通り」という標識を立てました。初当選の国会議員エフード・オルメルトはジャーナリストに、これが国連への率直なシオニストの返答だ、と言いました（二〇〇八年、オルメルトはイスラエルの首相として、あなたの指導者に西岸地区とガザ地区のほぼすべてを領土とした国家案を提示しました）。労働党政府は、それまでこのような抗議には軍隊を動員して無断入居者を撤退させていましたが、この時は躊躇《ためら》いました。世論が入植者たちを支持するようになったのです。それは国連の決議のせいでした。政府は、無断入居者を追い出すのではなく、妥協案を提示し、入植者グループを軍基地に入居させました。

もちろん、国連決議の他に入植運動を力づけたより重要な要因があります。特に、右派リクード党が一九七七年の選挙で圧勝したことです。とは言え、国連決議へのイスラエル世論の反応は、イスラエル人の気質の本質的な部分を物語っています。私たちは、不当な汚名を着せられていると感じると、態度を頑なにするのです。イスラエルを孤立させたり、正当性を否定したりするときの最大の受益者は、右派の中の強硬派なのです。

でも、逆もまた真なりです。イスラエルの正当性が尊重されると、イスラエル人は和平のためにリスクを厭《いと》わないところがあります。一九七七年、エジプトのアヌアル・サダト大統領がエルサレムに来て、イスラエルを承認した時がそうでした。これに応じて、イスラエル世論はシナイ半島からの全面的な撤退を支持しました。それは、イスラエルが六日戦争で攻略した地域で、半島にあった入植地もすべて退去させました。やがて一九九〇年代初頭、ソヴィエト連邦と共産圏の崩壊に伴い、国連はシオニズム人種差別主義の決議の無効を採択し、何十もの国がイスラエルと国交を結びました。イスラエルの地位が変わったこともあり、イスラエル政府はオスロ和平プロセスに取りかかる自信を得、イスラエル人の大部分も少なくとも当初はそれを支持しました。

六日戦争の余波で、多くのイスラエル人が、占領地に入植するべきだという主張を圧倒的に支持していました。実際、私たちが故郷《ホームランド》の歴史的な中心部に帰ったのは、自分たちを滅亡させようとした企てに対する自衛の戦争を通してでした。西岸地区から撤退すれば、ユダヤ国家は攻撃を受けやすい国境へと縮小します。この狭い国境が、これまでアラブ諸国の攻撃を何度も促《うなが》してきました。アラブ側がイスラエルの正当性を否定することによって、私たちの隣人は遅かれ早かれまた攻撃してくるでしょうし、彼らの指導者がどんな文書に調印しても関係ありません。それにどの民族だって、私たちと同じ状況にあったら、何千年もの間、自分たちのものだと思っていた土地の権利を放棄することなんてしないでしょう。

でも、反対意見もそれに劣らず説得力のあるものでした。「領土《シュタヒーム》」——どっちつかずのイスラエル人はそう呼んでいました——に定住することに警鐘を鳴らす人もいました。まだ高揚感の覆っていた一九六七年の夏のことです。やがてイスラエルを代表する作家となる若きアモス・オズは、あの夏に辛辣《しんらつ》なエッセーを書き、良心的な占領、あるいは「解放された領土」などないと訴えました。解放できるのは人々だけで、土地ではないとオズは綴りました。

入植運動が成功したのは、イスラエルの安全保障の危機意識と歴史の要求が合致したからです。私自身も、多くの入植地が設立された一九八〇年代初めにイスラエルに帰還しましたが、その魅力に惹かれました。理性では、アモス・オズが正しいことは分かっていました。この入植はやがてあなたたちだけでなく自分たちにとっても災厄となる。でも、私は当時、記者として入植地の報道を担当していて、白い丘を背景に立ち並ぶ新しい白い住宅群の情景を目にし、思いがけず胸が高鳴りました。若いイスラエル人が勇敢に、私たちの主張を世界に対して毅然と訴えていたのです。まさにこの気概のお陰で、私たちはこれまで民族として生き残ることができたんだと感じました。ある友人が私を、ベツレヘムの近く、荒野の谷の端にある彼の入植地の創建式典に招待してくれました。聖書ではテコアと呼ばれる場所です。横断幕には、聖書に記されている「テコアの牧者の一人」、預言者アモスの言葉が堂々と書かれてありました。「わたしは、わが民イスラエルの繁栄を回復する。彼らは荒れた町を建て直して住み、ぶどう畑を作って、ぶどう酒を飲み、園を作って、その実を食べる。わたしは彼らをその土地に植えつける。わたしが与えた地から再び彼らが引き抜かれることは決してないと、あなたの神なる主は言われる」（アモス書九・一四〜一五）。その瞬間、約二千五百年前に記された言葉が成就して、私の目前で現実となっているのを見て、不安が和らぎました。

ヘブロンに巡礼した時ほど、自分の地に帰郷した息子のように私自身を感じたことはありませんでした。私はテルアビブの形式ばらない活力、絶えず自らを新生させる能力が好きです。でもユダヤ人の歴史や中東の物差しで測れば、テルアビブはまだ設立されてから一世紀しか経っていない赤ん坊の町。それに対して、ヘブロンでは、今までそこを訪れたすべての人たち、アブラハムとサラの神に向かって、離散の地の様々な訛《なま》りで祈りを唱えたすべての人たちに、抱きしめられているように感じたのです。

ヘブロンに「帰郷した」と書きましたが、実際には、私たちは一度として自発的にそこを立ち去ったことはありません。ヘブロンにユダヤ人が住んでいた形跡は聖書時代のものだけではなく、何世紀にもわたる離散時代にも存続してきました。その証拠として残っているものに、中世のユダヤ人墓地、一九二九年の虐殺で破壊された十六世紀の会堂《シナゴーグ》「我らが父祖アブラハム《アヴラハム・アヴィーヌ》」があります。その会堂は家畜小屋にされ、戸口の門柱にはユダヤ教の祈りを記した小箱《メズザー》を剥《は》ぎ取ったくぼみがあります。

ユダヤ人がヘブロンで暮らせないなんてあり得るでしょうか。私の心情は入植者たちと同じでした。もし私たちがここに属さないのなら、どこに属するのでしょう。

皮肉にも、私が入植運動に抱いていた恋愛感情《ロマンス》はヘブロンで途絶えました。一九八四年の秋の夜、私はヘブロンの街路で行なわれていたユダヤ教の祭典を取材していました。それは、トーラー歓喜祭《シムハット・トーラー》の後の夜でした。その祭りは、ユダヤ教徒が会堂で一年かけてモーセ五書《トーラー》を読み終えたことを祝って、トーラーの巻物を抱えて踊るのです。ユダヤ人の中にはさらに一晩踊り続ける人もいますが、その時の入植者たちは正にそのようにしていたのです。畏敬と歓喜の織りなす美しい伝統です。でも、ヘブロンのその夜は美しくありませんでした。お祝いのために、軍は道路を閉鎖してパレスチナ住民に外出禁止令を出したのです。私は、近隣パレスチナ人の姿のない通りで、トーラーの巻物を抱えて踊るユダヤ人を目にしました。その巻物には、自分たちがエジプトで寄留者だったことを記憶して、よそ者を公平に扱うようにとの戒めが記されています。ところがユダヤ人たちが、パレスチナ隣人を排除した通りで踊っているのです。よそ者への共感を強く求める条文は、安息日や食料規定を守る命令も含め、ほかのどの句よりも多くトーラーに記されています。

あの外出禁止令は、入植運動の致命的な欠陥を私に示しました。見ないという罪、自らの物語に有頂天になり、自分たちの民族の叙事詩の正義と詩歌に酔いしれるあまり、自分たちの民族のすべての夢を実現することが、他の民族にどんな影響を与えるのかを悟れない罪です。

私たちのヘブロンに対する歴史的・宗教的な権利を、私は深く信じています。それは、ヨルダン川と地中海の間にあるイスラエルの全土に対しても同様です。私にとって、この地は「占領地」ではなく、聖書時代からユダヤ人が呼び続けてきたように、「ユダ・サマリア地方」なのです。ユダ地方に住むユダヤ人はよそ者ではありません。でも私は、多くのイスラエル人と同じように、この地を分割してもいいと思っています。その交換によって、さらなる危険に晒《さら》されることなく、平和を得られるのだと確信できるのなら、構いません。私たち、二国家共存案を支持する者は、歴史的な権利を実現することよりも、イスラエルの安全保障を確実にすることのほうが、領土の運命を決める上で重要な判断基準だと思っているのです。私にとって、この地の分割を延期する正当な理由は一つだけです。分割によって、イスラエルを致命的な危険に晒してしまう可能性がある場合のみです。

一九八九年、第一次インティファーダの絶頂期に、私はイスラエル国防軍に徴兵されました。私の部隊はやがて、ガザの難民キャンプに配属されましたが、私はそこで占領の意味を知ったのです。日中はキャンプに入って行き、軍隊流に言うなら、自分たちの存在感を示しました。キャンプの中にはトタン屋根をレンガで支えたボロ家が立ち並び、下水は水溝に垂れ流しの状態でした。夜間には、テロ容疑者や水道料金などを滞納している人の家を捜査しました。私たちは、兵士というより占領を補強する警察官のようでした。私には、この占領が次第に擁護できなくなってきました。

ある夜遅く、私たちは、反イスラエルの落書きで一面を覆った壁の横にあるドアをノックしました。足元のもたついた中年の男が出てきました。私たちは落書きを塗り消すように命じました。私たちのジープの光で壁を照らし、その男と彼の息子たちが侮辱的な言葉を塗り消すのを、じっと眺めていました。

屋外市場のそばで、手榴弾が兵士に投げつけられたことがありました。それは不発に終わりましたが、屋台を閉鎖するよう指令が届きました。私たちは、売り主たちに店を閉めるよう丁寧にお願いしました。私たちのほとんどは年長組の新兵で、この男たちを前に恥じ入りました。彼らは、私たちと同じような父親で、家族を養いたいだけでした。売り主たちは私たちが戸惑っているのを感じ取り、私たちを無視しました。上官が現れました。無言でレモン売りの屋台に近づき、商品を地面にひっくり返しました。市場は一掃されました。

ずんぐりした十代のパレスチナ人少年が、投石をした嫌疑で、私たちのテント式の露営地に目隠しで連行されてきました。国境警備兵の一団が取り囲みました。兵士の一人がアラビア語で、俺の言ったとおりに言ってみろ、と言いました。「フムス一皿、ソラマメ一皿、国境警備隊って大好き」。少年は、この韻を踏んだアラビア語の歌詞を言われたとおり繰り返しました。笑いが起こりました。

何よりもこの一件が私の中で蟠《わだかま》りとなっています。些細なことのように感じるかもしれません。拘留者は暴行を受けたわけではありません。彼を捕らえた若い兵士たちは、精神的にかなり緊迫した状態にあったので、冗談を言ったのです。でもあの一件は私にとって、占領の腐敗そのものでした。私は、自分の息子が軍隊に徴兵される時、こう言いました。兵士として人を殺《あや》めなければならないことがあるかもしれない。でもどんな状況にあっても、人を辱《はずかし》めることだけは許されない。これこそが、ユダヤ教の行動規範の核心なんだ、と。

私は、同世代の多くのイスラエル人と同じように、第一次インティファーダを通して、イスラエルは占領を止めなければならないと思うようになりました。それもあなたたちのためだけでなく、私たち自身のためにです。私たちが民族として大切にしてきたすべてを貶《おとし》める占領から、自らを解放しなければならない。正義、慈愛、思いやり、それは数千年にわたってユダヤ人の生活基盤でした。トーラーは、「正義、ただ正義を追い求めよ」（申命記一六・二〇）と命じて、「正義」という言葉を強調しています。私たちの伝統では、同胞であるユダヤ人のことを「憐れみ深い親の、憐れみ深い子供」と呼んでいました。

　占領は、魂を蝕《むしば》みます。ガザに配属されたばかりの頃、軍隊の俗語《スラング》に不快感を覚えました。兵士たちは、ある難民キャンプを「アムステルダム」と呼んでいました。そこに垂れ流しの汚水路があったからです。また別のキャンプの中心街を横断する砂地を、テルアビブの中央広場にちなんで「ディーゼンゴフ」と呼んでいました。でも、私も数週間もすると、ガザの悲惨さを嘲《あざけ》る俗語を使うようになっていたのです。

　隣人さん、多分あなたは「何でこのイスラエル人は、私に占領の意味なんかを伝えようとしているのだろう」と思っていることでしょう。私があなたに占領者としての経験を綴っているのは、私たちの二つの社会がやがて対等な隣人として共存するつもりならば、病的なしがらみに互いを縛りつけているこの延々と続く試練について、語り始めなければならないと思っているからです。

　ガザでは別のことも学びました。パレスチナの夢は、イスラエルの占領から解放されることだけではなく、イスラエルの存在そのものから解放されることなのだ、と。落書きがユダヤ人の死を約束していました。ガザの壁で一番よく目にしたのは、イスラエルの地図にナイフと剣が突き刺さっていて、血が滴っている落書きでした。

　部隊で親しかった友人の一人は、エチオピア出身のシモンです。スーダンの兵士に素足を踏みつけられて足が不自由になったシモンのことは、すでに書きました。シモンは、私がガザで抱いていた類《たぐ》いの葛藤はいささかも感じていませんでした。彼は、イスラエルの消滅を夢見るガザの人たちから、家族と国家を守るためにそこにいたのです。「あいつらは俺たちを叩き潰そうとしているんだ、俺たちをスーダンの難民キャンプに送り返したいんだ」と私に言いました。シモンは、ユダヤ民族の夢の実現をガザによって台無しにされることを許すつもりはありませんでした。

私は、道義的な危惧と実存的な危惧の間で揺れていました。両方とも、ガザと私たちのパレスチナへのジレンマに対する、理に適《かな》った本質的なユダヤ的反応だと私は思います。ユダヤ人の歴史は、私たちの世代に、妥協を許さない二つの戒めを語りかけていると思うのです。第一の戒めは、私たちがエジプトで寄留者であったことを覚えて、憐れみ深くあること。第二の戒めは、私たちは虐殺の起こり得る世界に生きていることを覚えて、油断しないこと。敵がお前を撲滅するつもりだと言っているときは、その言葉を信じるべきである、と。

耐え難い私の苦悩は、ユダヤ人の歴史が諭《さと》すこの妥協を許さない二つの戒めが、私たちの紛争において相対立していることです。私たちが占領している他者は、私たちを追放しようとしている敵なのです。だから隣人さん、私はどのようにしてあなたと関わったらいいのでしょうか。被害者としてですか。それとも潜在的な加害者としてですか。

一九九二年、労働党党首のイツハク・ラビンが首相に選ばれました。ラビンが選挙戦で掲げたスローガンは、「テルアビブをガザから解放し、ガザをテルアビブから解放する」というものでした。つまり、イスラエルがガザから撤退するということです。私はラビンに深く心を動かされました。六日戦争のイスラエル国防軍司令官が、老齢の政治家として再び現れ、彼が若い時に私たちに残したジレンマから解放してくれるというのです。

ラビンの選出が決まった夜、解放感に涙しました。ついに来た、占領に終止符を打つ機会が訪れた。翌年、ラビンがホワイトハウスでアラファトと握手し、オスロ和平プロセスを開始した時、私は苦悶しました。これは和平への急進展なのか。それとも、私たちは史上最大の誤りを犯したのか。アラファトは、イスラエルを滅ぼし、私たちの正当性を否定するために生きてきたのではないか。現存する人物で、彼ほどユダヤ人の血に染まった手を持つ者はいない。でもラビンが、和平のパートナーとしてのアラファトに賭けるつもりならば、私もそうしよう。

しかしアラファトや後のパレスチナ自治政府の指導者たちは、徐々に、彼らにとって外交は戦争の手段に過ぎないという確信をイスラエル人に与えました。アラファトは独自の外交言語を編み出しました。CNNには勇者の和平を語る一方で、同胞には聖戦を促していました。この間、ハマスはイスラエルの民間人に対するテロ攻撃を激化させました。イスラエルの諜報部は、ラビンに「アラファトは秘密裡にハマスを応援して役割分担しています。ハマスは暴力を続ける一方で、アラファトは交渉で領土を獲得しようとしています」と警告しました。

多くのイスラエル人にとって、アラファトが一九九四年にヨハネスブルグのイスラム教寺院《モスク》で行なった演説が転換点となりました。マスコミの立ち入りは禁じられていましたが、一人のジャーナリストが録音機をこっそり持ち込みました。アラファトは、アラブ世界で自分のことを非難する人たちを安心させるため、こう語りました。「本当は、自分は和平を結ぶつもりなどない。和平交渉に携わった理由はただ一つ、パレスチナ人がイスラエルの深刻な脅威となるには今はまだ弱すぎるので、オスロ和平プロセスは停戦に過ぎず、時宜《じぎ》を見計らって再び戦闘を開始するまでだ」と。この演説の筆記がイスラエルで大ニュースになりました。アラファトを擁護する者たちは、それは聴衆を喜ばせようとしていたに過ぎないとイスラエル人の不安を取り除こうとしました。しかし、アラファトの巧みな弁舌による度重なる衝撃は、イスラエル人の最も深い懸念を強めるばかりで、自分たちは騙されているのではないか、警戒が甘いのではないかという思いを募らせていきました。

ほとんどのイスラエル人のように、私も騙されていたと思うようになりました。アラファトは、端《はな》から二国家解決案など考えていなかった。考えていたとしても、一国家解決案の序曲《プレリュード》、つまりユダヤ民族の夢見た主権国家の終焉を目論《もくろ》んでいただけだ。イスラエルに対して和平の姿勢などはなく、あるのは領土撤退の要求と、それに伴うテロ行為だけだ。イスラエル右派が主張してきたように、「イスラエルが譲歩すればするほど、さらなるテロ行為を招く」ことが立証されたのです。

私は、オスロ和平プロセスを支持したばかりに、ユダヤ人の歴史が戒める声、無垢《ナイーブ》な考えに対する警告を軽んじてしまったのです。戦争を平和と勘違いし、相手側が一つの大きなパレスチナを目指しているのにもかかわらず、二つの小さな国家を約束しているのだと取り違えていました。

多くのイスラエル人が気づいたことは、パレスチナ側の独断的な物語によれば、私たちの紛争を二つの正当な民族運動の間で繰り広げられている悲劇と捉えておらず、植民地主義者と先住民との紛争であると定義していることです。そして植民地主義者の運命は、近現代史が示し正義が要求するように、最終的には盗み取った土地から追い出されること。テルアビブもガザも同様だというのです。

イスラエルの小説家A・B・イェホシュアは、私たちの紛争を「正義と正義」の争いと称しました。この悲劇的な洞察に共鳴するパレスチナ人のA・B・イェホシュアはいないのですか。ここ何年も、イスラエルの報道機関では、二つの対立する物語の現実をイスラエルが直視すべきだと呼びかける投稿が数千と掲載されてきました。被征服者よりも勝者のほうがより含みのある立場を取れることは、私も分かっています。でも、私はもう何年もパレスチナのメディアを注視してきましたが、政治思想が何であれ、ユダヤ人の物語を再検討するべきだと訴える投稿や論説を、どの出版物にも一度として目にした覚えがありません。私の存在を否定し、嘲笑し、非難する毎日の報道の中に、そんな記事は一つもありません。

それで、ほとんどのイスラエル人が、多くの左派も含め、イスラエルがどんな譲歩を提案しても紛争は続くだろうと結論づけました。パレスチナ民族運動の目標は、一九六七年の帰結である占領と入植地の撤廃だけでなく、一九四八年の帰結であるイスラエルの存在そのものを撤廃することだ、とイスラエル人は確信するようになったのです。私たち二国家解決案を支持する者にとって、この認識は絶望的でした。

私たちの紛争は非対称性を特徴としています。イスラエルは中東で最も強力な国家ですが、パレスチナ人は最も弱い。でも私たちはこの地域で孤立しているのに、あなたたちは広大なアラブ・イスラム圏の後背地に属している。以上は自明の非対称性です。より目に付きにくい非対称性は、双方の政治的な相違です。イスラエル人の間で、二国家解決案の支持者は、分割案を紛争の終結と捉えています。でも、何年にもわたるパレスチナ人との会話から私が学んだことは、二国家解決案を支持するパレスチナ人は、分割案を一時的な解決案として捉えています。それはパレスチナ側の力不足を踏まえてのことで、やがては一国家に取って変わる。そして、ユダヤ人は生き残っているとしても少数派で、パレスチナ難民が戻り始めればイスラエルの崩壊が始まると考えていることです。さらに、イスラエルの穏健派がパレスチナの主権国家を正義の必然的な行為と見る傾向があるのに対して、パレスチナの穏健派の多くはイスラエルの主権国家をやむを得ない不正行為と見なしているのです。

私は、パレスチナ民族運動ほど独立国家に向けての数多くの申し出を拒絶した民族運動を他に知りません。それは一九三〇年代から始まっています。シオニズムとイスラエルをどう捉えているのかを踏まえれば、それも当然と言えるでしょう。パレスチナ人が、イスラエルは悪の権化であって撲滅されなければならないと信じるのなら、真摯な妥協は不可能です。パレスチナのメディアや寺院《モスク》、教育機関が発信しているメッセージを踏まえると、他に妥当な結論は思いあたりません。

隣人さん、あなたが私の立場だったら、どうしますか。イチかバチか、狭い国境に撤退して、あなたの存在権を否定してきた敵対する民族運動を信用しますか。あなたの自衛力、あるいはあなたの存在を危険に晒してでも、相手側に権限を与えますか。それも、あなたを取り巻く地域が炎上しているときに、そんなことをしますか。

私は、どのような譲歩も自分の形勢を不利にするだけだと悟ってからは、二国家解決案を支持しながらも、現状維持にしがみつくというどっちつかずの状態にいます。だとしても、私は、この延々と続くような紛争の現状を、互いの関係の最終的な評決として受け入れることはできません。

私たち――あなたと私――は、絶望的に見える連鎖に閉じ込められています。それは「暴力の連鎖」ではありません。そんな陳腐な表現では、私たちの紛争がどのように解決されるのかはもちろん、なぜ起きたのかを説明することはできません。私たちが陥っているのは、言うなれば「否定の連鎖」なのです。あなたのほうでは、私の民族の正当性と私の自己決定権を否定し、私のほうでは、あなたの民族が国家主権を実現するのを阻《はば》んでいます。この否定の連鎖が、私たちの共有する現実を特徴づけ、暴力、抑圧、憤懣《ふんまん》、失望が密接に絡《から》み合う絶望的な関係を生み出しているのです。

この連鎖は、私たちが一緒になってのみ打開できるのです。

手紙６　分割案という正義

親愛なる隣人へ

ではどうしたら、この否定の連鎖を断ち切ることができるのでしょうか。
国境も、入植地も、エルサレムも、いずれも解決されるべき重要な問題です。でもそういった具体的な課題は、私たちの紛争を駆り立てている目に見えない恐れと憧《あこが》れの現れに過ぎません。それは、生き延びることと存在権、歴史の記憶と私たちの物語の正当性に関わるものです。政治的な決まり文句や妥協も、地図上のどんな任意の境界線も、互いの民族の根源的な懸念を拭《ぬぐ》うことはできません。なぜ二国家解決案が、多くのイスラエル人とパレスチナ人にとってひどいトラウマとなっているのか、私たちはわきまえなければなりません。

実を言うと、隣人さん、私は分割案を恐れています。「私は二国家解決案を望んでいるし、必要としているんだ」と、どれだけ自分に言い聞かせても、この小さな愛する地を二つの国に分断しなければばならないことを思うと、心情的に身がすくんでしまうのです。ヨルダン川と地中海の間に位置する領土は、イスラエル国、西岸地区やガザ地区を含めて、三万平方キロメートルにも満たない大きさです。

私は、ユダヤ民族を自ら傷つけてしまうのを恐れているのです。ユダヤ人の歴史の根源的な意味を損なわないで、どうしてヘブロンを手放すことができるのでしょう。かつて私たちが敵に追放された時には、どうにかその運命を甘んじて受け入れることができました。でも今度は、私たちが自らを追放することになるのです。こんな苦渋をどうやって耐え忍ぶのでしょう。もちろん、私たちが放棄するのは歴史的な郷土の一部分であることを理解しています。それによって、民主的ユダヤ国家を救うことができ、その見返りに何らかの平和を得られると願っています。でも心情としては、私も入植者と同様、分割案をまるで自分の身体の一部が切り落とされることのように感じるのです。

私は、入植運動の成果を思うと胸が熱くなります。それは、土着のユダ人とサマリア人の復活です。子供や孫が、私たちの民族の揺籃期の舞台、シロやオフラ、ベテル、キリヤット・アルバのユダヤ人コミュニティで生まれ育っています。そこで暮らすイスラエル人は、自らの生活を通してユダヤ人の歴史の誤りを正しているのだと考えています。それは、ローマの征服者や私たちを抹消しようとしたすべての人に対する、遅ればせながらの返答です。入植者たちは、この地に根を下ろしている証として、自らの日常生活を大事にしているのです。

この一世紀の間に、ヨーロッパやイスラム世界にあった数千のユダヤ人コミュニティが破壊されました。今度は、私たちが自らの手で、イスラエルの地にあるユダヤ人コミュニティを、それもユダヤ人の有機的な生活の一環として築かれた繁栄する市街や村落を、破壊するのですか。私はあまりにも気軽に、二国家解決案を支持すると口にしています。実際、私はどうやって数十万の同胞イスラエル人を、彼らの住居や職場や学校から引きずり出せるのでしょう。私の世代は、ユダヤ人が何世紀もの離散の間、再び暮らすことを夢見ていた土地に帰る光栄に与《あずか》りました。ユダとサマリア地方の丘にユダヤの生活を復興した世代でありながら、その地から自発的に自分自身を引き抜くなんて、歴史的なトラウマになるでしょう。

私は、パレスチナ人が「イスラエル」という名称そのものに抱く、本能的とも言える拒否反応をわきまえています。それは、私も「パレスチナ」という表現に同種の感情を抱くからです。でも私は、多くの同胞イスラエル人とは違い、あなたの教室や仕事場に掲げてあるユダヤ国家をあえて除いている地図のことなど気にしていません。というのも、私の心の地図にはパレスチナなど存在しないからです。私の愛する地に、どうして無縁な名前を押しつけることができるでしょう。私は本能的に、「パレスチナ」という名称そのものを、言語的な侵略行為だと感じています。まるで、ある朝目が覚めたら、自分が生まれた時から使っていた名前がお前のものではないと言われて、異質なアイデンティティを強要されるようなものです。

良心的な西洋の外交官たちが、私たちのために和平形成を試みています。でも彼らには、分割案は私たち両民族にとって理想ではなく冒涜であって、この身を切断されることであるのが分からないのです。ヘブロンのないイスラエル、ヤッフォのないパレスチナなんてあり得ますか。考えられません。

それでも、分割案に代わるまともな選択肢など思いつきません。互いに相手の地図をどんなに抹消しようとしても、イスラエルもパレスチナも譲りません。あなたと私は、少なくとも概念上は、別々の地で暮らしています。ヨルダン川と地中海の間にはイスラエルの地とパレスチナの地があります。悲劇は、この二つの土地が同じ空間に存在しているということです。隣人さん、あなたがもしハイファはあなたのものだと言うのなら、私はこう答えます。「分かっています。あなたのほうから見ればハイファはあなたのものでしょう。でも問題は、私からしてみればヘブロンは私の側に属するのです」

和平プロセスの失敗や分割案に対する互いの感情的な反発を思うと、パレスチナ人とイスラエル人が何らかの形で共同統治するという一国家解決案を採用したくなります。でも、このもっともらしく見える解決案を支持している人たちは、自らを欺いています。この地を二つの国家に分割することよりもひどい解決案は、ただ一つ、自らをのみ尽くす一国家を造るということです。二つの民族が、生存をかけた戦争を百年間も続けた後に、政府の親密な働きを共有することなどできるわけがありません。私たちの現在の紛争も、そこで爆発する権力争いの猛威に比べたら何てことはないでしょう。最も似たケースは、恐らく、ユーゴスラビアのように敵対する民族的・宗教的な諸分派に分裂するか、それよりも酷《ひど》い結末を招きます。一国家解決案は、私たちを悪夢のような錯綜《さくそう》に陥《おとしい》れるでしょう。そして両者から、正義の要求である自決権を奪い、自らの独立した郷土で自由の民となる権利を奪い取ってしまいます。

私には、ユダヤ国家が必要なのです。それは、ユダヤ人のためだけの国家ではありません。分割後も、パレスチナ系のイスラエル国民の相当数が国境内に残るでしょう。ユダヤ国家とは、公共の空間がユダヤの文化や価値観や要望によって特徴づけられる国のことで、東西のユダヤ人が結合し、共にユダヤ文明の新時代を創造できる場です。祝祭日の周期がユダヤ新年に始まり、ラジオからは現代ヘブライ語の歌声が聞こえ、ユダヤ人の体験を枠組みとした歴史が学校で教えられている地球の一角です。

イスラエル人は、ユダヤ民族のための安全な避難場所を築いたのだと思っていました。でも今日、数万のミサイルが人口の密集する私たちの中心街に狙いを定めているので、確信を持てなくなっています。しかしイスラエルは、ユダヤ精神と私たちの四千年のユダヤ文明にとっての保護地です。ユダヤ人が他の支配的な文化の中に消え失せてしまうのを心配しないで済むのは、この国だけです。

私の友人でイスラム教徒のアメリカ人が、イスラエルを訪れたことがあります。ユダヤ教の祭日に西の壁に行くと、数千のユダヤ人の群衆がいました。彼は後になって、私にこう言いました。「なぜユダヤ人に国家が必要なのか、今、分かったよ。キミたちの宗教生活が保護されるため、キミたちの巡礼ができるためなんだな。そう、ボクたちがメッカを訪れるように」。彼は「ユダヤ教の巡礼《ハッジ》」と呼びました。イスラム教ならではの、独特なユダヤ主権国家の捉え方です。

もしヤッフォがあなたに属し、ヘブロンが私に属するなら、私たちの選択肢は次のいずれかです。どちらかが勝利することを期待してさらに百年間戦いを続けるか、あるいは紛争の当初から選択肢としてあった分割案を受け入れて、この地を分かち合うか。隣人さん、分割案を受け入れることはそれぞれの歴史を裏切ることではありません。歴史がこれ以外の現実的な選択肢を与えてくれなかったと私たちが認めるだけなのです。

ダヴィッド・ベングリオンは、強硬派シオニストに劣らず、ユダヤ人にはイスラエル全地を要求する歴史的な権利があると考えていましたが、それでも一九四七年の国連分割案を支持しました。二千年ぶりにユダヤ人が郷土に帰還するのは特異な事象で、シオニズムには謙虚さが求められ、たとえ自分たちのものであっても、妥協する用意が必要だと述べました。

では互いの相容れない地勢から離れて、相手側の地図を受け入れるにはどうしたらいいのでしょうか。まずは互いがこの土地の全域を愛していること、そして互いがその愛を犠牲にしなければならないことを認めるところからでしょう。平和協定では、互いの強硬派の主張が正当であることを、まずは率直に認めるべきです。ただし協議が進むにつれて、その主張は縮小されていくでしょう。分割案は、パレスチナ人とイスラエル人双方にとって不当な行為です。それは私たちの夢にも境界があることを認めることであり、土地だけでなく正義そのものが二つの正当な主張者によって分割されるのです。

どちらの側も、領土全体に抱く心情的な主張を放棄することはできません。だからと言って、すべての要求を完全に実施することもできないのです。イスラエル国家はイスラエルの地と同一になることはできないし、パレスチナ国家はパレスチナの地と同一になることはできません。どちらの民族も国家主権をその土地の一部でしか行使できないのです。私たちは、実現可能で現実的な不当性を、完全を要求する抽象的な正当性から切り離して考えるべきです。いずれの側も、自らの主張を完全に履行しようとすれば、相手側の主張を抹消することになります。だから、分割案の道義的な主張はこの一点に尽きます。すなわち、相手側の正義を多少なりとも実現するためには、双方が、自らに多少の不当性を課さなければならないということです。

平和協定では、双方がイスラエル・パレスチナ全土に対する権利を主張するでしょう。でも、私たちの間に平和をもたらし、互いの限定的な正義を得るためには、胸の張り裂けるような譲歩を強いる合意を結ばなければならないでしょう。双方の正義にとっての大敵は、いずれの側であれ絶対的な正義を要求することです。

モーセ五書《トーラー》は、「正義、ただ正義を追い求めよ」（申命記一六・二〇）と命じています。なぜ「正義」という言葉を繰り返すのか問うています。ユダヤ賢者は、こう答えるようになりました。時として、正義を追求するということは、たとえ衝突し合う主張であっても、正義に対する二つの主張を実現させることなのだ、と。

それには代償を伴います。私は大イスラエルを諦めて、あなたは大パレスチナを諦める。分割案によって、私たちは小イスラエルと小パレスチナへと縮小します。絶対的な正義を損なうことによって、痛みを負った正義が実現するのです。でもこの正義なら、私たち両者を受け入れることができます。

ユダヤ教敬虔派《ハシディズム》の偉大な指導者、コックのメナヘム・メンデルが言いました。「砕かれた心ほど、完全なものはない」と。隣人さん、私たちにとって、砕かれた分割案に優る正義はないのです。

恐らくあなたとしては、世俗的な左派のイスラエル人とのほうが交渉しやすいでしょう。彼らは、ユダとサマリア地方への心情的な主張を否定し、それらの土地を「占領地」と呼んでいます。でも、あなたが好むと好まざるとにかかわらず、和平を結ばなければならないイスラエル人は私なのです。と言うのも、私はこの地の全土を愛しているし、一片たりとも手放したくないと思っているからです。

なぜ、私をあなたのパートナーとして見なすべきなのか。一つは、現実的な理由で、大半のイスラエル国民が私と同じ思いを抱いているからです。でも、より深い理由があります。私の見解が、あなた自身の所有意識を鏡写しにしているからです。私が会ったほとんどのパレスチナ人は、当然のように、この地のすべての所有権は自分たちにあると信じています。相手が自らの一番大切な部分を犠牲にしていると双方が悟ったとき、初めて平和は実現できるのです。私のようなイスラエル人こそ、分割案という共通の痛みを分かち合う、あなたのパートナーとなれるのです。

イスラエル左派の多くは、ユダとサマリア地方から心情的に身を引いて、私たちの歴史的な主張を放棄するという致命的な誤りを犯しています。皮肉にも（と言っても筋の通らないことではないのですが）、六日戦争で勝利した領土からの実質的な撤退を実現したイスラエルの指導者は右派だけです。メナヘム・ベギンは一九八二年にシナイ半島から撤退し、入植地を撤収させた初めての指導者でした。二〇〇五年、アリエル・シャロンは彼自らが建てたガザの入植地を取り壊しました。イスラエルの政治的な仕組《パターン》みは、右派が左派の理想《ビジョン》を実現するというものです。左派が撤退を主導することはできません。なぜなら、安全保障に関しては国民は右派だけを信頼しているからです。また、イスラエル人は、領土を譲渡する際の不安を指導者に本気で分かってほしいのです。イスラエルの中心部《ハートランド》の喪失とそこにあるユダヤ人コミュニティの破壊を哀《かな》しむ者だけが、胸の張り裂けるような措置を託されるのです。

分割案の実現にあたって、二つの難題があります。一つは私の側にある入植運動です。もう一つはあなたの側にあるパレスチナ難民をイスラエル国に帰還させようとする要求です。この二つは同じ目標を共有しています。それは、反目する相手の国家主権をこの地のどこにも認めないことです。入植運動は、西岸地区にできるだけ多くのイスラエル人を住まわせ、撤退を不可能にしようとしています。他方パレスチナ人指導者は、平和協定に一九四八年の難民の子孫の帰還権を組み込むことによって、できるだけ多くのパレスチナ人をイスラエルに住まわせ、最終的にはユダヤ人が少数派となることでユダヤ国家の終焉を目論《もくろ》んでいます。

私は、入植運動がすでに勝利しているのでイスラエルが領土撤退するにはもはや遅い、という悲観主義者の結論には与《くみ》しません。実際、イスラエルはガザにあったすべての入植地から撤退しました。西岸地区にはより多くの入植者が住んでいますが、大半は一九六七年の旧国境近くに住んでいます。だからイスラエルは「入植地区」を併合し、その代償として同等のイスラエルの領土をパレスチナに譲渡することができます。つまりそれは、ガザの境界沿いと西岸地区の境界沿いの地域です。

実現可能な解決策の一環として、ユダヤ人がパレスチナ国家の国民として残ることも容認するべきでしょう。アラブ人がイスラエル国家の国民として暮らしているのと同様に、ユダヤ人もパレスチナ内で国民として暮らすのです。ユダとサマリア地方に強い愛着心を抱き、立ち退きよりも少数派として暮らすことを望む人たちには、留まることが許されるべきです。

撤退に必要なのは、合意に専心する強力な指導者とそれを支持する意志堅固なイスラエルの多数派です。また、懐疑的なイスラエル人を説得するためには、パレスチナ人がユダヤ国家を容認するという偽りのない徴《しるし》が必要です。今日、いずれの条件も揃っていません。でも、すでに承知のことですが、中東では何でも起こり得るものです。現時点で最終地位に関わる協定を結べないとしても、暫定的合意を検討するべきです。

最終地位合意への主要な障害は「帰還権」です。一九四八年のパレスチナ難民の子孫がパレスチナに戻る権利です。先述したユダヤ人の郷土帰還への熱望を読むと、あなたはこう思うかもしれません。そのユダヤ人なら、パレスチナ人の帰還への熱望が分かるはずではないのか。ユダヤ人は二千年後に帰還権を主張した。なのに彼らは、七十年しか経っていないパレスチナ人の帰還権を否定することができるのか、と。

私は、あなたの帰還権を認めています。でも問題は、どこに帰還するのかです。二国家解決案を支持するイスラエル人は、やがてパレスチナ主権国家となる地域への帰還を思い描いています。しかしパレスチナ指導者たちは、帰還権は現在のイスラエル国を含むのだと主張してきました。

私たちは互いに世界中に離散した同胞を持つ民族です。一九五〇年、イスラエル新国家は「帰還法」を制定しました。いかなる状況であれ、世界のどこからでも、郷土に帰還したユダヤ人には自動的に市民権が保証される法律です。この法律のお陰で私はイスラエル国民になりました。ある日、私はベングリオン空港に到着し、自分は帰還者ですと申告しました。帰還法は、ユダヤ国家がよって立つ基盤であり、ユダヤ民族への道義的な責任を定めています。パレスチナ国家は、あなたの同胞のために同様の法律を必ず制定するでしょう。帰還法は移民法の一つであって、主権国家にはそれを制定する権利があります。ただそれは、ある民族を他の国家に移住させることによって、他民族の主権を事実上否定する「権利」とは全く異なります。

当然ながら、両者は「帰還」を国家主権の不可欠な要素だと考えています。入植運動は、この土地の全域に――つまり、ハイファだけでなくヘブロンにも――帰還できる私の側の権利を表現しています。それは、あなたの帰還権が、ヘブロンだけでなくハイファにもあるのと同様です。

パレスチナ人が現在のイスラエルに帰還する権利を要求することは、イスラエル人がパレスチナ国家に入植地を増築し続ける権利を要求することと、政治的には同意義です。それは、生存可能な郷土を建設しようとする相手側の能力を妨害し、破壊する「権利」です。だから、現実的な分割案を実施するには、双方が、それぞれの正当な帰還権を、自らが国家主権を行使できる地域に限定しなければなりません。

平和を実現するには、互いに自己抑制を要します。私の側は入植運動を制限し、あなたの側は難民の帰還を制限する。この相互の譲歩が二国家解決案の前提条件です。私の同胞が帰還権を実施できるのは、イスラエル全土ではなくイスラエル国です。あなたの同胞が帰還権を実施できるのは、パレスチナ全土ではなくパレスチナ国です。

つまり、一九四八年と一九六七年を引き換えにするのです。私は一九六七年で獲得した領土の大部分を譲渡するのと引き換えに、あなたは一九四八年のイスラエル建国を受け入れるのです。そして、両者が――入植を通しても、難民の帰還を通しても――相手側の主権侵害を試みないことです。

パレスチナのマフムード・アッバス大統領が、そのような画期的な発想をしかけたことがありました。二〇一二年、イスラエルの記者が彼に「あなたはパレスチナをどう考えていますか」と尋ねたところ、アッバスはこう答えました。「今や、私にとってのパレスチナとは、東エルサレムを首都とする一九六七年の国境です。それは今後も変わりません。……それが、私にとってのパレスチナです。私は難民ですが、ラマラに住んでいます」

記者はなお続けました。「あなたの公式テレビが、時折……アッコやラムレやヤッフォ［など一九六七年以前の境界内にある市街］も『パレスチナ』だと発言することがあります」

それに対して、アッバスはこう答えました。「私は、西岸地区とガザ地区はパレスチナ、他の地域はイスラエルだと思っている」

「イスラエル北部の町ツファットはどうですか。アッバス家は一九四八年に、そこから避難したのではないですか」

「私の権利は、あの地を見ることであって、住むことではありません」

私は電気ショックを受けたようでした。第二次インティファーダからずっと感じていた無力感が一気に吹っ飛んでしまったのです。自らに希望を抱くことを許しました。ずっと待ち望んでいた瞬間がここに来た。思考の突破だ。アッバスはこれ以上ないほどに明言している。それも、自身の思いをこんなに感動的な表現で。二枚舌でも、言い逃れでもない。一九六七年と一九四八年の取り引きだ。

しかしアッバスはその後、パレスチナ人の抗議を受けて前言を撤回しました。パレスチナ自治政府の大統領は、「あれは私の個人的な発言に過ぎない」と言ったのです。「誰も、帰還権を放棄することはできない」と。

実のところ、いずれの側も、二国家解決案に専念すると表明しながら真逆の行動を取るという罪を犯しています。近年のイスラエル政府はいずれも二国家解決案を支持してきましたし、大多数のイスラエル人も長年にわたって二国家案を支持してきました。なのに私たちの側は、コンクリートとモルタルを使って入植地を拡張し、文字通り誠意の欠ける行動をしてきました。他方あなたの社会では、二国家解決案はパレスチナ人の一国家解決案に向けての戦術に過ぎないというメッセージを、毎日自らに発信しています。

この二十年間、パレスチナの指導者たちは、帰還権に関する最大解釈のせいもあって、どの和平案も拒絶してきました。彼らにとっての和平の前提条件は、私が自殺に合意することなのです。

私は、ベランダから見えるパレスチナ人の村々やその近隣、アナタ地区とシュアファァット難民キャンプを眺めています。ガザの難民キャンプではパレスチナ当局が生活条件の大幅な改善を禁じていますが、ここでは少なくとも住宅が建設されています。新しいアパートが壁沿いにそびえ立っています。

洗濯物の干してあるアパートもいくつかありますが、他はまだ空き家のようです。厳密にはエルサレム市の一部ですが、市のゴミ収集作業員や電話修理士、消防士は地区に入るのを怖がっています。でも、アナタ地区はパレスチナ自治政府の一部でもありません。そこの住民は言わば中間地帯に暮らしていて、犯罪や麻薬が横行し、和平プロセス失敗の犠牲者となっています。しかし、アナタ地区の悲劇がどんなであれ、そこはもう難民キャンプではありません。アナタ地区の住民は他の場所に「帰還」したりしないでしょう。パレスチナ国家が樹立されても、彼らは間違いなく同地区で国民として暮らすでしょう。

なのにあなたの指導者は、アナタ地区は難民キャンプだという作り話を主張し続けています。パレスチナ人は幾世代にもわたって、イスラエルにある消滅した住居に「帰還」するという幻想に囚《とら》われています。国際社会はこのごまかしに加担しています。一九五〇年代、イスラム世界と共産圏と非同盟諸国の思惑が一致して、国連はパレスチナ難民キャンプを支援するための国連パレスチナ難民救済事業機関（UNRWA）を創設しました。この機関は、被支援者の対象を区別することなく、例えばレバノンに住んでいるパレスチナ人も西岸地区に住んでいるパレスチナ人も同等に扱います。UNRWAは、たった一つの難民問題を扱う特殊な国連機関です。パレスチナ難民は、そのホームレスの地位が相続される世界で唯一のコミュニティです。それはパレスチナに住んでいても変わりません。こうしてパレスチナ難民のために、他のどの移民問題をもはるかに凌《しの》ぐ国際的な資金援助が実施される結果となりました。その成果として見るべきものがあったでしょうか。窮乏と憤りだけです。

パレスチナ難民に市民権を付与したヨルダンの例外を除き、アラブ世界はパレスチナ人を難民状態に留めて、無国籍のキャンプ生活に制限し、彼らの悲惨さをイスラエル非難の恒久的な根拠として政治利用してきました。

この間、他の人道的な緊急事態が関心を要しています。最近の統計では、世界に約六千万の難民がいますが、多くは中東における新たな危機によって生じたものです。パレスチナ難民の特殊な地位は、とうてい維持できるものではありません。また歴代のイスラエル政府は、イスラエル固有の地にパレスチナ人が帰還する権利を断固として拒否していますから、この問題はあなたの願う国家主権への主要な障害になっています。

私は、私の民族を知っています。イスラエル人は和平が可能だと感じ取ったら、大多数は領土譲歩を支持します。一九八二年のシナイ半島からの撤退や、一九九三年のオスロ和平プロセスを大多数が支持しました。とは言え、崩壊しつつある中東において、安全保障上の危険を冒すような決断をするようイスラエル人を説得するためには、私たちの存在権を認めない耐えがたい拒絶はもう終わった、と宣言してほしいのです。イスラエルはこれからもこの地にずっと居続ける、と私たちの隣人がそう言うのを聞きたいのです。

手紙7　イサクとイシマエル

親愛なる隣人へ

イード・ムバラク、おめでとうございます。今日から犠牲祭《イード・アル・アドハー》が始まりますね。アブラハムがイシマエルを捧げようとした伝承にちなんだ祝日です。近所の通りには車があまり走っていません。路面電車にも東エルサレムのパレスチナ人はあまり乗っていません。夕方には、あなたの丘は様々な色の光に彩られます。

イスラム教とユダヤ教には深い繋がりがあります。と同時に、あまりにも多くのことが私たちを引き裂いています。私たちには、共通する宗教的な感性があります。律法と霊性を不可分なものと見なし、食べることの許されているものと禁じられているものを通して食生活を聖別し、刻まれた偶像は聖なる神を貶《おとし》めるものとして忌み嫌います。互いの信仰には強烈な神秘的伝統があって、いずれも宗教の枠を超えて、神に直接に出会うことを熱望しています。私たちはいずれも砂漠で揺籃期を過ごし、生存を懸けた闘いを通して形成された宗教的コミュニティです。そしてもちろん私たちは、アブラハム／イブラヒームを共通の父祖として持ち、いずれの伝統も、この父祖を、旅人を招き入れるために天幕の四方を開放して親切にもてなした模範と見なしています。

先日、私はヘブロンにある族長と女族長の墓へ祈りに行きました。イスラム教徒がイブラヒーミ寺院《モスク》と呼び、ユダヤ人がマクペラの洞窟と呼ぶ礼拝堂です。あの場所ほど、自分が深く根付いているのを感じ、同時に困惑を感じる所は他にありません。マクペラとはヘブライ語の「対《つい》」から派生した言葉で、ユダヤ民族を築いた夫婦《カップル》、アブラハムとサラ、イサクとリベカ、ヤコブとレアが埋葬されています。ひょっとして「マクペラ」という言葉は、それとはまた別の「対」を暗示しているのかもしれません。つまり、ユダヤ教とイスラム教、アブラハムの息子であるイサクとイシマエルをそれぞれの起源とする信仰のことです。もしかしたら、神の摂理によって、私たちは深い繋がりを持つことを意図され、共に成長することを試されているのかもしれません。

にもかかわらず、私たちの共通の起源であるこの場所で、イスラム教徒とユダヤ教徒がこの地と切っても切れない関係にあり、ヘブライ語とアラビア語がその魂の言語であると互いに認め合うべきなのに、私たちはここで互いを最も酷《ひど》く傷つけてきました。

私は、巨大な石造りの建物の外の一角から巡礼を始めました。この建物の基礎はユダヤ人の王ヘロデが建設したもので、現在はその上に寺院《モスク》が建っています。看板には、かつてそこには階段があって、ユダヤ人は何世紀もの間イスラム当局によって階段の七段目までしか近づけず、建物の中に入ることを禁じられていたことが記されています。私たちは、父アブラハムと母サラの前で胸の内を打ち明けることを許されなかったのです。代わりに、ユダヤ人は石の割れ目に祈りを記したメモを入れていました。最近の巡礼者たちは、同じ割れ目に祈りの一文を入れて、この場所にかつて佇《たたず》んだ先祖の祈りに自らの祈りを連ねています。それは、離散の屈辱を体現する場所です。

建物の中に入ると、現在はイスラム教徒の祈りとユダヤ教徒の祈りの場所が分かれています。でも、ほんの少し前までは違いました。六日戦争後の数十年間、イスラム教徒とユダヤ教徒はここを自由に行き来していました。イスラム教徒の女性はスカーフを被って下顎《あご》で結び、ユダヤ教徒の女性はスカーフを被って頸《うなじ》で結んで、静かに祈っていました。一緒ではありませんが、少なくとも並んでいました。当時その姿を見ながら、この場所には聖なる特別な次元があると感じたものです。それは、イスラム教徒とユダヤ教徒の巡礼者が一緒になるという単純な行為を通して培《つちか》われたものです。確かに、イスラエル軍の支配下にあったので、明白な緊迫感が常にありました。でも初めて、私たちは誰でもここに寄り集まることができたのです。私は、共に祈ることのできる祝福を感じました。

私たちの世界を結びつける微《かす》かな糸口が途切れてしまったのは、一九九四年二月二十五日、バルーフ・ゴールドシュタインによるラマダンの虐殺によってでした。彼はユダヤ人宗教家で、イサクとリベカの広間にいたイスラム教徒の礼拝者の一群に発砲し、二十九名を殺害、数十名を負傷させたのです。神の名によって行動しながら、この神聖な場所を根底から冒涜しました。

私は、アブラハムとサラを記念した場所に歩を進めました。小部屋にはアーチ型の高い天井があり、石碑はその洞窟の下に二人の墓があることを示しています。そこは「ユダヤ教徒」の敷地内で、「イスラム教徒」の敷地とは錠前の付いた鉄の扉で仕切られています。イスラム教徒の敷地には、リベカとイサクの墓が下にあることを示す碑があります。あたかもユダヤ教徒とイスラム教徒が、この建物のどこにいても互いに関わりなくいられるようでした。

私は鉄の扉に面したベンチに腰掛けました。ここにあのテロリストが立っていた。落ち着いて自動小銃の装弾を繰り返し、祈りに身を屈めていた男女の一群に発砲した。私は彼に、「どうしてそんなことができるのか。よくも神と自らの民族の名を冒涜したもんだ」と尋ねていました。

ムエジンの祈りの呼びかけが建物に鳴り響いていました。とても強い声で、四方の壁から鳴り響いているようでした。そこを訪れていたユダヤ人の中には、見るからに不安そうにしている人もいました。でも、ニューヨークから訪れていた黒い帽子を被って左右のもみあげを伸ばした若者が、私にこう語りかけてきました。「あのさぁ、彼らが何を言っているのか考えてみると、『アッラー・アクバル』、神は偉大なりって、素晴らしいと思うんだよね。でしょ」――そう、そうなんだ。なのにヘブロンでは、イスラム教徒とユダヤ教徒が、相手の好意を当たり前のこととして受け入れることは決してできない。私は彼を抱きしめたかった。

隣人さん、私たちの紛争は、民族または領土に関する諍《いさか》いだけではなく、超越的な次元を帯びていて、イスラム教徒とユダヤ教徒の最も深い恐怖と希望に関わっています。このことが、解決の可能性を計り知れないほど複雑にしています。そして、世界の至る所でイスラム教徒とユダヤ教徒の関係に弊害をもたらしています。そのせいで、私たちはさらなる責任を課せられ、紛争を通して双方に喚起された感情を和らげなければなりません。

しかし、相手側の宗教的な献身や熱望が私たち自身を脅かすように感じるとき、どうして相手を尊重することができるのでしょう。特に私たちが共有する聖地の地位に関して、深刻なジレンマを痛感します。その最も顕著なのが、私たちの紛争の霊的・心情的な核心である神殿の丘《ハル・ハバイト》、高貴な聖域《ハラム・アル・シャリフ》です。

多くのユダヤ人は、丘の上にあるアル・アクサ寺院《モスク》とイスラム教徒の深いつながりを理解していません。礼拝者は、預言者ムハンマドの臨在に触れることを願ってあそこを訪れますが、あの場所は、あなたたちの信仰によれば、預言者が天国に昇り、この世と次の世を隔てている関門を打ち破った所です。私は、特に右派ユダヤ人が、イスラム教徒にとってのあの丘の重要性を一蹴する場面に出くわすことがあります。まるで聖なるものを数量化できるかのように、「あそこはイスラム教では三番目の聖地に過ぎないじゃないか」と言う人もいます（ならば、マクペラはユダヤ教の二番目の聖地に過ぎません。でも、宗教的なユダヤ人にとってのマクペラの意義は計り知れませんし、多くの世俗的なユダヤ人にとっての歴史的な意義も同様です）。

私たちイスラエル人は、どのようにして、あの丘がイスラム教徒にとって占領の象徴となったのかをわきまえるべきです。隣人さん、あなたが警備の許可なく自由に壁を通過してアル・アクサ寺院で祈ることができないという事実は長年の痛みですし、それは同時に政治的かつ霊的な傷となっています。イスラエル人は、自らの安全保障の必要に迫られてもたらした深い苦痛を自覚するべきです。

イスラム教徒とユダヤ教徒が、互いに共有する聖地について語り合うときに、何よりも必要なのは、霊的な尊厳に基づく話し方であって、相手が大事にしようとしている聖なるものを侮辱する話し方ではありません。

多くの非ユダヤ人は、私たちユダヤ人の最も神聖な場所は西の壁だと思っています。実は、あの壁はかつて神殿の周りに建っていた擁壁《ようへき》の一部に過ぎません。ユダヤ教徒にとっては、神殿の丘こそ最も聖なる場所で、文字どおり創造の中心地点です。まさにあの場所を通して神の臨在がイスラエル民族の間に宿るようになった、と私たちは信じています。ユダヤ教徒が神殿の崩壊を嘆くのは、それが国家主権の終焉と離散の始まりを意味するからだけではなく、より重要なのは、神の臨在が私たちの間から追放されたことを意味しているからなのです。私たちが神殿の丘に深いつながりを抱くのは、一つには、私たちが離散を最終決定として受け入れるつもりはないという意思表明でもあるのです。ユダヤ人は世界のどこにいても、神殿の丘に向かって祈ります。

聖書の預言には、終わりの日に諸国民が巡礼して神殿の丘に集い、神の家が「すべての民族の祈りの家となる」（イザヤ書五六・七）とあります。私は、それがどうのように成就するのか知りません。また、その時が来るのを定めるのは、ユダヤ教徒としての私の宗教的な義務ではありません。未来の神殿がどのように現れるかについて、ラビの賢明な寓話があります。それは火の雲に包まれて天から降ってくる、というのです。この寓話は、特にエルサレムを再統治しているユダヤ人に対する警告です。神殿の再建は、お前たちの手に委《ゆだ》ねられたことではない。その丘を神に委ねよ、と。

それだから、神殿の丘に対する自分の主張を放棄すれば、ユダヤ教の理想の核心部分を損なうことになるので私にはできませんが、人間の手で神殿の再建を実現しようとすることは放棄します。

それと同時に、隣人さん、あなたの側にも再考していただきたい態度がいくつかあります。あなたの指導者に、ユダヤ人の聖地への繋がりを否定する喧伝活動《キャンペーン》を止めてもらわなければなりません。パレスチナのメディアによる執拗なメッセージでは、「エルサレムにその昔、神殿なんてなかった」、「ユダヤ教と西の壁は関係ない」、「この地にユダヤ人のルーツを示す考古学的な証拠など一切ない」と伝えられています。パレスチナ自治政府のアッバス大統領がエルサレムについて語るとき、イスラム教徒とキリスト教徒が歴史上そこに住んでいたことには言及するのに、ユダヤ人が住んでいたことはあからさまに省いています。

私がこれまで言葉を交わした、宗教的または政治的なパレスチナ人指導者は皆、「パレスチナ国家のもとでは、ユダヤ人は族長の墓《マクペラ》で祈る権利はない。ユダヤ人とあの場所とを関連づけるものは何もない。あそこは寺院《モスク》としてのみ役目を果たすことができるのだ」と言い張ってきました。「ユダヤ人が訪れることは歓迎するが、それはあくまでも観光客としてで、巡礼者としてではない」とパレスチナの指導者たちが私に言いました。でもユダヤ人にとって、それは「階段の七段目」の現代版みたいなものでしょう。（訳注・「階段の七段目」については上述一二九頁を参照）

私は、ユダヤ教の最も聖なる場所への繋がりをこのように組織的に否定されると、心情的に身がすくんでしまいます。どう返事をしたらいいのでしょう。イスラエルの博物館に数多く展示されている、私の歴史を示すこの地の考古学的な証拠を引き合いに出したらいいのでしょうか。あるいは、エルサレムを訪れた巡礼者たちの何世紀にもわたる記述を引用したらいいのでしょうか。それとも、何も言わないほうがいいのでしょうか。というのも、こうした論争に関わることそのものが、相手の批判を正当化させてしまうことになりかねないからです。

それに加えて、パレスチナの指導者が、アル・アクサ寺院が脅威に晒《さら》されていると執拗なまでに非難しています。近年、ユダヤ人がテロ攻撃の波に遭い、刺傷、銃殺、車による轢殺《れきさつ》の標的になっています。いずれも、アル・アクサ寺院を「救う」という名目によるもので、イスラエル政府が神殿の丘のイスラム教徒の存在を脅かし、最終的に破壊しようと企てているというのです。

隣人さん、事は切迫しているのではっきり言います。アル・アクサ寺院を破壊するとか、あの丘からイスラム教の存在を制限する政府の計画など、一切ありません。アル・アクサ寺院に対するユダヤ人の陰謀などという考えは、一九二〇年代以来、様々な形で拡散されている根拠のない流言で、時に悲惨な結果をもたらし、神の名において殺害を駆り立ててきました（ヘブロンにおける一九二九年の虐殺は、この流言の害毒が原因です）。イスラエルの政策は、六日戦争以来、イスラム教徒が神殿の丘に立ち入ることを容認し、ユダヤ人の立ち入りを制限しています。そのためには、ユダヤ人があそこで祈ることを禁じさえしているのです。

一九六七年六月七日の朝、イスラエルの空挺部隊員が神殿の丘に辿り着いた時、彼らの抱いた最初の衝動は、ユダヤ民族のためにあの地の返還を求めることでした。それで、二人の隊員が岩のドームに登り、イスラエルの旗を掲げました。国防相のモシェ・ダヤンは近くの展望山から双眼鏡で眺めていましたが、空挺部隊長に無線で連絡し、すぐに旗を取り下ろせと命じました。思い返してみると、驚くべき自制心の一例でした。ユダヤ民族は、自分たちの最も聖なる場所、それも何世紀にもわたって立ち入ることを禁じられていた場所に戻ったばかりなのに、この大勝利の瞬間に、その支配権を実質的に放棄したのです。ダヤンは戦後、すぐにイスラム教徒の役人と会い、神殿の丘で祈る権利に関する拒否権を、彼らに正式に与えました。

ほとんどの宗教的なユダヤ人は、この取り決めを受け入れています。実際、神殿の丘に足を踏み入れようとする人はまずいません。それは、かつての神殿の内部聖域である至聖所の正確な位置がもはや分からないので、その上を誤って歩いてしまうのを恐れているからです。確かに、新しい動きがあり、幸いながらまだ少数ですが、イスラエル政府に圧力をかけて、神殿の丘でユダヤ人が祈れるように現状を変えようとする運動があります。しかし、イスラエルの主流派は、この危険な要求を抑制しています。右派のイスラエル政府も、この自己規制の方針を支持してきました。

私には、同胞のユダヤ人がこの現状を不条理に思う気持ちが分かります。正直に言って、確かに不条理です。ユダヤ人が神殿の丘に上るときは、イスラム教徒の当局者らに「付き添われて」、こっそり祈りを唱えていないか口元を監視されるのです。違反者は立ち退かされ、逮捕されます。それも、イスラエルの警官によってです。ユダヤ人が、よりによってあの場所で祈ることを、ユダヤ人の政府に妨げられるなんて考えられますか。

でも多くのイスラエル人同様、私は自らに課したこの制約が妥当だと思っています。言うまでもなく、イスラエル政府が神殿の丘でのユダヤ人の祈りを禁止するのは、相手側を思いやると言うよりも、現実的な考慮に基づいた判断によるもので、宗教戦争を防ぐためです。だとしても、こうした現実主義は、特に宗教的な主張に関して、中東では極めて稀《まれ》なことです。宗教史上、ある民族が自分たちの最も神聖な場所に対してこのような自己規制を示した例があるでしょうか。

詰まるところ、平和とは互いに尊重し合うことです。イスラエル人はパレスチナ人に尊厳を持って接しなければなりません。実際、多くのイスラエルのユダヤ人にとって、他人に敬意を持って接するのは難しいのです。イスラエルは落ち着きのない社会で、引き抜かれて再び根を下ろした難民と、その難民の子孫によって構成されています。私たちの活力のマイナス面は、その率直さがすぐに無礼な態度になり、アラブ人の礼儀正しさと正反対になってしまうことです。イスラエル人は、互いに敬意を払うとはどういうことなのか分かっていないことがよくありますし、私たちが占領している人たちに対しては特にそうです。私たちの民族は、国家の失われた数世紀を補おうと急ぐあまり、礼儀作法を疎《おろそ》かにしてしまうのです。時に私は思うのです。もし私たちが、あなたの人々に、ごく些細な敬意でも示すことを知っていさえすれば、この状況はずっと違うものになり得ただろう、と。

私があなたたちに求めるのは、私の民族の物語を尊重することです。私たちのこの土地と聖地への繋がりを否定する喧伝活動《キャンペーン》は、この紛争が占領や入植地についてではなく、ユダヤ人の歴史に対する戦争であることをユダヤ人に示しています。私たちを概念的に抹消しようとする試みは、私たちを物理的に抹消するための第一歩だと、多くのユダヤ人が懸念しているのです。

双方が、自らの攻撃的な態度が相手側に及ぼす心理的な影響について、向き合わなければなりません。私たちは、自分がどのようにして相手側にとっての最大の恐怖の体現者となっているかを自覚し、互いに相手側の困難な歴史を尊重することを学ばなければなりません。私の側は、イスラム教徒の抱く植民地主義に対する強迫観念を強めることを止め、あなたの側は、ユダヤ人の絶滅に対する強迫観念を駆り立てることを止めなければなりません。私たちの紛争が、イスラム教徒とユダヤ人の過去の傷に焦点を置いている限り、平和を手にすることはないでしょう。

宗教は私たちを終わりなき紛争へと運命づけるのでしょうか。ユダヤ教とイスラム教の対立、神聖な主張同士の対立となるのでしょうか。

私たちの信仰には、隣人として平和と尊厳の中で生きることを助けてくれる要素があると信じています。それと同時に、互いの信仰には譲歩を阻《はば》む要素もあることを率直に認めなければなりません。ユダヤ教は、自らが神聖視している地、イスラエルの人々に神が託されたこの地を分割して、なお別の民族の真逆の主張と折り合いをつけることができるのでしょうか。イスラム教徒は、イスラム世界の中に位置する、ユダヤ人が大多数の国家の正当性を受け入れることができるのでしょうか。イスラム教のもとでユダヤ人を二級市民に格下げする「庇護民《ジンミー》」として受け入れるのでなく、国家主権の資格を持った対等者として受け入れることができるのでしょうか。

私たちの聖典は、互いを多重なイメージで描いています。クルアーンや預言者ムハンマドの言行録《ハディース》は、ユダヤ人を罪人で恩知らずとして描きながらも、キリスト教徒と共に敬意に値する「啓典の民」だと記しています。モーセ五書《トーラー》とラビの注解書は、イシマエルを――そして、イシマエルを通して暗示的にアラブ人とイスラム教徒を――凶暴で粗野な存在として描きつつも、神の祝福の享受者と見なしています。いずれの伝承も、互いの祖型《アーキタイプ》をことのほか好ましくは描いていませんが、それでも相手側の霊的尊厳を尊ぶ拠り所を含んでいます。

私たちは、伝統に含まれた寛大な発言を見出だして、旧来の概念に新しい解釈を与えなければなりません。実際、宗教はそのようにして変化に対応してきました。私たちの伝統が解釈を求めています。まさにこの柔軟性のお陰で、ユダヤ教は存続できたのです。終わりなき紛争か、平和的解決か、宗教はいずれの原動力にもなり得ます。それは、一つには、私たちが聖典をどう読むかによって左右されます。イスラム教もユダヤ教も、多様で複雑な世界です。私たちは光を掲げていますが、同時に何世紀もの重荷を背負ってもいます。いずれの伝統も、自らの挑戦に取り組まなければなりません。

私の側から見たら、神がこの地をイスラエルの民に与えたというトーラーのメッセージは明白であるように映ります。ユダヤ人の中にはそれを結論として、私たちがその正当な所有者であり、これ以上の議論の余地なしと考える人もいます。反対の主張を唱えているあなたとこの地を共有することなど、明らかにあり得ません。入植運動は、この地の所有権の問題をそのように捉えています。これでは、あなたの民族の主張を受け入れる余地はありません。

この物語について、宗教的な別の読み方を私は提案したいのです。

ユダヤ民族とイスラエルの地の関係には、定期的に所有権を放棄する戒律が組み込まれています。七年ごとに土地を休ませて、元の状態に戻します。さらに五十年目には、すべての所有権や債務が無効になります。新しい樹木の果実は、最初の三年間は食べられません。自分の畑の隅を貧しい人々のために残す必要があります。これらの農業に関する戒律は、イスラエルの地にのみ適用されます。

つまり、聖地は私たちのものではなく神のものであるというメッセージです。所有権を確定できないのは、この地が神聖だからです。神聖なものを、死ぬべき存在である人間が完全に所有することなどできません。神聖な空間とは、境界を超越した世界との遭遇であり、人間のどんな主張も通用しない次元なのです。

神は、私たちがこの地を独占することを願っているのでしょうか。それとも、私たちはこの時代に、この地を自分以外の人と共有することが求められているのでしょうか。私からしてみれば、この地の所有権が条件付きであるということ、つまり誰であれ、どの民族であれ、聖地を実際には所有できないという事実は、私たちがこの地を共有する宗教的な拠り所になると思うのです。私たちは、この地を委託された者なのであって所有者ではない、ということです。

宗教的なイスラエル人の声で、私が最も頷《うなず》けるのは、この条件付きの所有権を表す文言に忠実な人たちです。イスラエルを代表するラビの中には、この地全域に対する私たちの主張を履行するには代償が高すぎる、と苦渋の決断を述べた人たちがいます。穏健派のラビの中には、生命の神聖さ、つまり流血を回避する必要性は、この地の神聖さに優ると主張しています。預言者イザヤの言葉、「シオンは正義によって贖《あがな》われる」（イザヤ書一・二七）を引用する人もいます。この伝統の解釈によると、この地に忠実であるということは、自らの独占権を棄てる覚悟を持つことなのです。

第二次インティファーダの前、私がパレスチナのイスラム世界を巡った時、イスラム神秘主義スーフィの賢人《シェイフ》で、イブラヒームという方と親しくなりました。シェイフ・イブラヒーム師は、私を各地の寺院《モスク》に連れて行ってくれました。師の霊的な保護の下で、どこでも気兼ねなく訪れることができました。二人を惹きつけたのは、互いの世界への神聖な好奇心のようなもので、互いの共通点だけでなく相違点も喜ばしく思えたのです。師はクルアーンの力強い一節を引用しました。「おお、人々よ！見よ、我らはお前たちすべてを一人の男と一人の女から創造し、お前たちを多くの種族と部族に分け、互いによく知り合うことができるようにした」(四九・一三)。師は、目をぐっと見開いて叫びました。「何と書いてある。互いを殺せと書いてあるか。違う。互いを知り合え、だ。わが兄弟、ヨッシー・ハレヴィは何を知っているのか。彼は宗教人、彼の叡智は何か。イブラヒームは何者だ。イブラヒームは、ヨッシー・ハレヴィに何を教えなければならないのか。神が、私の中に創造されなかったもので、ヨッシーの中に創造されたものは何か」

私は師に、トーラーとクルアーンでは、アブラハムが息子を燔祭として捧げる物語の記述が相反することについて尋ねました（訳注・聖書では、アブラハムが捧げたのはイサクだと記されているが、イスラム教ではイシマエルが捧げられたことになっている）。これは誰についての物語なのですか。私たちのこの相対立する民族的・宗教的な物語に関わる争いにおいて、パレスチナ人とイスラエル人は、アブラハムの二人の息子の古《いにしえ》の争いを続けている、ということなのですか。

イブラヒーム師は私の疑問を一蹴しました。「何てことはない。イシマエルの偉大さとは何か。イサクの偉大さとは何か。それは、神が望まれたことは何であれ受け入れたことではないか。私が、ヨッシー・ハレヴィの子供たちと、イブラヒームの子供たちに望むのは、イサクとイシマエルのようになることだ」。師が言わんとしたのは、矛盾する詳細に囚《とら》われることなく、互いの物語を統合しているメッセージに心を向けよ、ということでした。捧げられたのがイサクであろうと、イシマエルであろうと、もしくはいっそのこと両者であろうと、いいではないか。神を愛し、神の御旨《みむね》のために犠牲を捧げようと願うすべてのイスラム教徒とユダヤ教徒のために、祭壇には十分な余地がある、と。

いずれの宗教的伝統も、自らの創始の物語に忠実であろうと努めてきました。それはイスラム教徒にとっては、人類の使命を果たすために神に服従することです。ユダヤ教徒にとっては、神の同労者《パートナー》となって、傷ついた世界を癒すことを意味します。

この二つのアプローチの違いは、それぞれの聖典が、差し迫るソドムの町の崩壊に応じたアブラハムの物語をどのように伝えているかで明白に示されています。トーラーでは、アブラハムは神と談判します（創世記一八章）。もしソドムに五十人の義人がいたら、罪深い町を許してくださるでしょうか。

四十人ならどうですか。三十人、いや十人ならどうですか、と。神は、アブラハムの必死の競《せ》りを促《うなが》しているようです。神のためには神とも対決することを奨励しているのです。

クルアーンでも、イブラヒームは町を滅亡させる神の決断に抗しようとしますが、すぐに、もう何も言うなと命じられます（一一・七八）。死ぬべきものに過ぎない者が、私の摂理に疑問を呈するとはおまえは何者だ、と神は言います。イブラヒームは黙し、自ら悟り得ないことに従いました。

いずれの物語も、神と人との関係のあるべき姿を示し、互いの信仰の本質的な違いを教えてくれます。私はこの違いを喜びます。トーラーにおけるアブラハムの聖なる「フツパー」を素晴らしいと思うのです（訳注・「フツパー」とはヘブライ語で「生意気、厚かましさ、図々しさ」などの意で、ユダヤ人特有の性質を表す言葉）。神が意図したものであっても、彼は苦しみを黙視することはできないのです。この不屈の精神はユダヤ教の学びの場に見られるもので、疑問を呈することは回答を得ることに劣らず重要で、伝統と論争することが奨励されています。

と同時に、私はクルアーンに描かれている、イブラヒームの聡明な服従を素晴らしく思います。イブラヒームの謙虚さは、人間の概念や理想の究極的な虚しさを示しています。その謙虚さは、イスラム教の祈りの敷物《マット》の上で、神の前に平伏《ひれふ》して全存在を捧げている姿に現れています。

もちろん、いずれの信仰も、服従と徹底した探究の両方を含んでいます。ユダヤ教にも、異教の時代に遡《さかのぼ》る長く力強い殉教の伝統があり、敬虔なユダヤ教徒は、暴力的に改宗を迫られたときには死を選んできました。ユダヤ人の歴史は、霊的な息吹《いぶ》き返しを目指す運動を繰り返し生み出し、献身と神の意志に服することを強調してきました。

他方、イスラム教には、文芸復興《ルネッサンス》や人類の変革に影響を与えた、哲学的・科学的な探究心という偉大な伝統があります。

しかし今日、いずれの信仰コミュニティも、宗教的な活力のどちらかの側面が衰えているという問題を抱えています。近代は、ユダヤ教の霊性に好意的な環境ではありませんでした。それで、ユダヤ人の大部分が基本的な信仰心や宗教的な情熱から切り離されてしまいました。イスラム教世界は真逆の問題を抱えています。つまり、開かれた探究心と自己批評の衰えです。

もしかしたら私たちは、それぞれのバランスを回復するために助け合うことができるかもしれません。私は、ユダヤ人にはイスラム教徒の祈りの敷物が必要だと思うのです。そして、イスラム教徒の友人は、自分たちにはユダヤ教の学びの場のようなものが必要だ、と言います。私たちは共に刺激し合って、互いの霊的な偉大さを回復させることはできないでしょうか。

私たちの民族はどちらも温厚で寛大です。でもそれは同胞に対してであって、相手側には最も厳しい態度を示します。むしろ、私たちの信仰の深い資質を活かし、共有する神聖な物語の不可分な存在として自らを見なければなりません。

この共通の物語は、父祖アブラハム／イブラヒームが偶像崇拝に抗して父親の偶像を粉砕し、神の唯一性を宣言することから始まります。そしてこの革命的な洞察をもって、人類が一つであることを示しました。私たちは、共通の父祖の嗣業《しぎょう》を大切にし、新しい人間意識が生まれたあの画期的な瞬間を分かち合っています。そして私たちは、あらゆる形式の偶像崇拝から、また神の実在を感じ取る私たちの感覚を曇らせるすべてのものから、解放された世界への憧《あこが》れを共有しています。

いずれの伝統でも、アブラハム／イブラヒームは、父親を敬うために互いの諍いを超克したイサクとイシマエルによって埋葬されたと記しています。紛争と共に、父を敬う精神も私たちの遺産です。私たちの父祖の寛大な精神もそうです。「もてなし」という父祖の形見は、この地において互いの存在を受け入れる手がかりを見つけるのに、きっと役立つことでしょう。

手紙8　イスラエルの逆説

親愛なる隣人へ

自爆テロが始まる前の二〇〇〇年代初頭、壁が建設される前のこと、パレスチナ人とイスラエル人は互いを知る機会がありました。もちろん占領は常に私たちを隔てていました。それでも人と人との交流がありました。

けれども今、私たちは相手にとって抽象的な存在となっています。私が次世代について心配しているのは、二つの民族の間の限られた出会いでさえますます稀《まれ》になっていることです。いずれの側でも、若者の間で怒りと憎しみが増しています。共存の可能性は、多少でも友好的な交流を互いが持つことと、相手側の現実を多少なりとも知っているかどうかにかかっています。

私の信仰、私個人の歴史、そして私の民族の物語については多少なりともお伝えしてきました。今回は、クルアーンの勧める「互いを知り合え」の精神に基づいて、現代のイスラエル、あなたの丘からよく見える社会についてお伝えしたいと思います。私たちは何者なのか、また自らの国内問題にどう対処しているのかについてです。いずれにせよ、私たち二つの民族は互いに堅く結びつけられています。私の国がどのように機能しているのか、それは私たち双方の未来に関係してくるのです。

私が、イスラエル社会を一言で要約しなければならないとしたら、それは「逆説《パラドックス》」です。私たちの独立宣言は、イスラエルをユダヤ的で民主的な国家と定義しました。その立案者たちによれば、イスラエルは、イスラエル国民であるなしに関係なく、世界中のユダヤ人の郷土《ホームランド》となると同時に、イスラエルは、ユダヤ人であるなしにかかわらず、すべての国民にとっての民主的な国家となるということでした。ユダヤ的かつ民主的という、この二重のアイデンティティは、この国の創立者たちが私たちに残した大いなる挑戦です。

イスラエルは世俗的な国なのか、それとも宗教的な国なのか。それは、一つには、どこでこの問いを発するかによっても異なります。テルアビブの酒場やユダヤ教の食事規定を守らないレストランを眺めると、イスラエルは全くの世俗的な社会に見えるでしょう。エルサレムのユダヤ教会堂《シナゴーグ》やユダヤ教学院を眺めると、イスラエルは極めて伝統的な社会に見えるでしょう。私がイスラエルを定義するとすれば、「聖なる地にある世俗的な国家」と言うでしょう。シオニズムがシオン（訳注・この場合「イスラエルの地」を指す）に代わるユダヤ人の民族郷土はあり得ないと宣言した時、宗教と国家の絶え間ない軋轢《あつれき》は決定的になり、その対立は、何とか対処はできても、完全には解決できないものとなりました。

イスラエルは、東西のユダヤ人が出会うぎこちない場です。ミズラヒーム、つまりイスラム諸国出身のユダヤ人にとって、この出会いは、とりわけイスラエルの草創期には、アシュケナジーでヨーロッパ出身の支配者層による差別や見下すような侮辱を受けることがありました。今日、アシュケナジームとミズラヒームの出会いは、結婚式の天蓋《フッパー》の下でますます増えてきています。イスラエルを建国した中核的なコミュニティは、圧倒的にアシュケナジーかつ世俗的で、世俗主義は依然として活力があります。他方、私たちの音楽、料理、さらには言語も、伝統的なミズラヒー文化の感化をますます受けています。中東の撥弦楽器《ウード》はエレキ・ギターと出会いました。ミズラヒームの祈祷詩《ピユティーム》は、世俗的なイスラエルで忘れ去られていた文化から蘇《よみがえ》り、著名なロック・ミュージシャンによって取り入れられています。イスラエルの音楽は、かつては世俗的な精神を表していました。今日それは、ユダヤの伝統との絆を取り戻したいというイスラエルの願いを表現しています。

私の知り合いの中に中東出身のイスラエルのユダヤ人がいて、エジプトの偉大な女性歌手ウム・クルスームが大好きな人がいます。彼女の音楽は彼の家族のアイデンティティの一部となっています。また、ヘヴィメタルとユダヤ教祈祷詩を織り交ぜたオルファンド・ランドのように、アラブ・イスラム諸国で人気のあるイスラエル人歌手や音楽バンドがあります。このバンドがトルコで上演するとき（イスラム諸国で唯一、彼らの上演を許可したのがトルコです）、レバノンやエジプト、さらにはイランからもファンがやって来て、自分たちの国旗を振る人もいます。

ついこの間、私はユダヤとアラブ両方の音楽を祝うコンサートに行ってきました。それは、エルサレム旧市街の城壁の外で催されましたが、イスラエルのユダヤ人だけでなく、旧市街やエルサレムの他の地域のパレスチナ人も参加していました。ステージでは、ユダヤ人がアラビア語で歌い、アラブ人がヘブライ語で歌っていました。平和とは、政治のみならず文化的な挑戦でもあります。イスラエルが東洋のアイデンティティを取り戻せば取り戻すほど、中東で自らの居場所を見つける可能性が増えるでしょう。

逆説はイスラエル社会のあり方そのものに組み込まれています。それは、私たちが「離散の集合」と呼ぶ世界中のユダヤ人帰還が発端です。ユダヤ人は、様々な放浪の経験を通して学んだ知恵と恐怖を郷土に持ち帰り、イスラエルの現実に適応させました。私はニューヨークでユダヤ人として育ち、一九六〇年代のアメリカ社会の多元的な価値観を身に染み込ませた者として、その民主的な文化を強めるのに寄与したいという決意を持ってイスラエルに帰還しました。私が懸念しているのは、特に若いイスラエル人の間で、民主的な規範が弱まっていることです。彼らは和平プロセスの崩壊後に育ち、成長期の思い出というと、レバノンやガザからのテロ行為やロケット攻撃ばかりです。私は、イスラエル国防軍が、ヘブロンで武器を取り上げられたパレスチナ人襲撃者を射殺した兵士を裁判にかけたことを評価しています。それでもその兵士がイスラエル軍の倫理綱領と戦闘規則に違反したのに、多くの人が彼を英雄視して称えました。

しかし、私の知り合いのイスラエル人の中には、例えば旧ソ連出身で全体主義体制下で抑圧された少数民族として育った人たちがいます。彼らが特に憂慮しているのは、長い間無防備だったユダヤ人が、効果的に軍事力を行使することをまだ学んでいないという点です。彼らが危惧しているのは、軍の倫理綱領のような民主的で細かい規定は、包囲網を張られた国には許されない贅沢で、自らに課した規制が私たちの自衛力を損なっていることです。

時に私はこう思うことがあります。イスラエルの国内論争は、まさにユダヤ人の歴史が自らを相手に議論しているのではないか、と。私たちは何者なのか。私たちの歴史は私たちに何を望んでいるのか。私たちの様々な逆説とどのように調和するのか。それともあるがままに受け入れて生きるのか。

イスラエルは必然的に、ユダヤ人の矛盾を体現しているのです。私たちは、ユダヤ国家はどうあるべきか、相対立する期待を抱きながら郷土に帰還しました。世俗的なシオニストは、ユダヤ人を「正常化させる」国家を望みました。諸国家の中に一国を設けて、歴史上極めて特異な民族を正常化させようとしたわけです。世俗派の人たちは、ユダヤ人を非神話化する過程で、反ユダヤ主義も次第に消滅するだろうと期待していました。

他方、宗教的シオニストはユダヤ人の特異性を立証し、「諸民族の光」となるための、ひいては人類救済の発端となるための国家を願いました。どうしたらユダヤ国家が普通であると同時に特殊な存在となれるのか。私たちが実際に建国を達成するまで、この問いはシオニスト運動にとっての抽象的なジレンマに過ぎませんでした。しかし今や、この相矛盾する理想は、社会的対立の要因となっています。

聖書に画期的な瞬間が描かれています。イスラエルの長老たちが預言者サムエルに相談する場面です（サムエルの墓は、私たちの互いの丘から遠からぬ所にあり、その建物の中にはイスラム教の寺院《モスク》とユダヤ教の会堂《シナゴーグ》が平和裡に共存しています）。長老たちは、イスラエルを治める王に油を注ぐようサムエルに要求し、私たちが「他のすべての国々のように」なることを求めました（サムエル記上八・五）。選民の負担から解放されて普通の存在になりたい、と言うのです。サムエルは激怒しました。イスラエルは預言者によって統治されている。なぜ長老たちは統治者として普通の王を求めるのか、と。

この二つの欲求――普通の存在となること、そして特殊な存在となること――は、ユダヤ人の歴史を貫く二重の願望です。シオニズムの非凡さ、そして世界中のユダヤ人に訴えることのできた要因の一つは、この二つの願望を受け入れて、両方の実現をユダヤ人に約束したことでした。

私も、この相矛盾する願望を抱いています。ユダヤ人が主権国家として復活したことは、ユダヤ人の歴史における一大成果だと考えています。私は、イスラエルが普通の存在になり、国際社会に受け入れられて、その平凡さに寛《くつろ》ぎを感じ、やがてはイスラエルの存在が当然のものとして見なされることを願っています。他方で、イスラエルがただ存在するのではなく、預言者たちの義にかなった社会の理想を大切にすることも願っています。建国に捧げられたすべての希望と祈りと努力にふさわしい存在となってほしいのです。

皮肉なことに、正常化であれ特殊化であれ、私たちはいずれの理想も実際にはまだ実現していません。イスラエルは国民国家ですが、普通の存在とは程遠く、しばしば中東や国連では極めて例外的存在で、のけ者にされることがよくあります。模範的な社会になるという願いに関して言えば、イスラエルでは政治汚職や組織犯罪、そして現代のあらゆる病理が露呈していて、嫌になるほど月並みな存在であるのを痛感することがあります。建国者たちが創ろうとした国家は、世界との関係を正常化しつつ、国内においては卓越した民主社会主義の実験場となることを求めました。でも時々、私たちは真逆の活力を生み出してしまったように感じることがあります。外に向かっては特殊な存在で、内に向かっては月並みな存在です。

これが多分、イスラエル最大の課題なのでしょう。つまり、ユダヤ人の歴史と夢にふさわしい社会を造ることを希求しながらも、諸国間においては普通の国になろうとしているのです。隣人さん、私があなたに手を差し伸べようと思ったのは、この二つの願いをイスラエルが実現できるかどうかは、一つには、あなたとあなたの民族との関係にもかかっているからです。

世俗的なイスラエル人と宗教的なイスラエル人は、依然として正常さと特殊さの論争をしています。どちらかが他方を完全に圧倒することはないでしょう。なぜなら、どちらの主張も本質的なユダヤ人の要求を訴えているからです。ホロコーストを経て、多くの宗教的なユダヤ人も、世俗的なシオニズムの約束した正常化が、ユダヤ民族に重要な癒しをもたらしたことを認めています。そして今日、私たちの社会に物質主義が蔓延するにつれて、多くの世俗的なユダヤ人も、イスラエル社会が霊性の注入を求め、目的と方向性の意識を新しくする必要があるのを認めているのです。

私は、伝統と近代性の出会う不確定な接点に生きています。私は宗教的なユダヤ人ですが、宗教政党には投票しません。できるだけ宗教を政治から遠ざけたいと思っています。それと同時に、ここがアメリカではないこともわきまえています。中東というこの地域、そしてユダヤ人が多数を占めるこの国では、宗教と政治を完全に切り離すことはできません。私はかつて、ユダヤ教ラビの支配者層に反抗した世俗派の指導者の一人にインタビューしたことがあります。彼女がイスラエルに願っている制度は、アメリカの政教分離のような仕組みだと私は思っていました。だから、彼女のコメントを聞いて驚きました。「そんなのイスラエルには無理です。宗教は、国家のアイデンティティにあまりにも直結しているんですから」、と。

とは言え、世俗主義も私たちのアイデンティティの本質的な部分です。民族意識がユダヤ精神の核心部分ですから、極めて厳格に戒律を守るユダヤ人も、ひどく世俗的な人も同胞のユダヤ人として受け入れざるを得ないのです。つまり、イスラエルは、宗教的な人も世俗的な人も受け入れ、どちらも自らのアイデンティティが国家の精神に反映されていることを認め得るようにしなければなりません。

宗教家と世俗派の対立を和らげるために、私たちは一連の妥協案を受け入れてきました。例えば、ユダヤ教正統派の管轄下にあるラビ庁は、婚姻に関わる独占権を持っています。これはオスマン帝国からの名残で、いずれの宗教にも、個人の地位に関する事項を扱う裁判所がありました（イスラエルでは、イスラム教のシャリーア法廷は、ラビ庁の法廷と同等の法的地位を持っています）。つまり、ユダヤ人もイスラム教徒も、民事結婚はできません。ただし恋人同士が、例えば、二十分ほどかけてキプロスに飛んで、そこの民事裁判所で結婚してこちらに戻った場合、彼らの結婚は国家によって認知されます。

遅かれ早かれ、この不条理な制度は改められるべきです。この制度を避けて海外に飛び、正統派ラビの居ない所で結婚することを選ぶイスラエルの若いユダヤ人が増えているからです。

また、公共の場での安息日遵守に関する妥協案もあります。独立後にイスラエルを悩ませた問題の一つは、現代のユダヤ国家がどのようにして公共の場で安息日を遵守すべきかということでした。ユダヤ教正統派の律法のもとで、安息日を犯すと見なされる行為は禁じられるべきなのか。それとも、安息日を平日と同等に見なすのか。

イスラエルはここでも厄介な妥協案を採用しました。公共の交通機関は、ユダヤ教徒の暮らす地域での安息日の運営を中断し、経済活動も多少は禁止されるけれども文化行事やスポーツイベントは容認され、レストランや喫茶店も営業できるというものでした。近年、安息日遵守に関するこれまでの取り決めが崩れはじめ、安息日に行なわれる経済活動の範囲が拡大する傾向にあります。現状改革の一試案として、著名なユダヤ教師と世俗派の法学者が共同で示した提案があります。公共の交通機関の一定の運営を容認し、娯楽は維持する一方で、安息日の精神に明白に反する経済活動は禁止するというのです。このようにすれば、イスラエルのユダヤ人一人一人が、休息の日の楽しみ方を自分で決めることができます。この妥協案は、宗教家と世俗派の関係で最もうまくいった一例です。ユダヤの伝統に対する様々なアプローチを公共の場で保つにはどうしたらいいのかを導き出したのです。

イスラエルは世俗的なユダヤ人によって建国されました。彼らの多くは、生まれ育った宗教的な家庭に反発した人たちです。そのため、世俗主義は私たちの根底に備わっています。それはまた、原理主義に対する安全網としても作用します。でも私は、大多数のイスラエルのユダヤ人と同じように、ユダヤの価値観と文化が私たちの公共の場を形成することを願っています（「ユダヤの価値観」を表しているものは何か、この問いは私たちのアイデンティティに関わる今なお続く論争の一つです）。世論調査によると、大半のユダヤ系の国民は、宗教的な法律制定をより少なくし、個々人の生活により多くの伝統的な要素が取り入れられることを願っています。イスラエルは最終的にその方向に向かうと私は思うのです。これは、私たちの世俗的なアイデンティティと宗教的なアイデンティティの微妙なバランスに関わることなので、各世代が詳細を再検討しなければなりません。この一連の取り決めの大前提は、イスラエル社会のいかなるセクトも、イスラエルの文化と政治の様相を独断的に決めるのは許されないことです。

さらに厄介な案件は、現在進行中の、イスラエル政府とユダヤ教の改革派および保守派との対立で、西の壁の礼拝を管轄する権利は誰にあるのかという問題です。政府は妥協案として、進歩的な教派に西の壁の一箇所を正式に割り当てようとしましたが、非正統派運動の承認を拒む超正統派の反発に遭い、頓挫しました。アメリカでユダヤ教徒として生きている人の大半は改革派か保守派なので、この問題はイスラエルと海外《ディアスポラ》のユダヤ人との亀裂を生み出しています。

私は、改革派・保守派ユダヤ人の怒りと悲しみにとても胸が痛みました。彼らが訴えているのは、要するにこういうことです。「イスラエルはすべてのユダヤ人の郷土になるべきでしょう。それはつまり、イスラエルの公共の場が私たちの宗教的な多様性を反映するべきだ、ということではないのですか。ユダヤ民族の一派でしかない正統派に独占権を与えることで、民族意識に対するシオニズムの約束を裏切っているのではないですか」

イスラエルが対応しなければならないのは、ユダヤ人の類《たぐ》い稀《まれ》な多様性だけではありません。より大きな課題は、全人口の二割を占めるアラブ系の国民（その多くは、自らをパレスチナ人と見なしています）をこの国のアイデンティティに組み込むことです。

イスラエルは、ユダヤ国家と民主国家という、妥協が許されない二つのアイデンティティを尊重しなければなりません。ユダヤ人の歴史の延長であり続けること、そして世界中のユダヤ人の潜在的な保護者としての役割を果たすこと、この二つをイスラエルは放棄できません。そうでないと、イスラエルの本質に取り返しのつかないダメージをもたらします。イスラエルの活力と成果のほとんどは、この国のユダヤ人のアイデンティティに由来するもので、二千年の夢を進行形の奇跡として実現しようとする思いの発露なのです。イスラエルのユダヤ的な気質を取り除けば、その心と情熱はたちどころに消え失せてしまうでしょう。

しかし、アラブ系の国民をイスラエルのアイデンティティと公共の空間に受け入れることに失敗すれば、また別の実存的な脅威をもたらすことになります。私は以前、アラブ系の国会議員に、「あなたが『自分はイスラエル人だ』と最も強く思った瞬間はいつですか」と尋ねたことがあります。本人が国会議員に宣誓就任した時、あるいはイスラエルのスポーツ・チームが試合で勝った時に感じた誇りについてでも話してくれるのかと私は思っていました。しかし彼は言いました。「私は、自分がイスラエル人だと感じた瞬間なんてありません。自分のことをイスラエル人だなんて思ったことは一度もないのです」

アラブ系のイスラエル国民にとって、彼らのアイデンティティの問題は、ユダヤ人のシオンへの憧《あこが》れを呼び起こすイスラエルの国歌に示されています。国歌の冒頭に「われらの胸の内にユダヤの魂が脈打つ限り」とあります。アラブ系のイスラエル人が話してくれました。「オレは、『ユダヤの魂』についいて文句があるわけじゃない。ただ、そんなもの持っていないだけだ」。イスラエルのアラブ系の最高裁判事で、元大統領の禁固刑の判決（強姦罪）が出された時に裁判長を務めた人がいます（この判決そのものが、裁判官の社会的地位の揺るぎないことを示しています）。その判事がインタビューで、自分は国歌を歌わないと述べていました。

ユダヤ系のイスラエル人とアラブ系のイスラエル人は、独立記念日をどのように一緒に祝うのでしょうか。それは、ユダヤ人にとっては贖《あがな》いの日ですが、パレスチナ人にとっては破局の日です。

イスラエルのアイデンティティを、この国で暮らすパレスチナ人に完全に開け広げることは、アラブ人にとってもユダヤ人にとっても、恐ろしい将来を招きかねません。アラブ人にとってそれは、西岸地区に暮らす親戚を占領している国の公職を積極的に担うことになります。ユダヤ人にとってそれは、この国の仇敵であるパレスチナ人とアラブ世界に自然と同情する民衆を、国民の仲間として信頼することを意味します。

私たちの現状を思うと、「パレスチナ系イスラエル人」ほど逆説的なアイデンティティが他にあるでしょうか。二〇〇六年に勃発した、イスラエルとレバノンのイスラム原理主義ヒズボラとの戦争中のことでした。私が北部の町ハイファにあるアラブ系のレストランにいた時、ミサイル攻撃の緊急警報のサイレンが鳴りました。アラブ人もユダヤ人も皆、台所の避難所に詰めかけました。私たちはすし詰め状態で立っていて、気まずい沈黙が続きました。やがて誰かが「共存だね《シュール》」と言いました。誰もが悲しげに微笑みました。パレスチナ系イスラエル人の逆説を捉えた超現実的な瞬間でした。彼らは、パレスチナ人の大義を謳《うた》って打ち込まれたミサイル攻撃から身を守るために、ユダヤ人と一緒に避難していたのです。

それでも、どんなに気まずく、相反する感情と怒りを持ちながらも、イスラエルに住むユダヤ人とアラブ人が同じ国籍を共有しているという感覚を抱くことは、重要であるだけでなく、可能だと私は信じています。世論調査が一貫して示しているのは、アラブ系のイスラエル人の半数が、アラブ人は平等に扱われていないと述べていますが、それでも大多数がイスラエルは住み良い国だと感じていることです。さらに驚くべきことに、その大多数がイスラエル人であることを誇りに思っている、と述べています。未来のパレスチナ国家の市民権を取得しますかという質問に対しては、圧倒的多数がノーと答えています。たとえ現在の住居に留まることができ、国境を越えてパレスチナ国家に転居しなくてもいいとしても、そのつもりはないと述べています。

この国にとって残念なのは、アラブ人の多くがイスラエル社会から疎外されていることです。イスラエルに住むパレスチナ人の中には、自らをイスラエル人とは呼ばす、「一九四八年のパレスチナ人」という表現を使う人がいます。破局《ナクバ》の時に退去しなかったパレスチナ人のことです。

しかしながら、イスラエルの国籍を持つパレスチナ人の大多数が、紛争解決の見通しがないのに、依然としてこの国にある程度の連帯意識を抱いています。これは、どんなにわだかまりがあったとしても、共通の社会とアイデンティティに向けて取り組む基盤があることを示しています。私はイスラエル国民として、この取り組みを支持しています。

それでは、どのように取りかかったらいいのでしょうか。ムハマッド・ダラウシェという、イスラエルに住む代表的なパレスチナ人運動家でハルトマン研究所の私の同僚が、こう言っています。イスラエルのアラブ人は少数派《マイノリティ》として振る舞うことを学び、イスラエルのユダヤ人は多数派《マジョリティ》として振る舞うことを学ばなければならない、と。問題の心理的な核心を突いた指摘だと思います。

イスラエルのユダヤ人は、奇妙な多数派です。私たちは自国では多数派ですが、敵対する地域、つまり文化的にも心情的にもイスラエルのアラブ人が属する地域では、少数派であることを痛切に感じています。ということは、イスラエルに住むユダヤ人もアラブ人も、自分が多数派であると同時に少数派のように感じることがよくあるのです。

ダラウシェがユダヤ人に投げかけているのは、私たちは、いずれにせよ強力で繁栄した国の決定権を握っているのだから、多数派としての自信を持って寛大な態度で接しなければならないということです。他方、アラブ人への投げかけは、この非常に微妙な立場に強いられた少数派として賢明に振る舞うこと。つまり、パレスチナ人としてのアイデンティティに忠誠心を抱きながらも、ユダヤ人が多数派である社会で自らの居場所を見出だす必要があるということです。

多くのユダヤ人は、アラブ系の国民が第五列部隊（訳注・戦時に後方撹乱、スパイ行為、破壊工作などで敵国を助ける集団）となりはしないかと懸念しています。こうした懸念は、一部のアラブ系国会議員が、戦争の真最中でもハマスやヒズボラのようなイスラエルの敵対組織に公然と同調することにより、ますます強められています。アラブ系の国会議員は、イスラエルの兵士をナチス呼ばわりし、テロ行為を支持してきました。アラブ系国会議員の一人は、イスラエル人の十代の若者三人が拉致されたのを（後に殺害されたことが判明）、テロ行為と呼ぶのを拒みました。これらは例外的な事例ではなく、一つの傾向の一端です。

ユダヤ人は多数派として、アラブ系の国民が安心できるように、彼らを社会の不可欠な存在として見なしていることを示すべきです。まずは、アラブ系の国民に対する不公正を止めることです。特に教育やインフラ整備やその他のニーズに対する行政投資においてです。この汚点は、預言者的な正義の精神に基づいた社会を創造するというイスラエルの建国者たちの約束を破るものです。ある面、状況は次第に改善しています。右派のネタニヤフ政府もアラブ人コミュニティにかなりの資源を投資しています。国民の相当数が遅れを取れば、イスラエル経済に悪影響となるのを悟ったからです。しかし後退している面もあります。右派国会議員の提案する過剰な法律がその一例で、民主国家としての国柄を犠牲にしてでも国家のユダヤ性を強調しようとしています。実際に通過した法律はほんのわずかですが、民主主義が後回しになる風潮を生み出しています。

イスラエルのアラブ人はこの地域の多数派として、自分たちがイスラエルの一員になりたいことを示し、ユダヤ系の国民に安心感を与えなければなりません。その手始めとして、民族主義者やイスラム主義者ではなく、共存を目指す国会議員を選出することです。アラブ系の国民がイスラエルに感謝しているという世論調査の結果と、彼らを代表する国会議員の疎外感や憎悪の発言とのギャップは支持できません。それでは、イスラエルのユダヤ人が抱いている最も暗い恐怖感を強めるだけです。

私たちの紛争が長引く限り、イスラエルに住むアラブ人とユダヤ人の関係性は不正常《アブノーマル》なままでしょう。少なくともイスラエルのユダヤ人は、イスラエルに住むアラブ人に伝えなければならないことがあります。私たちは、イスラエル社会における彼らの立場を、対処すべき問題としてではなく、イスラエルが自らの道徳基準を保持するための好機だと思っていること。そして、アラブ人をイスラエルのアイデンティティの中に統合することを通して、イスラエルをこの地域の中に統合するための一歩を踏み出していることを伝える必要があります。

最終的に、私たちの内部にある逆説を解消できるかどうか、私には分かりません。もしかしたら、解消すべきでないのかもしれません。イスラエルの定義を一つに絞り、他の定義を切り捨てようとすれば、国民の大部分をイスラエルの精神から遠ざけ、私たちの相対立するアイデンティティや願望を保つ微妙なバランスを損なうことになります。

イスラエルが優れているのは、逆説を活力としている点です。私は、イスラエルのことを、世界でも最も深刻な問題に対処するための試験場のように考えています。例えば、宗教と近代性、東洋と西洋、民族性と民主主義、安全保障と道義性の衝突などです。これらは、世界を彷徨《さまよ》いつつ世界の多様性を吸収してそれを郷土に持ち帰った歴史ある民族にとって、挑むに申し分ない課題です。

実際、私たちの逆説のバランスは絶えず変化しています。イスラエルのように、順応性に富み、短期間で劇的に変化しやすい社会も珍しいでしょう。

この地で過ごした四十年近くの間、私は少なくとも異なる三つのイスラエルで暮らしてきました。一九八〇年代の陰鬱なイスラエル——三〇〇％のインフレ、レバノンでの勝ち目のない戦争、国際社会から次第に孤立していった時代。続いて一九九〇年代初めの活力に溢れたイスラエル——オスロの和平プロセス、ハイテク新興企業《スタートアップ》国イスラエルの台頭、旧ソ連からの大量の帰還移民、国際社会に徐々に受け入れられた時代。そして、二〇〇〇年の和平プロセスの崩壊を通して現れたイスラエル——戦争に次ぐ戦争、自爆テロやロケット攻撃の標的になった一般市民、その日暮しの夢を失ったイスラエル、一時も警戒を緩められなかった時代。

この最後の状況がもう二十年近く続いています。しかしこれまでの歴史を踏まえると、イスラエルの物語に劇的な変化が迫っているように思えます。隣人さん、私が願っているのは、次なる展開で私たちの二つの社会の出会いを再開すること、でも今度は、相互尊重を基調にした出会いを始めることです。

手紙9　犠牲者と生存者

親愛なる隣人へ

今日の午前十一時、ホロコースト追悼記念日のサイレンが鳴りました。私の丘の上では、すべての動きが二分間停止しました。運転手は道路の脇に車を停め、直立して黙祷していました。学校、工場、オフィス、軍の基地でも、すべての活動が中断しました。全国民がこの傷痕《きずあと》を胸に、一つになっていました。

そして私は、あなたのことを思ったのです。もちろんあなたの丘でもサイレンは聞こえたでしょう。何を考えていたのですか。人間としての連帯感を私たちに抱いたのですか。それとも、あなたにとって痛烈な皮肉のような瞬間でしたか。占領者が古傷をひけらかし、依然として犠牲者のふりをしているように感じたのでしょうか。

これまで私は、ホロコーストについてあなたに書くのを避けてきました。あえて触れなかったのです。私もあなたもその重圧に圧倒されてしまうからです。それに、実に都合のいい口実になるからです。あなたに対しては、あなたの苦しみを退けようとする口実として（なぜなら、占領とそれとを比べることなんてできるわけがない、と）。私に対しては、糾弾《きゅうだん》として（なぜなら、色々な民族の中からよりによってなんでユダヤ人が、あんなひどいことをされた後に他人を抑圧することができるのだろう、と）。

それでは、この国に帰還したユダヤ民族の物語を伝えたいと思います。それは、私がこの数十年間、パレスチナ人やイスラム教徒から度々聞いてきた、「イスラエルが存在する唯一の理由は、ホロコーストに対する西洋人の罪意識だ」という前提とは相容れない物語です。アメリカのバラク・オバマ大統領が二〇〇九年のカイロ演説で、イスラム世界に向かって「イスラエルの存在を正当づける拠り所はホロコースト以外あり得ない」と語ったのをイスラエル人が知り、唖然としました。オバマは善意で言ったのです。イスラム世界に蔓延するホロコースト否定論に反論しようとしたのです。でもイスラエル人はそうは受け取りませんでした。「四千年に及ぶ私たちのこの地との絆についてはどう思っているんだ。私たちの物語についてはどう捉えているんだ」とイスラエル人は訴えました（オバマ大統領は後にこの誤りを訂正しようとして、エルサレムのヤッド・ヴァシェム・ホロコースト記念館を訪れた際、イスラエルの正当性はユダヤ人の苦しみの上にあるのではなく、ユダヤ人の信仰とこの地への絆に基づいていると明言しました）。

私は最近、フェイスブックで次のような匿名のメッセージを目にしました。「イスラエルの再建は、ホロコーストのせいで起きたのではない。むしろ、イスラエルが存在しなかったから、ホロコーストが起きたんだ」

私たちの対話においてホロコーストに向き合うことは、あの耳から離れないサイレンのように、回避できないことです。ホロコースト生存者が皆死に絶えても、ホロコーストは陰に陽に私たちの紛争に影響を及ぼすことでしょう。だから隣人さん、あのサイレンが鳴っている時、私の丘で、私の同胞たちの間に何が起こっているのかを説明させてください。そして、ホロコーストがどのようにあなたやこの紛争についての私たちの捉え方に影響するのか、私に話させてください。

昨夜、私はヤッド・ヴァシェム・ホロコースト記念館で催された公式式典に行ってきました。イスラエルの大統領ルーヴェン・リヴリンが、ユダヤ人はホロコーストの精神的打撃《トラウマ》を克服しなければならないと語りました。「ユダヤ民族はアウシュヴィッツで生まれたのではありません。私たちが二千年の離散を生き延びることができたのは、恐怖心のせいではなく、私たちの霊的遺産、共通の創造性のお陰です。……ホロコーストは私たちの肉体に永遠に刻まれた烙印《らくいん》です。……しかしホロコーストは、私たちが自らの過去と未来を確かめるレンズではありません」。さらにリヴリンはユダヤ人に向けて、ホロコーストの記憶を悪用して政治的な点数を稼いだり、私たちの敵に対しても悪用してはならない、と警告しました。リヴリンは勇敢にも、彼の政治的な師であるメナヘム・ベギン前首相を非難しました。ホロコーストの再発を防ぐという名目で、一九八二年にイスラエルがレバノン侵攻を宣言したことを非難したのです。

次に六名の生存者が、それぞれ百万人の犠牲者を記念した六本の松明《トーチ》に点火しました。ウクライナの元ゲリラ隊員でソヴィエトの勲章を胸いっぱいに付けていた生存者や、アルジェリア出身でパリに隠れていた女性もいました。六名はそれぞれ自分の物語を述べました。戦時中の苦しみを淡々と話していましたが、彼らが戦後に築いた人生について、また彼らの子供たちや孫たちに対して、確固たる誇りを持っていました。犠牲者から生存者になることを通して、かすかな運命から使命を掴み取ったのです。何よりも、自らを癒してくれたイスラエルへの愛情と感謝の気持ちを語っていました。

生存者の息子である私にとって、ホロコーストで最も重要なのは、私たちが犠牲者としてではなく、勝者として生き残ったということです。私たちは忍耐力に長けている民族です。エジプトやバビロンやローマまで遡《さかのぼ》って歴史を顧みても、私たちを抹消しようとした帝国よりも長く私たちは存続しています。しかし、考えられないほど長い私たちの歴史の中でも、二十世紀にユダヤ人が成し遂げた復活に匹敵するものはありません。あたかもそれまでの歴史は序曲《プレリュード》でしかなかったようです。存続か絶滅か、ユダヤ人がどちらかの選択を迫られる時に備えての予行演習のようでした。

私の父は、森の洞穴の中で過ごして戦争を生き延びました。父の町のユダヤ人が強制居住区《ゲットー》に閉じ込められた時、それはアウシュヴィッツに送られる前段階だったのですが、父は二人の友人と共に脱走しました。かつて祖父のぶどう畑で働いていた森の管理人が、時折この三人の若者に食糧を持ってきてくれました。

一九四五年に戦争が終わると、父は家に戻りましたが、ユダヤ人街は廃墟と化していました。死の収容所からぽつぽつと帰ってきた数名の若いユダヤ人と共に、解放後の最初の数週間は酒浸《さけびた》りになっていました。するとある日、無気力な生活からハッと目覚めたのです。「夢だったのか、幻だったのか、アウシュヴィッツで殺されたはずの両親が現れたんだ。その厳しい眼差しが、自己憐憫《れんびん》に陥っている自分を叱っているようだった」と父が話してくれました。

私は滅亡の子ではなく復活の子です。だから今日この日、ガス室で亡くなった祖父の名前を私が受け継いでいるだけではなく、私の息子が彼の祖父、つまり生き延びた私の父の名前を受け継いでいることに思いを馳《は》せるのです。

私はホロコーストのことを思う度に途方に暮れます。大量殺人の産業化。死体を生産する工場の創設（魂のない近代化の終着点）。政府と企業の役員による緻密な計画（どのガスが最も効果的か、どの輸送システムがベストなのか）。最終目的地に犠牲者を誘う綿密な策略。これは、憎しみや復讐心の暴発でも、単なる集団殺戮《ポグロム》でもない。究極の計画的犯罪、冷静に仕組まれた犯罪です。それはおよそ六年の間、何の妨げもなく続けられました。

時折、無意識のうちに自問している自分に気づきます。本当にそんなことが起きたのか。そんなことがあり得るのか。そう戸惑っている自分に驚くのです。というのも、私はこれまでずっとこの歴史と苦闘し続けてきたからです。そんなとき、慰めを見出だせない自分がいるのです。子供の頃、ユダヤ人憎悪の不可思議な強迫観念や自己消滅を招き得る人類の能力を知り、その心を毒する記憶に今なお驚愕するのです。

でもそれ以上に私が深く驚くのは、生存者の能力です。個人として、民族として、深淵《しんえん》から這い上がって立て直したことです。それは単なる立て直しではなく、超克することでした。ユダヤ民族にとっての最高の夢であるイスラエル建国が、ユダヤ人にとって最悪の悪夢の直後に実現したのです。今日、私たちが古《いにしえ》の出エジプトを祝うのと同じように、将来、ユダヤ民族の帰還を祝うようになる、もしかしたらそれよりも大いなる畏敬の念をもって祝うようになる、と私は思っています。

それだから隣人さん、私たちが毎年ホロコーストを追悼するのは、被害者意識に執着するためではなく、むしろその逆です。二度と犠牲者にならないというイスラエルの決意を改めて自覚するためなのです。それが、イスラエルの精神の核心にあるのです。

シオニズムの創設者たちは、ユダヤ人の窮状を反ユダヤ主義者のせいにしませんでした。むしろ彼らは、ユダヤ人自らを咎《とが》めたのです。草創期のシオニストたちは、感傷的《センチメンタル》な思いを脇に置いて、何世紀にもわたる流浪と不安感を通して培《つちか》われたユダヤ人の気質の欠点を問題視し、自分たちの民族を変えようとしたのです。ユダヤ人が経済の仲立ち人として嫌われているのか。だったら、ユダヤ人に大地を耕させたらいいではないか。ユダヤ人が身体的な脅威に晒《さら》されているのか。ならば、自らの身を守ることを教えたらいいではないか。問題は、異邦人が何を言っているかではなく、自分たちユダヤ人が何をするかだ、とベングリオンは戒めました。

最も人気のあったシオニスト詩人ハイム・ナフマン・ビアリクが、若い頃に有名になったのは、一九〇三年に綴った詩「殺戮《さつりく》の街にて」を通してでした。それは同年、帝国ロシアで起きた集団殺戮《ポグロム》に対する怒りの叫びを綴ったものです。ビアリクの怒りは、殺害者にではなく、犠牲者に向けられていました。受け身の姿勢を糾弾したのです。若いビアリクの嘲《あざけ》り以上に、痛烈な言葉を同胞に吐いた民族の詩人は他にいないでしょう。「乞食どもよ、墓場へ行け。お前たちの父祖の骨、また聖なる同胞の骨を掘り出して、袋を満たすがいい。そして袋を担ぎ、あらゆる見本市で陳列したらいい。……そして諸国民の同情を求め、異邦人の慈悲を懇願したらどうだ」

被害者意識に対するこの嫌悪感、これこそイスラエルの存在と絶え間ない繁栄の秘訣の一要因です。容赦のない、時には圧倒するような脅威の中でも、イスラエル人は日常の生活を装って過ごしています。先日ある朝、近所の電気路面電車《ライトレール》駅でテロリストによる刺傷事件がありました。一時間ほどして私は駅に行ってみました。警察や救急車、取り乱した人たちがいるだろうと思っていたのに、何もなかったのです。血の跡は舗道からきれいに拭き取られ、人々は次の電車が来るのを待っていました。

私は、自分のことを英雄などとは全く思っていない英雄たちの間で暮らしています。近所に住むアリーザは、建国の直前にクルディスタンからここに帰還した時は、幼い女の子でした。未亡人だった彼女の母親は、エルサレムで子供たちを育てる決意をしたのです。それで彼らはロバに乗って、イラク、シリア、レバノンを経由し、空腹でへとへとになりながら、数週間後に郷土《ホーム》エルサレムにたどり着きました。また私の友人シューラは十二歳の時、家族でエチオピアの村からシオンに向かって歩き出し、何週間もの間、彼女は幼い弟を背負って旅したそうです。それから私の友人アレックスも、ソヴィエト連邦では禁じられていたヘブライ語教室を組織したために、強制労働収容所《グラーグ》で過ごしました。

私はアメリカ出身のユダヤ人ですが、イスラエル人の中では最も恵まれていて、私の受けた傷は主に親から受け継いだ記憶によるものです。私がイスラエルに来たのは、歴史に打ち負かされることを拒んだ人たちと共に生きるためでした。

私にとって、イスラエル人の気質を最もよく示したのは、かなり前に知り合った若かりし頃のヘミで、私の娘の小学校の同級生の父親でした。ヘミは軍の訓練中の事故で脊髄を撃たれました。世話をしてくれた看護婦と結婚し、車椅子にありながら、抜きん出たスポーツ選手になりました。やがて一つの団体の創設に協力してイスラエルの障碍者を励まし、激しいスポーツ競技を取り入れることもしました。

過酷な生活に高い代償が伴わないことはありません。イスラエル人の気質は、気が短くて押しが強い。アメリカの上品なコネチカット州で育った私の妻サラは、イスラエルのことを、世界の心的外傷後ストレスの首都と呼んでいます。ここでは道路でも、列に並んでいても、割り込みます。私たちの政治の世界は容赦なく、相手のことをイスラエルの敵だと罵《ののし》ります。学校では校内暴力が増え、政界の腐敗も酷《ひど》くなるばかり。私たちは、幾層にも鬱積《うっせき》した未解消の心的外傷《トラウマ》を抱えて暮らしています。テロリズムとミサイル攻撃の絶え間ない脅威に晒されている国に、さらに数年毎に全面戦争を強いられるような国に、帰還者たちが次から次に入国して来ます。

耐久力がそれほどでない社会なら、間違いなくこの緊迫感の中で潰れているでしょう。でも自らの墓から蘇《よみがえ》り、その歴史においてかつてないほどの活力に溢れた民族だからこそ、何にでも取り組めるのです。

ホロコーストの記憶には暗い面があります。リヴリン大統領が警告し、私もよく理解していることです。それは恐怖心です。私たちユダヤ人が一九四〇年代の頃のように世界で孤立し、ユダヤ人の運命に関心を寄せるのは私たちを殺害しようとする者だけではないか、さらに永久に「他人」である殺害者から私たちは逃れられないのではないか、という恐怖心です。

私はもう何年も、ホロコーストの悪夢から自分自身を解放しようと努めてきました。ホロコーストの映画を見ることを止めたり、ホロコーストの回顧録を読むのを止めようとさえしました（サラは、私が誘惑を避けなければならない中毒者のようだと言っています）。私は繰り返し自分にこう言うのです。「ホロコーストはもう過去のことなのだ」と。

でも恐怖心はまたすぐに襲ってきます。そしてこの恐怖心を何よりも煽《あお》っているのが、イスラエルの存在と正統性に対する戦争です。

ホロコーストの道備えとなった二大要素があります。一つは、ユダヤ人の存在そのものを犯罪と見なすことです。ナチスはユダヤ人を略奪し、死体の髪の毛や金歯も剥《は》ぎ取りましたが、ユダヤ人に対する戦争の主要目的は物的利益ではなかったのです。ホロコーストの目標は、ホロコーストそのものでした。終戦間際でドイツの敗北が色濃くなった頃、ナチスは人や列車を戦線から引き戻し、死の収容所にユダヤ人を送る輸送速度を高めるために動員しました。ユダヤ人が生き残ることを恐れていたのです。ナチスはそのような徹底した目的意識の中で行動し、自らの利益に反しても、人類最大の脅威であるユダヤ人から人類を解放するという救世主的《メシアニック》な使命感に駆り立てられていました。もし存在することが犯罪ならば、唯一考えられる刑罰は死でした。

ホロコーストを可能にした第二の要素は、反ユダヤ主義の特異性で、ユダヤ人に対する単なる憎悪ではなく、ユダヤ人を象徴化してそれぞれの文明で最も嫌悪される人間像に仕立て上げることです。だから近代以前のキリスト教にとって、ユダヤ人はキリスト殺しでした。ソヴィエト連邦の共産主義にとって、ユダヤ人は資本家。ナチズムにとって、ユダヤ人は人種を汚染する存在だったのです。

この傾向《パターン》が、私たちの紛争にも見受けられます。もちろん、イスラエルの政策を批判することが反ユダヤ主義ではありません。真っ当なイスラエル人でそのように考える人は、私の知る限りいません(私たち自身が、誰よりも猛烈に自分たちを批判することがあります)。しかしイスラエルの存在権を否定し、ユダヤ国家を世界の犯罪者と見なして国際社会から孤立させようとする――それは従来の反ユダヤ主義のパターンに当てはまります。パレスチナの指導者たちが、イスラエルの建国を史上最悪の犯罪行為と称し、その誕生と共に始まった「七十年の占領」と呼んでいます。世界中の親パレスチナのデモ参加者が「パレスチナはヨルダン川から地中海まで自由となる」と唱え、ユダヤ国家の場所などないと明言しています。そうなれば、この紛争の核心はイスラエルの政策についてではなく、存在そのものということになります。イスラエルが非難されているのは、犯罪を犯しているという理由などではなく、存在そのものが犯罪だというのです。そこからの次の段階は明らかです。人権の時代では、国際社会は人種差別を最大の罪と見なしますから、ユダヤ国家は人種差別の象徴、人権侵害の一大犯罪国と見なされます。国連は、イスラエルに対する批判決議を繰り返し採択し、その数は他の国々の批判決議を合わせた総数を上回っていますが、それによってユダヤ国家という理念そのものが悪だという認識を強調しているのです。

隣人さん、その影響は、色々な意味で私たち双方にとって壊滅的です。イスラエルの存在に対するこの戦争は、かつての悪霊を新しい形で呼び覚ましました。ユダヤ人にとって最大の恐怖心が煽り立てられると、もはやあなたの苦しみは私たちにとって修復を要する悲劇ではなく、拒むべき脅威となるのです。イスラエル人を占領の影響に向き合わせるどころか、正反対のことが起きるのです。私たちは窮地に立たされると、柔軟性や悔悟《かいご》の念を抱いて対処することができなくなります。私たちは、生存態勢《サバイバル・モード》になるのです。イスラエルの正当性に対する戦争は、私たちを無神経にさせます。イスラエル批判があまりにも執拗になると、真摯に批判を受け入れる必要性などどうでもよくなるのです。数千年の歴史を持つ倫理規範に誇りを抱き、悔恨の念と自省心を大切にする民族にとって、これは精神的な危機です。

私が生存態勢になる十分な理由があります。国境を見渡すと、北にはヒズボラ、南にはハマス、ゴラン高原にはイラン出身のイスラム革命防衛隊員がいて、いずれも私の滅亡を虎視眈々《こしたんたん》と狙っています。イランの指導者たちは、数十年後にはイスラエルを消滅させると約束しています。イランのミサイルには、「イスラエルに死を」というスローガンがペンキで書かれています。イランの保護下にあるヒズボラの指導者ハサン・ナスラッラーは、皮肉たっぷりに、世界中のユダヤ人はイスラエルに移り住んだらいいと勧めました。一箇所に集まってくれたら全員を一息に抹殺するのに好都合だから、と言うのです。ユダヤ人がホロコーストから学んだ教訓がこれです。私たちの敵が、お前たちを滅ぼすつもりだと言ったなら、その言葉を信じるべきだということです。

そんなわけで、私の脳裏には分割画面《スプリット・スクリーン》が浮かんでいます。片側にはイスラエルとパレスチナ人の対峙する映像が映っていて、私が巨人ゴリアテで、あなたが少年ダビデです。反対側の画面には、イスラエル対アラブ・イスラム世界の映像が映っていて、私がダビデです。

恐らくそれぞれ違った形で、イスラエル人とパレスチナ人は、互いを解放しなければならないのでしょう。

二〇〇四年春、第二次インティファーダの末期、私はアラブ系イスラエル人（イスラエルのパレスチナ市民）とユダヤ系イスラエル人で混成されたグループの、アウシュヴィッツ共同巡礼に参加しました。これはアラブ側の発案によるものでした。ナザレのメルカイト司祭、教父《アブーナ》エミール・シュファーニと、イスラム教徒とキリスト教徒の指導者が参加するパレスチナ系イスラエル人コミュニティのグループが発案者です。この人たちは、イスラエルに住むアラブ人とユダヤ人がますます疎遠になるのを打開する道を求めていました。

私は懐疑的でした。イスラエル人としての私のトラウマの原因は中東であって、ヨーロッパではない。バス爆破であって、アウシュヴィッツではないという立場でした。でもパレスチナ人がユダヤ人のトラウマに自らの心を開いて心情的なリスクを負うつもりならば、それに応じるのが自分の義務だと私は思ったのです。

三百名ほどのアラブ人とユダヤ人が一緒に出発しました。これほど奇妙なアウシュヴィッツ巡礼がかつてあったでしょうか。目的地に向かうバスの中で、アラブ人女性がマイクを手にしました。「私がこの旅に参加したのは、私の内にある、私を歪《ゆが》めている怒りが怖いからです」。きっと私もそれが理由でこの場に来たのだろうと思いました。中東を救うのではなく、私自身を救うためでした。

緊迫した雰囲気は避けられませんでした。パレスチナ人はホロコーストが自分たちの悲劇を圧倒するのではないかと心配していましたし、ユダヤ人は破局《ナクバ》とアウシュヴィッツを比べられて、自らの最も深いトラウマにパレスチナ人を受け入れてしまうのではないかと心配していました。あるアラブ人女性の参加者が、友人に「アウシュヴィッツに行ったら、犠牲者としての特権を失うことになるわよ」と警告されたことを打ち明けてくれました。ユダヤ人の参加者も、自分の友人に「アラブ人とアウシュヴィッツに行ったら、自分の歴史を手放すことになるぞ」と警告されたことを明かしてくれました。

でも、皆で一緒に火葬場の前に立った時、私たちは互いに抱き合って泣いたのです。アラブ人青年育成運動の指導者アリが、私の腕を取って「ここに来たら、過去と向き合うのは楽になるの、それとももっと大変になるの?」と優しく尋ねてくれました。高齢のホロコースト生存者と若いアラブ人男性が手に手をとって歩いていました。私たちは砕《かい》けへの巡礼者であり、その巡礼は希望の彼方にある人類共通の希望を見出だすためでした。

これがまさに、教父《アブーナ》シュファーニの夢《ビジョン》でした。私たちの旅路の不合理さそのものが、互いの真っ当な懐疑心を一端脇に置くことによって、神の働く空間を作り出すのです。実際、奇跡はそのようにして起こり得るものです。私たちは、イスラム教徒もユダヤ人も、皆彼のことを「アブーナ」（お父さん）と呼びました。この旅の間中、彼は私たちの霊的な父でした。双方に心を開いたキリスト教徒が、イスラム教徒とユダヤ人の心をアウシュヴィッツで一つにしたのです。

私たちは、リスクを冒したお陰で、互いの思いを分かち合うことができました。ユダヤ人は、アウシュヴィッツはユダヤ人だけの傷痕ではなく、普遍的なものであることを自覚しました。アラブ人の参加者《パートナー》たちは、彼らの内にユダヤ人の怒りを発見しました。世界は何をしていたんだ、と彼らは訴えていました。

私たちは互いにヘブライ語で話しました。どんなにきまりが悪くても、結局私たちは同胞イスラエル人なのです。アラブ人の年輩の女性が、グループのユダヤ人に向かってこう言いました。「初めてユダヤ人に会った時から、私はユダヤ人が好きでした。でも、あなたたちは、私があなたたちを好きになるのを望んでいない感じがするんです」。痛烈で、目からウロコの落ちる瞬間でした。ユダヤ人の孤立が、外からはそんなふうに見えていたのか、と。

アブーナがそれとなく考えていたことの一つは、パレスチナ社会やイスラム世界全体に広く浸透している「ホロコースト否定」に疑問を呈することでした。ホロコースト否定論は、逆説的にホロコーストの唯一性、文字通りには信じられないことを遠回しに肯定しているのだと私は見ています。西洋では、ホロコースト否定論は常軌を逸した人にしか通用しない代物です。でもイスラム世界では、エジプトからイランに至るまで、否定論のメッセージが国営テレビで発信されています。イスラム世界の各所に見られるホロコーストへの態度は、ちょっと皮肉交じりですが、次のように要約することができます。「ホロコーストは起きなかった。起きて嬉しかった。オレたちもまたそれをするつもりだ」

この害毒がどれだけ深く浸透していたのかは、私たちの巡礼でもはっきりしました。毎夜開かれた復習の会で、アラブ人の参加者が次のように語りました。「今までずっと、ユダヤ人はホロコーストのことを大げさに言っていると思っていたんです。それは悲劇だろうけれど、戦争で無辜《むこ》の人々が死ぬのは付きものだと思っていました。でも今は……」

アウシュヴィッツ巡礼に参加したパレスチナ人たちが、私たちに言っていました。「私たちは、ユダヤ人の存在と戦っているわけではないのです。今後も、あなたたちを歴史から抹消しようとする人たちには、間接的にも与《くみ》するつもりはありません。あなたたちの物語を聞いて、隣人として共に暮らすつもりなんです。ただ、私たちにも目を向けてほしいのです。私たちの物語と痛みを聞いてほしいのです。愚かで無駄な歴史比較に訴えたりなどしないで、互いに負っている痛みを互いに知ってほしいのです」

アブーナは、痛み苦しむ人間の顔を私たちが互いに見られるよう手助けしてくれました。互いを解放する手がかりを私たちに与えようとしたのです。

詰まるところ、アラブ人とユダヤ人がアウシュヴィッツに行ったからといって、何になるのでしょう。そんなこと、参加者以外に誰が記憶に留めるというのでしょうか。

アブーナは私に、どんな霊的な取り組みも、純粋な思いで発案されたものであれば予想外の結果を招き得る、と信じることを教えてくれました。イスラム教徒とユダヤ教徒が、インティファーダの真最中に、一緒にこれを成し遂げたのです。この画期的な親善の表明、政治的な常識への挑戦が、今やこの地のアラブ人とユダヤ人の物語になっています。そして今、あなたにこの手紙を書くことを通して、その可能性の記憶を伝えているのです。

手紙10　砂漠の端の仮庵《かりいお》

親愛なる隣人へ

今は仮庵《スコット》の祭り、ユダヤ人が仮庵を自宅に建て増して過ごす時です。この祭りは、イスラエルの民がこの地を目指して荒野を旅した記憶を呼び起こし、仮庵は旅路の間過ごした住まいを想起させます。丸一週間、仮庵を仮の住まいにしてそこで食事をし、友人を招き、神の教え《トーラー》を学び、時には寝ることもあります。

我が家では、あなたの丘に面したベランダに仮庵を建てます。もしかしたら、あなたの家から、脆《もろ》い作りの小屋が見えるかも知れません。細長い薄板の上に敷いたヤシの枝の屋根を円柱で支え、模様付きの布を壁代わりにしています。

私たちの仮庵は、あなたの丘に面する側を開けっぱなしにしています。だから、この一週間はあなたの丘がとても身近に感じるのです。午前中は、パレスチナ人の子供たちが校庭で遊んでいる声が聞こえます。壁の向こうには、封鎖を拒むように建てられた新築のアパートもはっきりと見えますが、ほとんどが空き家のままです。祈りの呼びかけは、まるで仮庵の中から聞こえてくるようです。あなたの丘の真後ろに見える砂漠は、私たちが共有している裏庭のようです。

仮庵は、脆さ、無常観を連想させます。でもこの祭りの間、住み心地のいい自宅を離れるのは、恵み深いこの世界の自然への信頼を表し、神の加護に依り頼むことでもあります。だからユダヤ教では、仮庵は贖《あがな》われた世界を象徴し、人間が平和裡に共存することを学んだ世界をイメージしています。「貴神《あなた》の平和の仮庵を広げてください」と私たちは祈ります。

どの家族も独自のスタイルで仮庵を飾り付け、各々が捉えているユダヤ人のアイデンティティと理想が反映されています。ユダヤ教超正統派の仮庵には、著名なラビの写真や絵を貼ることが多いです。そうでない人たちは、収穫物を象徴するものを仮庵に飾ります。

我が家の仮庵は、人類が一つであることをテーマにしています。古《いにしえ》の神殿では、仮庵の祭りの際に祭司が諸民族の安寧のために燔祭《はんさい》を捧げていました。それにちなんで、サラと私は、世界各地の宗教的な伝統に関するものを我が家の仮屋に取り入れています。天井の木製の梁《はり》からは、私たちの娘モリヤがヒマラヤから持ち帰った、チベットの祈祷旗《タルチョー》が弧を描くように垂れ下がっていて、その隣にはヘブライ語で人類の安寧の祈りが書かれたチベットの旗が掛かっています。ユダヤ教で霊的な目覚めを呼び起こす雄羊《ショファール》の角笛の横には、ヒンズー教で創造の根源的エネルギーの象徴である象に飾りを付け、一緒の糸で吊り下げられています。私の書斎に面した仮庵の壁に掛けてあるのは陶製《セラミック》の飾り額で、クルアーンの最も愛される一節が記されています。「その永遠の御力は天と地を支え、倦《う》み疲れることなし」(二・二五六)。どれも同じメッセージを強調していて、世界自身の調和と創造主との調和を表しています。

それでもこの仮庵に座っていると、私は神の加護の中にあるというより、自らの無防備さを感じるのです。ベランダからは三つの独立した統治区域が見えます。イスラエル国の主権領土は分離壁までで、その向こうはパレスチナ自治政府、そのもっと向こうにはヨルダンの山岳が広がっています。

私の視界を超えた向こうには、廃墟となった中東があります。シリアは墓場となり、イラクは自らを食い尽くし、トルコの狂った独裁者は自国の優秀な人材を抹殺し、イエメンは飢えに苦しんでいる。……隣人さん、私たち二つの民族が、どんな未来をここで築けるというのでしょう。

光り輝く、そよ風が気持ちのいい十月の朝です。雲が姿を現し、雨の降らない六カ月が終わった後のホッとする一時です。私は、仮庵の床にクッションを置いて座り、妻サラの植木に囲まれています。タイムの葉、ヒソプ、ザクロやオリーブの苗木。片手にはナツメヤシの枝、柳、ギンバイカの枝を持ち、もう片方の手には甘くて鼻にツンとくる香りを仮庵いっぱいに放つシトロンがあります。聖書は、これら「四種の植物」をこの収穫期に集めるようユダヤ人に命じています。私たちは祈りの中でこれらを四つの方向に振り、次に天と地に向けて振って、この地とそこに住む住民を祝福します。

ユダヤ賢者たちは、この四種の植物にそれぞれ象徴的な解釈を与えています。例えばシトロンは心臓で、ナツメヤシは背骨を表しているとか。詩的な解釈かもしれませんが、何となく的外れのように感じます。今この瞬間の私にとって大事なのは、これらがこの地の果実であって、ユダヤ人が数千年にわたってその祝福を伝達しようとしてきたことです。この儀式は恐らく、聖書時代以前に遡《さかのぼ》る原始宗教《シャーマニズム》の伝統の名残でしょう。私は、この儀式が自分を古代人に、過去の同時代人に変貌させてくれるのを大事に思うのです。毎週金曜日の夜を迎えるのと同じ体験で、俗世の時間から安息日に身を移し、コンピュータや携帯電話の電源を切り、車に乗るのを中断して、しばらくの間、近代以前に戻るのです。

祈祷衣《タリート》で頭を覆い、ナツメヤシの葉をゆっくりと前にかざしつつ、中東全域を祈りで包み込むように時計回りに回転します。近隣の壊滅状態にある人々のことを祈りますが、それ以上にあなたの民と私の民のために祈りを捧げるのです。「アナ・アドナイ・ホシア・ナー——どうぞ神よ、私たちを救ってください」

隣人さん、世界が炎上しています。地球上のこの痛ましい一角だけではない。至る所で絶望感が増しています。私たちの世代はとんでもない知識を持っています。人類が自らを破滅させることができるのを、私たちは知っています。核戦争か、環境破壊か。私たちは、今の時代がこれまでのどの時代とも恐ろしいほどに違うことを、ほんの少しずつしか理解していないようです。私たちがこの脅威の本質を本当に自覚したら、通常の生活など送ってはいられないでしょう。それはまるで、自らが死ぬべき存在であることをいつも思い悩まなくて済むよう、物事にフィルターにかけて気を逸《そ》らしているかのようです。

それでもこの時代だからこそ、人類が自らを超克するのを思い描くことができます。科学や技術の発展で、飢餓や病気に終止符を打つことも考えられます。世界中でほとんどの場所と一瞬にして通信することができ、まるでテレパシーのようです。自然災害がどこかの国で起きると、他の国々が直ちに反応する。全く新しい現実です。

イスラエルの民がこの地に入った時、ヨシュアはイスラエルの十二部族を二つのグループに分けました。六つの部族がゲリジム山という「祝福の山」に登り、他の六つがエバル山という「呪いの山」に登りました。谷間では、祭司たちがモーセ五書《トーラー》の倫理的な戒律を声高らかに語り告げました。祭司たちはゲリジム山の部族に向かい、「この律法の言葉を守り行なうことが祝福をもたらす」と宣言しました。人々は「アーメン」と応えました。エバル山にいる部族に向かって、祭司たちは宣言しました。「この律法の言葉を守り行なわないことが呪いをもたらす」。そして、もう一度人々は「アーメン」と言いました。

この儀式は、これから聖別されるべき民が、聖となるべき地に入る瞬間を心に刻むためでした。そのメッセージは、「祝福を選ぶのだ、生命《いのち》を選ぶのだ」というものでした。

隣人さん、私は、今や全人類がこの二つの山に立っているように感じるのです。

私たちの脱近代的《ポストモダン》な時代の絶望感を思うと、私は、古《いにしえ》の物語を担う一人としての責任を感じます。ユダヤ人は四千年以上にわたって確固としたアイデンティティと一貫した記憶を守ってきましたが、それは人類にどんな意味があるのでしょうか。歴史の究極的な生存者である私の民族は、今どんな叡智を提供するべきなのでしょう。

聖書時代から、ユダヤ人は、自分たちが人類の祝福の存在となることを信じてきました。この自己認識は、あなたとの関係において、何を私たち自身に求めているのでしょうか。あらゆる困難を度外視し、互いをもう一度平和に近づけるために、私は何に取りかかるべきでしょうか。これこそ、エルサレムに住むユダヤ人として、仮庵が私に突きつける課題です。

仮庵を建てて暮らすという行為そのものが、絶望に対する果敢な抵抗を表しています。この開けっ放しの脆い仮屋は、私の建物の地下にある堅固なコンクリート室とは正反対です。あれは、イスラエルのどの家庭にも法律上義務づけられているもので、ミサイル攻撃に備えるためです。私たちはその脅威を常に現実のこととして生きています。でも仮庵は私たちの霊的な防空壕であり、恐れのない世界を約束しているのです。

隣人さん、この一連の手紙を通して、ユダヤ人でありイスラエル人であることがなぜ私にとってそれほど重要なのか、またなぜその一員としての責任意識からこれほどの活力を汲み取ることができるのかを伝えようとしてきました。

それでも、私は自分に言い聞かせるのです。霊魂はいずれ、私たちの人格や業績と共に、私たちの死ぬべきアイデンティティをも後に残していくのだ、と。この地球で生きる限り、私たちはアイデンティティや忠誠心に対して敬意を払います。しかし、宗教者であることは、私たちが大切にしているあらゆるアイデンティティとは関係のない、私たちの存在の核心である霊魂とも何らかの関係を保持することが求められています。隣人さん、私たちの霊魂を引き寄せて、互いの傷跡や恐怖心を超克することはできないでしょうか。幾世紀もの間、無数の霊魂の愛と献身と期待によって聖別されてきたこの地で、私たちは宗教者としてどんな責任を負っているのでしょう。歴史上最も危険な時代に、私たちは、人類にとって最も解決が難しい紛争の一つを委託された「管理人」として、どんな責任を担うべきでしょうか。

ちょうど午前四時を過ぎたところです。またもや眠れない夜となりました。私の悪夢は、目を覚ましたまま横になっているとき、私を襲います。

そしてまた突然、ムエジンが旧知の友のように、私たちの丘の間の空間を夜明け前の祈りで満たしています。その呼び声は、不安の絶えない夜の間ずっと寄り添ってくれる贈り物のようで、私は感謝を申し上げたいのです。

それでは親愛なる隣人さん、この一連の手紙を終えるにあたり、私が最初に書いたように、私たちがいつか出会えることを祈りつつ、締めくくります。しばらくの間、こうやって精神的な時間を共に過ごしましたが、いつの日か、我が家の仮庵《スカー》にお迎えできることを願っています。ベエズラット・ハシェム――神のご加護によって、インシャラー――神の御心のままに。

エピローグ――パレスチナ隣人からの返信〔初版に対する反響〕

読者の皆様へ

以下は、パレスチナ人や中東の人々から本書に寄せられた数多くの書面による返信から選んだものです。それらの手紙はそれぞれが深い憤り、善意と熱情、そして尊敬に値する反対意見を表明しています。ガザのある若い女性が、私のフェイスブックのページに「あなたの本から希望を得ることを願って読んでいます」と投稿してくれました。

当然ながら、予想どおり憎しみのメッセージも頂きました。「ユダヤ人はこの土地に歴史を持っていない」、「ムハンマドの軍がオマエたちを虐殺するために戻ってくるぞ」、そのような無作法なメッセージは多かれ少なかれ同じ内容です。それよりはるかに興味深いのは、パレスチナ人から受け取った長いメールです。これらの手紙の主は明らかに主体的な人々で、一人のイスラエル人だけでなく、どれだけ批判的になっても、シオニストの物語と関わり合いたいと思っています。そのような姿勢がパレスチナ人の間でどれほど広く行き渡っているのか私にはか分かりませんので、包括的な結論を出すのは用心したいところです。私にとって、これらの手紙の重要性は次の一点に尽きます。私が取りかかったのは、相対立する物語について敬意ある議論の模範を示せるパートナーを見つけるためでした。そのパートナーが存在するのです。

これらの手紙を読むのは、イスラエル人である私にとって容易ではありません。しかし、それぞれの返信を通して、私たちの状況の複雑さについての新たな洞察を得ることができました。

私はこの紛争の深刻な苦境を思い、どんな返答でも、憎しみに満ちたものでない限り、わずかでも対話の糸口となるものには応じることにしました。妻のサラは、本書のことを「瓶に詰めて壁の反対側に放り投げた手紙」と呼んでいます。私は当初、不特定のパレスチナ人を対象に手紙を書きましたが、本書を通して、私たちが互いに不特定の存在でなくなることを願っていました。そのプロセスが始まり、今では私の隣人である何人かの名前や顔や物語を、私は知るようになりました。

パレスチナ人で返事を書いてくれた人の中には、匿名にしてほしいという人もいました。イスラエル人と関わることによって――それが批判的な関わりだとしても――彼らの社会における立場を危うくしかねないことを懸念したのです。これもまたこの物語の一部分です。

手紙に加えて、エルサレムや西岸地区の若いパレスチナ人の三つのグループが、本書を読んで論議するための研究会を結成しました。私は友人たちと共に、その取り組みの強化に努めています。

以下の手紙は、主にパレスチナ人によって書かれたものですが、それ以外の地域からの手紙もいくつか含めました。私はそれぞれの手紙に返事を書き、中にはやり取りがまだ続いているものもあります。そのやり取りでは、私は本書の基礎となっている物語を論じ、以下の手紙に表現されているパレスチナ人の物語の様々な面について激しい議論を交わしています。しかし、ここには私の返信を掲載していません。むしろ、本書を彼らの言葉で締めくくることによって、手紙を書いてくれた人たちの寛大な精神を尊重するべきだと思ったからです。

それで本書は次なる段階、つまり二つの物語の記録《ドキュメント》に発展しています。私が願っているのは、本書が、パレスチナ人とイスラエル人に新しい言語を提供し、互いに相対立し相容れないであろう物語をうまく舵取りすることです。それは、相手の欠点を摘発するゼロ・サム的な論争ではなく、話し合いと耳を傾けることを通してなされるのです。相手を納得させるのではなく、相手がどのように紛争を理解し体験しているのかを、それぞれの側が理解できるようにするのです。

私たちの深い意見の食い違いについて、互いを尊重した対話の模範を示したいという本書の招きに反応してくれたパレスチナ人たちに深く感謝しています。困難ではあるけれども必要なこの実験を、共に続けていくことを楽しみにしています。

Y・K・H

返信Ⅰ

親愛なる未来の隣人へ

あなたのことを「未来の隣人」と呼ばせてください。なぜなら、私たちはまだ隣人ではないからです。隣人は平等に暮らします。隣人は権利と義務を共有します。隣人は、喜びの時間を共有し、苦しい時は互いのことを気にかけます。

イスラエルが私と私の民族を占領し続ける限り、私たちは隣人にはなれません。でも私はあなたの隣人になりたいし、いつの日かそうなれると願っています。だから未来の隣人さん、私はあなたにこの手紙を書いています。

私自身についてお伝えしましょう。私はイスラム教徒のアラブ人で、難民キャンプで育ったパレスチナ人です。でも私の家族は、労《いたわ》ることや思いやりにおいては豊かです。私はパレスチナの美しい土地で育ちました。自分のアイデンティティと歴史と文化を愛しつつ育ったのです。私の祖父が話してくれた、祖父の家の輝かしいオリーブの木の物語が今も聞こえてくるようです。祖父は、一九四八年にそこから逃れなければなりませんでした。祖父は、私の土地への愛の種を私の心に植えてくれました。それが私の心の中で逞《たくま》しい木に成長しています。

私の祖父が難民になったのは結婚したばかりの時でした。彼は私の祖母である妊娠中の妻を連れてその地を立ち去り、祖母はベツレヘム郊外の洞窟の中で最初の子供を産みました。そう、イエスのようにです。祖父が後にした家のこと、育った村のこと、立ち去り際の最後に閉めた家の鍵のことを、祖父は私の心にいつも刻んでくれました。

成長するにつれて、私はよく自問するようになりました。祖父は、私にあの鍵をどうしてほしいのだろう。そのために戦ってほしいのだろうか。祖父は、国連総会が決議一九四（訳注・パレスチナ難民の帰還権に関する決議）を承認したことに関する道義的な主張を支持していました。私は、この主張のために死ななければならないのだろうか。自分の道義的な責任とは何だろう。私の物語を尊重するために、私はどんな行動を取るべきなんだろう。

一方で、私は祖父の物語を拒むことはできません。それは私の遺産です。家族から学んだ価値観、難民としての私たちの経験を踏まえて私は自分の人生を考えます。でも他方で、私にはより良い未来を築くことへの道義的な責任もあるのです。私は「帰還権」をどうしたらいいのでしょう。私は、私の家族の主張だけがこの紛争の唯一正当な物語だと言うこともできます。要求権があるのは私だけで、他のどの主張とも私は戦い、私の独占的な正義の主張のためには殺すことも殺されることも覚悟しなければならない、と。

私は十分若いので、夢を描くことも平和をもたらすことも恐れを克服することもできると信じています。でも私は、占領下の難民キャンプで暮らす酷《ひど》い経験を十分に積んできた年齢に達しています。

私の祖父にとって、現在のイスラエル領土内に戻る権利こそが、パレスチナ難民問題に対する唯一の解決策でした。私にとって問題はもっと複雑です。私は祖父の物語を尊重しなければなりませんが、なお私の未来にも責任があるのです。私は祖父の過去を、つまり私の過去を、未来から切り離さなければなりません。「権利」を「帰還」から切り離すのです。

私は、イスラエル人を含む全世界が、祖父の物語とパレスチナの歴史的な土地すべてに対する祖父の正当な主張を尊重してくれるのを願っています。同時に、私たちパレスチナ人は帰還について妥協し、二国分のスペースを作り出す必要があります。私たちが隣人になるためにです。

選択肢は二つしかありません。過去に留まり、自分の主張のために戦って死ぬのか、それとも希望ある未来のために生きて、あなたの隣に私の国を築くのか。

あなたが私の物語を聞いてくれるのを期待するように、私もあなたの物語を聞こうとする心構えが必要です。パレスチナ人の物語は大切ですが、ユダヤ人の物語も同様です。あなたが本に書いているように、あなたもこの地のすべてがあなたの民族のものだと信じています。同じ土地に対する私たちの相対立する主張がある以上、妥協以外の選択肢はありません。

私は長い間、ユダヤ人が正真正銘の民族であるということを受け入れるのを拒んできました。私はこう自問していました。「四千年が過ぎ、ユダヤ人は肌の色も様々、出身も様々、言語も様々なのに、どうして民族意識という考えを今なお主張できるのか。私にはさっぱり分からない」。占領下での私の経験と、検問所や入植地、毎日の恐怖心もあって、あなたの民族やあなたの物語をじっくりと考えることができませんでした。

成長するにつれて私は、パレスチナのメディアや教育システム、さらには難民キャンプの壁の落書きなどにより、ユダヤ人の民族意識の考えは私の物語と根本的に矛盾することを常に知らされてきました。あなたの物語のどんな部分でもそれを受け入れることは、妥協ではなく、私の物語を否定し破壊することでした。

でもこの数年、私は、祖父が私に残してくれた鍵を、この紛争の平和的な終結を開錠《かいじょう》するために使うことにしました。非難するのを止めて、あなたの物語を心から理解しようとすることにしました。イスラエル人と出会い、ユダヤ人の友人たちと有意義な関係を築きました。ユダヤ教の祭日や安息日の夕食に参加することを通して、ユダヤ人の民族意識はユダヤ人の伝統や文化、集団の記憶、アイデンティティの土台であることが私にははっきりしたのです。民族として自らを定義するというユダヤ人の権利を否定することは、政治的な策略ではなく、ユダヤ人のアイデンティティの核心に対する攻撃です。あなたの手紙は真摯で正直です。読者に心を開き、未来のあなたのパレスチナ隣人からの反応を促《うなが》してくださったことに、お礼を申し上げます。私は、あなたに手紙を書くなんて思ってもいませんでしたが、あなたの友情と私の物語に対するあなたの真摯な関心に触れて、私は自分の恐れを克服し、もっと率直に私自身の考えを分かち合おうと思いました。

パレスチナ人がユダヤ人の民族意識を受け入れることは、政治的プロセスを通して要求されるものでも実現されるものでもありません。むしろそれは、友情や人間同士の繋がりを通して最善に得られるのです。

イスラエルの首相が、私たちパレスチナ人の民族アイデンティティを相互承認せずにユダヤ国家の承認を要求する度に、私たちの間の溝を深めています。あなたのような真摯な声だけが、ユダヤ人が民族であることをパレスチナ人に認識させてくれます。私たちには互いに正当な主張があります。ユダヤ人にとって、西岸地区とガザはイスラエルの国の一部であるのを私は理解しています。他方、私の民族にとっては、一九四八年以前のパレスチナには私たちの文化、歴史、そして物語が刻まれています。

一つの物語だけを選ぶアプローチは、ただ一つの物語、ただ一つの真実にしか余地を与えず、実に危険です。あなたが書いているように、これは正義と正義の紛争です。パレスチナ人を含む全世界が、ユダヤ人の宗教的、政治的、そして民族的なアイデンティティとイスラエルの地への要求権を認めるべきです。しかし、ユダヤ人も、イスラエルの国とイスラエルの地を区別しなければなりません。双方が、厄介でも真摯な対話のための場を開かなければなりません。

私たちがその対話をする手助けとなる本を書いてくださったことに感謝しています。

署名

あなたの未来の隣人より

差出人はパレスチナ経済の発展のために努力し、活発に行動している。匿名希望。

返信Ⅱ

ヨッシーさんへ

あなたの本と心のこもった手書きのメモをありがとう。本を三度読みました。まずはパレスチナ人として、次にできるだけ共感することを心がけて。そして駆け出しの書評家として読み終えた今、その読後感も二つの思いに満ちています。

多くのことに深く同意しました。もちろん、イスラエル人は自分たちの物語を語るべきです。同じように、私もイスラエル人から「君はレバノン人であって、『フェイクスティニアン』（訳注・「パレスチナ人《パレスティニアン》」との語呂合わせ。「偽り《フェイク》の存在」の意）ではないんだろ」と言われたら、「オレが誰なのかは、オレ自身に語らせてくれないか。その上で、なんでそうなのか尋ねたらいいだろう」と言っています。イスラエルは他の国と同じように正当です（でも現体制では他の国への残虐行為やアパルトヘイトをしているし、正当性に混乱がある。南アフリカのアパルトヘイトは正当だったのか？　チベットが中国の一部なのは正当なのか？和平が実現して国境を定義し直すまでは、今のところ一九六七年の国境が正当であり、それから最も肝心なのは西エルサレムだけが正当だということ）。お互いの物語を共有し、それ以上にもっと大事なことは、お互いの物語に共感して聞くことが、ものすごく必要なことです。私はそのことを絶対支持します。それと同時に、イスラエルに対抗して、できるだけ孤立させることも断然支持します。何よりも、何よりも、何よりも——苦しみを終わらせたいんです。でも私の見方では、現在のアパルトヘイト体制のイスラエルでは決して撤退しないだろうし、痛めつけるのを止めないでしょう。

あなたの本に描写されていたユダヤ教の祭日の意味や感情について思い巡らしたり、その悲しみや誇りや決意を味わってみたりしました。あなたの損害を悲しんだり、またあなたの誠意が素晴らしいとも思いました。あなたの身の上話や使っている文体、またあなたの社会のあまりよくない面もちょっとは触れてくれていて、良かったです。アウシュヴィッツの旅の描写に心が痛んだし、色々な苦しみを経験した二つの民族が抱く人間同士の深い繋がりを感じました。心は、解放されさえすれば、知性よりも計り知れないほどパワフルです。

でも、あなたが書いているいくつかに関して強い意見の相違を感じたことも事実です。マフムード・アッバスの意図的な見過ごしや誤解や歪曲にイスラエル人が激怒したとあなたが言うように、私も度々激怒しました。一九六七年の戦争についてのあなたの見解は、見過ごしとか誤解ではなくて、（悪いけれど）

全くの不誠実だと自分は思っています。あなたのような人が、六七年の戦争の真実を知らないなんて、自分には信じられない。前回の手紙で、イスラエルの将軍や政治家を十分に引用したので、今回はあまり引用しません。以下はその例です。

モルデハイ・ベントヴ「絶滅の危険に関する話のすべては、どの細部もでっち上げで、事後論として、新しいアラブ地域の併合を正当化するために誇張された」

マティ・ペレッド将軍「国境沿いに集結していたエジプト軍が、イスラエルの存在を何らかの形で脅かすことができたなどと主張するのは、この類《たぐ》いの状況を分析できるすべての人の知性に対する侮辱だけではない。何よりもイスラエル軍に対する侮辱だ」

モルデハイ・ホッド将軍「十六年間、私たちは、あの最初の八十分の間に起きたことをずっと計画していたのです。その計画と共に過ごし、寝食を共にしたのです。絶えずそれを改善していました」

身元が判明できないほど酷い目にあったのはイスラエルの子供たちだけですか。和平案は今まで片方からしか提案されなかったのですか。指導者たちが、自分たちの国の半分を他人に譲渡（または委任）するのに同意するなんて、万が一にもできますか。それを拒否したからといって、その指導者たちを咎《とが》められますか。片側だけしか和平を望んでいなかったって本当ですか。イスラエルが近隣諸国との戦争を望んでいなかったし、今も望んでいないって本当ですか。パレスチナ人がそこまで正気を失っているなんてあり得ますか。その他諸々。どうしたらあなたはそんな歴史の捉え方ができるんですか。それともあなたはアッバス大統領よりも不誠実なんですか。私が間違っていたら正してください（繰り返しますが、私はそのことを願っているんです）。でも、自分の論理的な頭がこう言うんです。これはちょっとしたプロパガンダどころじゃない（上手に偽装したんでしょう）、デリケートに愛情を込めて、巧みに次のメッセージを織り込んでいる。「全部あいつらのせいだ。だからオレたちから残虐行為を受けてもしょうがない」と。ヨッシーさん、自分の本にプロパガンダを混入したくなる衝動は抑え難かったと思いますが、それともあれは全部意図的だったんですか。あなたの本には、間違いなく多くの称賛が寄せられているだろうし（それに値するだろうし）、それに私は物書きでも歴史家でもありません。ただ、次の点は必ずしも明らかではないので書いておきます。

ユダヤ人がイスラエルについてどう感じるべきか、そんなことをユダヤ人に言ってやろうなんて厚かましく思ったことは、自分は一度もありません。でも、私は少なからぬ人たちに尋ねたんです。ユダヤ人の友達で、イスラエルをボイコットする運動に自分と一緒に活動している彼らは例外的で、たぶん危険分子（あるいは裏切り者？）と見られているらしいことを知りました。でも、彼らの数は増え続けているし、自分たちもユダヤ人として数えられたい、聞いてほしいって主張していますよ。あなたが説明したように、彼らは自分たちのユダヤ性をグローバルな家族に属したものとして体験していて、まず自分たちはイギリス人かオーストラリア人で、その次にユダヤ人、そしてイスラエル人とは全く思っていません。彼らに「イスラエルは『ユダヤ人の郷土《ホーム》』だという考えに同意するか」ってきいたんです。彼らのほとんどが、「イスラエルは一部のユダヤ人の郷土ではあるけれど、自分たちはそこに移り住むつもりはない」って言いました。彼らの多くが一度も訪れたことがないそうです。もちろん、あなたが世論調査を持ち出して、大多数が（でも恐らく減少気味でしょう）、イスラエルを自分たちの精神的な郷土だと見なしているのを示せるとは思うけれど、そう考えていない少数派は無視できないほどいることを、あなたも賛成してくれると思います。ユダヤ人の本当の郷土についての自分の理解は、それが地球だということです。すべての民族がまず第一に地球を自分たちの郷土と考えて、全民族が同じ部族に属していると早く見なすようになればなるほど、私たちは何らかの平和と理解を早く成し遂げられるでしょう。そんな見方はあまりにも非現実《ユートピア》的で、全く実現不可能でしょうか。まあそうかもしれませんが、私はいつも大きく夢見るように言われてきたので、自分の娘を半分だけパレスチナ人に育てたりしないで、地球部族の一員として娘を育てているんです。私たちが地球を破壊する前にこれを実現できるかどうかの瀬戸際に来ているのでしょう。

　ヨッシーさん、もちろん二国家案を私は信じていますよ。確かに、パレスチナ人はイスラエルに戻るべきではないということには賛成するけれど、補償や平和維持軍、東エルサレムを首都にすること、合意に基づく土地交換、それから寺院《モスク》への立ち入りは認めるべきです。しかし、何よりも大事なのは、それが今すぐ実現されなければならないことです。ロードマップも時間枠もいらない、今すぐ実現する。今すぐですよ。今すぐの実現を遅らせるものは何であれ、私の民族への残虐行為を助長するだけです。まずは入植地の建設を止めさせ、あなたの民族が住んでいないすべての地域から撤退して、私たちの地域を平和維持軍に委ねれば、土地交換の交渉に取りかかれるんです。でも占領軍の即時撤退を含まない案は、何であれそれを推し進めることに時間をかけるつもりは自分にはありません。私が支持するのはその一点で、それ以外はイスラエルの演出するメディアゲームで、イスラエルの思いのままに取っていくのでしょう。でも、次の条件付き二国家解決案には同意します。土地交換をして、イスラエルが大部分——大部分であって全部ではない——の占有者を今住んでいる場所に留めておくならばです。

　イスラエルがパレスチナにガザのような地域をいくつか作り、それを和平と呼びたいってことはお互い知っています。それはあなたにとっても私にとっても、うまくいくはずがないです。一国家解決案を渋々支持している人たちは、パレスチナがもう手のつけられない状態になっていると思っているんです。それは、イスラエルの入植者の侵入とイスラエルの超ナショナリズムと人種差別が原因で、多分私たちパレスチナの夢想家《ユートピアン》の兄弟姉妹たちのせいでもあるでしょう。なぜあなたは、ボイコットする人たちが二国家解決案の実現を求めていないと思うんですか。

私の経験では、二国家解決案を信じていないのはユダヤ人です。「テルアビブやハイファのために、イスラエルと戦うべきだ」なんて言うパレスチナ人に、私は会ったことはありません。なんて馬鹿げた主張でしょう。あるものが不当であるということと、自分自身が自由になる可能性を否定して、希望のない痛みと死を永久に自分の子供たちにもたらすのは別のことです。パレスチナが正当だと思っているイスラエル人ってどれほどいるんですか。ヨッシーさん、この点に関して私と偽善者度検査をしてください。正当性に関して（他のほとんどのことと同様に?）、あなたが私たちを非難していることのどれも、イスラエルがその主な犯人なんじゃないんですか。どれだけのイスラエル人が、公平な二国家解決案を信じているんですか。どれだけのイスラエル人が、パレスチナの正当性を信じているんですか。どれだけのイスラエル人が、パレスチナという言葉さえも口にするんですか。実際、どれだけのイスラエル人が、私たちが劣っていて自由に値しないとさえ思っているんですか。イスラエルは、平和を作り出そうと求める民族としての一番基本的な出発点を欠いているじゃないですか。もしあなたと二人で、どうにかして公平な解決案を練り上げて互いの民族に提示することができたなら、パレスチナ人の圧倒的多数がイエスと言うだろうけれど、イスラエル人の多数が断固ノーと言う、と私は固く信じています。パレスチナの正当性をイスラエルが強く否定しているんですから、正当性について語るのを止めてください。イスラエルが和平を結ぼうとしていると世界は信じてはならない、とあなたが言うのなら別ですけど。イスラエル政府からパレスチナという言葉を聞くまでは、こんな対話は私にとっては全く意味のないものです。私たちはあなたたちを承認したのに、あなたたちは私たちの名前を口にすることさえ拒んでいます。私たちに追いついてくださいよ。私たちが正当性の道をリードしているんですから。

ではヨッシーさん、ごきげんよう。今後の取り組みの幸運を祈っています。あなたの素敵な文章をもっと読みたいと願っています。誠実な兄弟愛と、心からの人間としての敬意をあなたに送ります。

敬意と友情を込めて、

スービ・アワッド

ベイルートのパレスチナ難民キャンプで育つ。オーストラリアのバイロンベイ在住の会計士。イスラエルをボイコットする運動の活動家。

返信III

ヨッシーさんへ

あなたは、「和平の障害になる主な要因の一つは、他方の話を聞けないことにあります」(本書二一～二三頁)と書いているが、私もそうだと思う。私は、この運命が自分の家族にどんな影響を及ぼしたのかを知るために、パレスチナ人のナショナリズムやそれに関連する物語とか、ユダヤ人のナショナリズムの物語やユダヤ人のアイデンティティにおけるイスラエルの地の重要性を学び、問いを抱いてきた。お互いの公式の物語――あるいは「社会通念」――が一世紀に及ぶプロパガンダに染まっているのは明白で、どの民族主義的な歴史も、程度の差はあれ同じで、学術的な分野でもそうだ。

いずれの側も、一世紀に及ぶ歴史プロパガンダを払拭する必要がある。いずれの側も、百年にわたる「偽のニュース《フェイク》」の根強い影響のせいで、自分を見るように相手を見ることができなくなっている。互いの中に人間性を見出だし、共感し、信頼し始めることが、この歴史の章が閉じられる前に必要な鍵となる要素だと私は考える。

私もあなたと同じ意見で、占領が終わるのは、イスラエル人の大多数が占領を終結しなければならないと信じたときだろう。パレスチナ国家が領土回復主義者であり、イスラエルの存在を脅かす潜在的脅威であるという信念をイスラエル人が捨てない限り、占領は終わらないだろう。

しかし、イスラエル側の歴史物語に関する誤情報に対しての活発な反論も起こらなければならない。あなたの手紙は歴史的な間違いやナショナリズムの決まり文句に満ちている。あなたのすり替え議論の表現を借りて言えば、あなたはもちろん「根っからの嘘つきで、歴史もない」(一三三頁) わけではない。あなたは単に、ユダヤ民族やイスラエルの民族主義的な歴史物語の様々なニュアンスや不確かな点をわざと無視しているようにしか思えない。

以下は、あなたの本からの引用文についての批評の一部で、順不同。リストはほんの一部。

あなたは一九四八年の国境について、「西岸地区から撤退すれば、ユダヤ国家は攻撃を受けやすい国境へと縮小します。この狭い国境が、これまでアラブ諸国の攻撃を何度も促《うなが》してきました」(一〇〇頁) と書いている。あなたの言う国境――一九四九年の休戦ライン――があなたの意味するような形で攻撃されたことは一度もないし、あなたがアラブ諸国を非難するような「攻撃を促してき」たことも一度もない。最も近い状況が、一九六七年にイスラエルがエジプト空軍を破壊した数時間後、エジプト主導のヨルダン軍の報復攻撃だろう。この「促す」という主張は、一九六七年以前のシリアやエジプトの大言壮語のレトリックを指し、アラブ諸国の心理状態に関する情報を暗示しているのだろう。でも、一九六七年のアラブ指導者に関する学術的な研究は皆、アラブ諸国に攻撃する意図はなかったと確信をもって結論づけている（戦争に至るまでの彼らの愚かな瀬戸際作戦に関する理由は、十分研究され解説されている）。

難民に関して、あなたは、「パレスチナ難民は、そのホームレスの地位が相続される世界で唯一のコミュニティです」（一二六頁）と書いている。これは間違い。これは、彼らの立場の信頼性を損なうためにでっち上げられたプロパガンダの題目だ。国連の難民キャンプ（ＵＮＨＣＲ）で生まれた子供たちも難民として数えられている（つまり、あなたが言及する他の六千万人の難民のこと）。彼らを含めてはならないとする規則はない。正しい言い方をすれば、パレスチナ人は、現代の難民グループで唯一、その帰還権が数世代にわたって否定されて存在している難民であるということ。結果としては同じ事実を述べていることになるが、非常に異なった表現に聞こえる。

植民地主義《コロニアリズム》について、あなたはこう書いている。「今日のイスラエル人の大半は、中東の地を離れてこの地に再び居住するために帰還したユダヤ人の子孫です。彼らに、シオニズムはヨーロッパの植民地主義運動だと言っても、何を言っているのかさっぱり分からないでしょう」（四五頁）。イスラエルが設立される直前の一九四七年、ユダヤ人の所有する土地の半分は二つの基金、ユダヤ国民基金とパレスチナ・ユダヤ人入植地協会が所有していた。イスラエル最大の銀行バンク・レウミーは、元々はユダヤ人入植信託として知られていた。「入植地《コロニー》」または「入植地の《コロニアル》」という用語が、パレスチナに移民した初期のユダヤ人によって用いられている例は、他にも多くある。植民地主義者という表現に立腹するのは、歴史的な事実を踏まえると、はっきり言って頂けない。

ガザの撤退について、あなたはこう書いている。「実際、イスラエルが二〇〇五年にガザを撤退した時がまさにそうでした。入植地を取り壊し、軍事基地を撤収しました。それなのに、その後何年もの間、数千発のロケット弾が境界近くにあるイスラエルの住宅地に打ち込まれたのです」(二〇頁)。この併記は、よく知られている陳腐なプロパガンダ。あなたは因果関係を示唆しているけど、現実ははるかに複雑。有権者の前で強硬姿勢を示さなければならないというイスラエルの政治的な必要性が、ガザとイスラエルの間に前向きな関係を築く希望を潰してしまった。シャロン、オルメルト政府は、パレスチナ人の内政に関与した部分的な責任を負っている。それに撤退自体も部分的で、間接的な統制は残っていた。イスラエルが空域や海域、境界線、電力、通信網、人口登録などを統制しているので、世界は依然としてガザは占領下にあると考えている。この状況に関するイスラエルでのプロパガンダ――要するに、イスラエル政府が共同責任を担おうとしないこと――が、今日の和平への大きな障害の一つになっている。

「民のいない土地」という概念について、あなたはこう書いている。「紛争の当初は、この地の大半は無人地帯でした。……アラブ人とユダヤ人のコミュニティが増えてきても、この地は、二民族を受け入れることができました」(七三〜七四頁)。これも一世紀に及ぶ古いプロパガンダのお題目。この戯言《たわごと》は、パレスチナ人にとっては深い侮辱だ。十九世紀後半――あなたの言及する時代――のパレスチナを形成する二つの州は、オスマン帝国の全三十六州のうち、四番目と七番目に人口の多い区域だったことを考えてほしい。当時の人口密度は、現在のインドネシアやナイジェリアやエジプト、つまり今日世界で最も人口過密の三国よりも高かった。そして今日、極小の国々を除くと、イスラエルと占領地はバングラデシュ、台湾、レバノンに次いで世界で三番目に人口が集中している区域だ。

以上は、この物語の問題がどれだけ深く広範囲なのかの例を示すためのもの。やるべきことはたくさんある。

あなたのパレスチナ隣人として、私たちがイスラエルの民族主義的な物語を尊重し受け入れるためには、まずそれを希薄化しなければならない（同じことはもちろんパレスチナ人の物語にも当てはまる）。ここで言う希薄化とは、イスラエル人・ユダヤ人コミュニティのために発言する人たちが、断定的な発言や二元論的な描写を止めなければならないということ。個人においては自分の内面を深く見つめ、自分の両親や祖父母が死ぬまで信じ、場合よってはそのために自らの人生を捧げた物語を問い直すことが必要だ。

この二十年間、ユダヤ人の民族主義的な物語の欠点を指摘したイスラエル人の学者たちが排斥され、その研究は酷評され、許し難い誤りをいくつか指摘され、その研究は沈黙の中に置かれている。あなたが彼らに個人的な好感を抱いたり、その動機を信頼したり、その全体的な論調に同意するかどうかに関係なく、彼らはユダヤ人の民族主義的な物語の弱点を強調していて、この点はより広く受け入れられるべきだ。ここで言う「弱点」とは、これらの学者たちが真っ当な疑問を投げかけ、とかく白黒で考えたり話したりするところに、グレーゾーンを作り出していることを意味する。隣人として話すためには、お互いが断定的な発言を止めて、自らの物語にある弱点を積極的に認めないといけない。あなたの手紙の書き方を見ると、まだこの道からほど遠い感じがするし、少なくともユダヤ・イスラエル人のアイデンティティの根底にある中心的な信条に関してはそうだと思う。
もし、私にあなたの隣人として、あなたの提案する旅を一緒に歩むことを願うのだったら、あなたは同じようにそれをしている証拠を示すべきだろう。

敬具
Onceinawhile

Onceinawhile はパレスチナ人のペンネーム。ウィキペディアで、パレスチナ人とイスラエル人の二重の物語の項目を作成。匿名希望。

返信Ⅳ

ヨッシーさんへ
あなたが、私のことを隣人と呼んでくれているのは素晴らしいことです。というのも、そのことに気づくのに時間がかかりましたが、実際私たちは隣人だからです。
私はあなたのことを自分の隣人とは思わないで育ちました。むしろガザで育ちながら、あなたは犯罪者で私たちの土地を盗み、私たちを殺すためにやって来た人だと思っていました。そのように私たちの歴史で学んできました。そう私は教え込まれてきたんです。
そう信じたのは当たり前ではないですか。

私は一九九四年に生まれたので、第二次インティファーダが始まった頃はわずか七歳でした。UNRWA（国連パレスチナ難民救済事業機関）の学校に通っていましたが、そこで毎日、あなたたちが私の家族をこの地から追い出したのだと教え込まれていたのを覚えています。

ガザの空爆が始まった時から、爆弾の音と学校の友達の悲鳴が聞こえました。学校から、至る所に煙の立つのが見えました。

私は学校から帰宅し、誰がこんなことをしているのかと両親に尋ねました。両親は、「ユダヤ人だ、イスラエル人がしたんだ」と言っていました。だから、あなたを憎むのは当たり前ではないですか。あなたを敵だと見なすのも当然でしょう。

ガザに住んでいたので、イスラエル人との人的交流はありませんでした。私が唯一知っているイスラエルの声は、頭上を飛ぶイスラエルのジェット機だったのです。

さて、あなたはエフード・バラクにしろ、エフード・オルメルトにしろ、イスラエル人が提案した和平案をパレスチナ人が繰り返し拒絶してきたことを述べています。

私があなたにお伝えしたいのは、パレスチナ人たちが自らの歴史を踏まえて、どのようにこのことを理解しているのかということです。私たちが教わったのは、一九四八年のイスラエル建国、私たちの「破局《ナクバ》」または大惨事の発生以前は、パレスチナの地はすべて私たちのもので、この地に住む人は皆アラビア語を話していた、そして突然パレスチナ人は土地の大部分をよそ者に与えることを承認するよう要求された、ということです。私たちがなぜ、そんなことを承認すべきだったのか説明できますか。

この紛争をどう検証するのかという点において、あなたと私は、この状況を全く違って捉えているのは明らかです。私たちの間にある壁のせいで、互いに相手側の人間性を見ることができません。むしろ双方が、相手のことを恐るべき敵のように感じるようになっています。

私が学校に通っていた頃、歴史の授業で、ユダヤ人がここに暮らしていたことやこの地に何らかの繫がりを持っていたことを聞いたことはありません。いつも聞かされたのは「神殿《アルハイカル・アルマザオム》についての言いがかり」という言葉で、ユダヤ人がかつて自分たちの神殿がエルサレムにあったという主張のことです。私は、クリスチャンとして聖書をきちんと読むようになり、ユダヤ人がここに住んでいたことや彼らの神殿があったことを初めて知りました。私たちの教育制度が自分たちに嘘を教えていたことに、私は実際、怒りを覚えました。

ユダヤ人のこの地との繫がりを否定するために、私たちはパレスチナ人として、なぜ歴史の一部を取り除かなければならないのでしょう。

ユダヤ人のこの地との繫がりを受け入れることは、私にとっては容易ではなかったし、それを拒絶する私の同胞の心情的な感覚はよく分かります。

私が問いたいのは次の点です。ユダヤ人のこの地との繫がりは、この地のすべてにユダヤ人の主権があることを正当化し、パレスチナのナショナリズムを完全に否定することを意味するのでしょうか。私はそうすべきではないと思います。ユダヤ人とアラブ人のこの地への歴史的な繫がりを抹消しようとするのは間違いだと思います。

ユダヤ人としてあなたがこの地に抱く憧《あこが》れと必要性を私が理解するようになった今、そのことについては個人的にとても共感できます。しかし、あなたが帰還したことによって引き起こした苦しみを、あなたは認めることができますか。

それが戦争によるものであれ、組織的な行動によるものであれ、破局《ナクバ》が発生し、六十五万人の難民が自分たちの住居に戻れなくなったのです。それは、あなたたちが帰還したからです。

私たちは、この逆説的な物語を解決できるのでしょうか。この地に対するあなたの要求と繋がりを、私は認めることができるのでしょうか。そして、あなたの帰還のせいで私たちの人々にもたらした苦しみを、あなたは認めることができますか。

パレスチナ人の中には、ユダヤ教は宗教に過ぎないと言おうとしている人たちがいることを、私は知っています。あなたは本当のユダヤ人ではない、と言う人がいることも知っています。

私はいずれの主張も退けます。なぜなら、ユダヤ教が何であるのかを私が決めるべきではないからです。あなたとあなたの歴史に関しては、むしろあなたが決めるべきことです。

多くのユダヤ人が、シオニズムを自分たちのナショナリズム特有の形態として選んだようですが、私はそれについては構いません。

また私はいったい何者なので、あなたがユダヤ人ではないなどと言えるのでしょう。では、パレスチナ人の主張の根底に何があるのか考えてみましょう。ユダヤ教は単なる宗教に過ぎないと言えば、ユダヤ人は国家を必要としないことになります。また、このユダヤ人たちは本当のユダヤ人ではないと言えば、あなたたちはこの地に正当な繋がりを持たないことになります。なぜパレスチナ人はこれらの主張を強調したがるのか。そうしなければ、自分たちの民族の夢と自己決定権の両方を滅ぼしたシオニズムを正当化してしまうと感じているからです。私たちはどうしたら、これらを認めながらも、占領の終結と自らの自己決定の実現を思い描くことができるのでしょうか。

私たちは、ユダヤ人がこの地に繋がりを持つ民族だと認めるだけで、自分たちの大いなる希望に関わる様々なリスクに直面します。だからこそ隣人さん、あなたの声が重要なのです。あなたの声は、シオニストであることはパレスチナ人の権利に反対することではない、と私たちに教えてくれるからです。

あなたの本が、私たち二つの民族の間で、誠実でやりがいのある対話をする新しい機会があるという一つの兆《きざ》しとなることを願っています。

誠意を込めて、

ハリル・サイグ

パレスチナ・ベツレヘム在住の学生。この手紙は『ザ・フォワード』に掲載された。

返信V

ヨッシーさんへ
あなたの本のアラビア語の翻訳者として私は、パレスチナ人にはごく稀《まれ》な、ユダヤ人のアイデンティティやイスラエル人がこの紛争をどう捉えているかという問題に関わる機会に恵まれました。私たちパレスチナ人は、こういった問題を深く共感をもって論じることは滅多にありません。私たちの状況を思えば、その理由は明らかで当然でしょう。

このプロジェクトに取り組むことを通して、私はユダヤ教とユダヤ人のアイデンティティについて多くのことを学びました。私は本書を丁寧に客観的に読みながら、この論題を深く掘り下げなければなりませんでした。私は、アラブ人の読者が少なくとも相手側の歴史や宗教について多少でも知り、それがユダヤ人の気質をどのように形作ったかを学ぶために、本書の最後まで諦めずに読んでほしいと思っています。あなたが、過去と現在と未来の間を行き来しながら政治や宗教を説明してくれるので、私は、ユダヤ人が歴史を通して直面してきた経験やそれが彼らのアイデンティティにどのように感化し影響を及ぼしてきたのかに関して、多少なりともはっきりとした理解を得ることができました。

私はこの本を翻訳することを通して、深いトラウマに基づくユダヤ人の恐れを学ぶことができました。私たちパレスチナ人にとって、その恐れを理解することは、この紛争に対する公正かつ継続可能な解決策をもたらすために重要です。私が「重要」というのは、その恐れの悪影響を私は目の当たりにしているからです。西岸地区の居住者として私の日々の生活や現実が、それによってどのような感化を受けているのか、その影響を認めることはイスラエル側にとっても重要です。

隣人さん、私がこの本を翻訳していた際に直面した苦闘を隠せば、あなたに嘘をつくことになります。あなたの翻訳者となるために、私は客観的にあなたのメッセージを伝えることに集中し、あなたの歴史と苦痛について啓蒙しなければなりませんでした。それを私の言語で行なうのです。私の立場になってあなたが考えたら、それがどれほど心情的に大変だったかを分かってもらえるはずです。

例えば、いずれの側が他方に向かって最初の一歩を踏み出すべきなのか。占領の終結が先か、それとも私たちが二つの民族の関係を正常化することが先なのか。あなたは二国家解決案を支持しながらも、心情的にはそれが、この地全域に対するユダヤ人の要求権にとって不当な案だと考えています。私から見て、心情的にも現実的にも、それがいかに不正であり不当であるか分かりますか。ならば私たちはこの紛争の終結を求めるために、現実的であるべきなのか、それとも心情的であるべきなのか。どちらのほうが、痛みや苦痛を軽減できるのでしょうか。痛みを測ったり比較したりすることなどできないのなら、どのような痛みを考慮して、正当性の度合いや解決策の不当さを判断するべきなのか。こういった問いが、私の心の内に果てしない混乱をもたらしました。

どれだけ複雑な思いを抱いたとしても、この有益な企画に加われたことを私は誇りに思い、このことが実を結ぶのを願っています。この本が基盤となって、私たちパレスチナ人とイスラエル人が、互いの痛みと願望を分かち合えることを願っています。

あなたは、自分のメッセージを明確かつ巧みに伝えています。そのことを羨《うらや》ましく思います。もし私たちパレスチナ人も、そのような筋の通ったバランスのある方法で自らの痛みを表すことができれば、あなたを避けたり遠ざけたりせず、あなたの側に聞く耳を見出だせることでしょう。

いつの日か、御心ならば《インシャラー》、公の場で恐れることなく、あなたをわが「イスラエル・ユダヤ隣人」として語りかけられることを願っています。

成功を祈っています。あなたの隣人より、

匿名希望

返信VI

親愛なる隣人へ、

あなたの本が玄関に届き、その穏やかな語調と言葉に促されて返事を書きたくなりました。パレスチナ人が、その隣人から普段聞いている表現《レトリック》とは一線を画するものだと思ったからです。分離壁の反対側で暮らす「架空の」パレスチナ隣人と対話を始めたい、とあなたは書いています。あなたに返信するにあたって、私が目的とするのは、私の隣に住む「実際の」イスラエル隣人と対話を始めること、それを聖なるクルアーンの精神である「人々には、最善の方法で議論しかけて見るがよい」（一六・一二五）に基づいて行ないたいのです。

あなたは、あの病的な壁の反対側で暮らすパレスチナ人を「隣人」という言葉で表現していますが、私たちは本当に隣人ですか。あなたは国家の市民権を享受していますが、私はあなたの国で永住権を持つエルサレムの住人で、市民権がありません。

私はパレスチナ人で、家族は一九四八年に西エルサレムに持ち物を全部置いて、安全な場所に避難しなければなりませんでした。最初はカイロに、次にエルサレムの旧市街に移りました。幸いなことに、私の祖父は鉄の意志を持っていたので、過去を嘆くのではなく、自分と家族のために希望ある未来を建て直そうと努めました。

私たちは、過去の出来事の捉え方については意見が一致しないでしょうが、未来の目的については一致します。あなたは西洋の「左派対右派」のイデオロギー的な視点から紛争を捉えていますが、私は「穏健派対過激派」の観点から捉えています。あなたの政治的な見方は、パレスチナ人をイスラエル人から分け隔てますが、私は、紛争を駆り立てているパレスチナ人とイスラエル人の過激派の陣営、そして和平を求めているパレスチナ人とイスラエル人の穏健派の陣営の間に、それぞれ暗黙の連携があると見ています。

占領が暴力をもたらしたのではなく、暴力が占領を長引かせたとあなたは主張します。その前提が間違っているので、正しい結論が出ることはあり得ません。服従によって汚されたこの占領が過激主義を増長し、過激主義が敵意と暴力を支持しました。ヨッシーさん、どうしてパレスチナ人が、自分たちには力によって占領を終わらせる以外に選択肢はないと信じているのか、考えたことがありますか。彼らの立場になって考えたら、なぜだか分かるでしょう。穏健な態度が占領を終結させられるなどとどうして思い描いているんだ、と私はよくパレスチナ人にきかれます。領土拡張を支持する抑圧的なイスラエルの政策と毎日のように対峙していると、説得力をもって答えるには難しい質問です。困難はありますが、穏健な姿勢が和解の道を切り拓くのだと私は予想しています。それが信頼関係を築き、善意に基づく協議をもたらし、最終的に平和と繁栄の到来を告げるでしょう。

あなたは、オスロ和平プロセスの失敗も、二〇〇〇年のキャンプ・デーヴィッドの崩壊も、二〇〇八年の和平計画も、パレスチナ人のせいにしています。これは、イスラエルの元外交官アバ・エバンの言った、パレスチナ人は「機会を逸《いっ》する機会を逃したことがない」という引用と同じです。反対意見を述べさせてください。和平の機会を逃した責任は、パレスチナ人とイスラエル人の指導者を含むべきですし、イスラエルの有権者とパレスチナの大衆が和平に対する心理的な準備ができておらず、和平のために痛い代償を払うつもりがなかったからです。当時、二〇〇八年にイスラエルのオルメルト首相がマフムード・アッバス大統領に和平計画を申し出ましたが、オルメルトが選挙に敗れ、両者に実現の見込みのあった和平イニシアチブを断念せざるを得なかったのです。双方の強硬派の「大夢想家」たちが、和平の機会をまたもや巧みに頓挫させたのです。私の見方では、双方の穏健派が推進していた「和平」は、双方の過激派によって翻弄《ほんろう》されていた「紛争」に直面し、穏健派が戦いに敗れたのです。

私はあなたの意見とは異なり、二〇〇〇年の第二次インティファーダがイスラエル国の存在を標的にしていたとは思いません。一九九三年のオスロ原則宣言ですでに、パレスチナ人はイスラエル国を承認しましたが、その直後にパレスチナ人の間で深い懸念が生じました。右派のイスラエル政権が、左派の政権によって署名された和平合意の実施に真剣ではないと思ったのです。もしあなたが穏健派でありながらパレスチナ人の意図をそのように否定的に捉えていたのなら、イスラエルの過激派の間に浸透しているパレスチナ人についての固定観念がどれほど有害であるか想像できるでしょう。

「イスラエルはガザ地区から撤退したのに、ガザからイスラエルの都市や住宅地に向けてロケットが撃ち込まれ続けていた」という一貫した主張については、私の友人であるあなたに思い出してほしいのです。イスラエルはガザから一方的に撤退し、銀のお盆に載せて過激派の宗教運動ハマスに譲ってしまったのです。ハマスのプロパガンダは、「イスラエルの撤退を余儀なくさせたのは、外交ではなく自爆テロ作戦だ」と訴えました。この主張が、屈辱と絶望と貧困の時代にあったパレスチナ大衆の中で、中でも若者の間で、ハマスのイメージと名声を高めたのです。

イスラエルとパレスチナの両方がこの土地の「正当な権利主張者」であることを、いずれの側も歴史的そして心情的な理由から依然として認めていません。イスラエルには権利があるというあなたの信念を、私は共有します。パレスチナ人が学び聞いていることに反して、ユダヤ人はかつてここにいましたし、この地の新参者ではありません。彼らはエルサレムに帰ってくることを何世紀にもわたって夢見てきました。彼らは、相次ぐ帰還移民の波を通してここに来たのです。多くは彼らを迫害した国々からでした。

　私の隣人さん、パレスチナには権利があるという私の信念を、あなたも共有してくださることを願っています。ユダヤ人同様、パレスチナ人はこの地の新参者ではありません。イスラエル人が学び聞いていることに反して、パレスチナ人は過去にここにいましたし、現在そして未来も当然ここにいていいのです。ユダヤ人の郷土への夢は、パレスチナ人の独立国家への夢と同様に真っ当なものです。私たちを繋ぐ共通の重要な絆は共感です。見知らぬ人に同情を抱けという主張は、トーラーとクルアーンに何度も出てきます。パレスチナ人社会でよく耳にする「ホロコーストは決して起こらなかった」、「ホロコーストの犠牲者の数は誇張されている」、「ホロコーストの責任はユダヤ人にある。金貸しや銀行などに関連する彼らの社会での役割が原因だった」という虚偽の主張には同意しません。私は、この惨事の犠牲者たちに深く同情します。他方、ユダヤ人が認識すべきは、一九四八年の破局《ナクバ》をホロコーストと比較するのではなく、それがパレスチナ人の心理に深く刻み込まれていて、彼らの魂に依然としてはっきり残っているということです。占領下に置かれた人間として彼らが被ってきた根深いトラウマ体験を、彼らの隣人がホロコーストの時代に被ったトラウマ体験と比べることはできません。ユダヤ人はホロコーストを「大きな像」として捉え、自分たちを民族として絶滅させるための邪悪な試みだったと考えますが、パレスチナ人はホロコーストを「小さな像」で捉え、イスラエルにある刑務所や有刺鉄線と同じことのように考えています。従って、ホロコースト教育をパレスチナのカリキュラムに導入することは急務です。私たちが今日直面している課題は、パレスチナ人が、何十年にも及ぶ苦しみのために、自らの物語と対立する他の人たちの物語を聞き入れられないことです。それは、自分たちとは異なる人たちの見方に寛容であることを教えられていないことが主な原因です。

あなたがイスラム教の宗教学者たちと交流することを通して、あなたの内にパレスチナのイスラム教徒の隣人たちに対する共感が再び呼び覚まされたように、私はポーランドの旅でアウシュヴィッツのホロコーストの深淵《しんえん》に入り込むことを通して、私の内にイスラエルの隣人と同じ思いになれる私自身の感覚が再び呼び覚まされたのです。それは、何十年にもわたる紛争と争いで抑制されていた思いやりの心でした。

あなたがイスラム教徒との交流を通して学んだことは、彼らがユダヤ人の文化やアイデンティティ、信仰、そしてこの土地への本質的な繋がりについてほとんど知らないことでした。他方、私がユダヤ人との交流を通して教えられたことは、ユダヤ人がイスラム教について一般的に知っているのは、多くの場合、聖なるクルアーンの中のユダヤ人に関する節を誤って解釈していることです。十年ほど前、私はエルサレムのヘブライ大学で開催された反ユダヤ主義に関する会議に参加しました。私の前に講演したイスラエル人のイスラム教専門家は、クルアーンはユダヤ人を「豚や猿」と描いているので反ユダヤ的だと主張しました。私の話す番になった時、私は彼の主張に異議を唱えました。彼は会場から立ち去り、やがてクルアーンを片手に戻ってきて私を遮《さえぎ》り、自分の主張を証明するためにこの箇所を読むようにと私に求めてきました。その節が述べている神の罰は、安息日を犯した人たちだけに該当します、と私は説明しました。「汝らのうち安息日の禁を犯した者たちに対して、我らが『軽蔑されるべき者よ、猿になれ』と言ったことは汝らも知っての通りだ」（二・六五）とあるとおりです。

双方の隣人は、紛争と戦争の絶え間ない脅威を終わらせるために、痛みを伴う譲歩と犠牲を払う覚悟が必要です。双方が互いの存在を承認し、互いの民族の関心事や願望を認め、互いに深い尊敬の念を抱いたときに、平和を実現することができます。両者とも、相手側の集団の物語を聞き、学び、そして正しく理解しなければなりません。あなたはイスラム教を学び、私はユダヤ教を学ぶのです。私たちの旅が終わりに至ったとき、私たちは互いの中間点で出会い、宗教への愛を共有することができるでしょう。

双方が土地に対する互いの要求権の正当性を承認し、一方を消滅あるいは破壊しようとは思わなくなるでしょう。どちらも、自らの学校で平和と和解の教育カリキュラムを採用するでしょう。パレスチナの地図はイスラエルを示し、イスラエルの地図はパレスチナを示すでしょう。私たちの忠誠心は、石ころや政治的イデオロギーに対してではなく、他者への人間の尊厳を優先するでしょう。

私たち二つの民族の間で和平が成立し、共通の未来を実現させるためには、パレスチナ人もアラブ人もイスラム教徒も、あなたの物語に耳を傾け、あなたの手紙を心に留めなければなりません。同じように重要なのは、隣に住む隣人が、私のアイデンティティと権利を認め、さらに食料、水道、避難所、そして医療を自由に利用できるようにすることです。私たち二つの民族は、この地と宗教とアイデンティティの共通の繋がりを理解し、高く評価しなければなりません。

残念ながら、パレスチナ人はあなたの民族の物語に耳を傾けようとはしないでしょう。なぜなら、自分たちの敵だと思っている人たちの意見に寛容であることを教えられていないからです。あなたが正しく観察しているように、彼らの公認する教育や報道、宗教的な説教、また政治演説が、あなたの政府が建設したセメントの壁よりもはるかに恐ろしい壁を作り上げています。パレスチナ人の平和活動家だけが、「ユダヤ人の物語とイスラエルの国が、ユダヤ人のアイデンティティにどれほど重要な意味を持っているのか」を理解し得るグループです。しかし、彼らはあなたが対象とする聞き手ではありません。双方の過激主義者が「隣人」の物語や価値観や信念を正しく評価することのほうが、はるかに難しいでしょう。

私は、あなたの呼びかけるパレスチナ・イスラエルの和平交渉への新しいアプローチに賛同します。それは、互いの強硬派の主張――私の言う「大いなる夢」――に敬意を表しつつも制限し、宗教の役割を受け入れ、相手側の物語に注意深く耳を傾けられるようにすることです。了見の狭いパレスチナ人やイスラエル人による反発に屈することなく、私たち二つの民族の間の広い溝を埋めるための高貴な努力を、あなたが継続されることを確信しています。

私たちは、信仰や誇り、怒り、苦悩、希望に関わる複雑な感情を共有しています。あなたはユダヤ民族の郷土再生のドラマに加わるためにイスラエルに移り住み、私は夢の実現の一端を担うためにパレスチナに戻りました。私たちは互いに、道義的責任を担う民主的な二国家解決案の実現を見るために、取り組んでいます。

私が小学校一年生の最初の授業で学んだのは、王様が野原を散歩中に、オリーブの木を植えている老人と出会う物語です。王様はからかって老人に尋ねました。「爺さん、どうしてオリーブの木を植えているのだ。その木の実を食べられるとでも思っているのか」。老人は答えました。「わしらの祖先が植えてくれたお陰でわしらが食っているように、わしらの孫たちが食えるために、わしらは植えているんじゃ」。ごく最近、ラビの友人が、同じような教えがタルムード（訳注・ユダヤ教の教典）にあるのを教えてくれました。「私の先祖が私のために植樹してくれたように、私も、私の子供たちや孫たちのために植樹しよう」。私たちの子供たちのために平和の種を植えましょう。私たちは手を取り合い、二つの民族の間に自由と正義と親善に基づく相互理解と平和な関係を実現させましょう。

希望と信仰をもって、あなたの隣人より

ムハンマド

ムハンマド・S・ダジャーニ・ダウーディ教授は、パレスチナの平和運動ワサティアの創設者。エルサレムのアル・クドゥス大学のアメリカ研究大学院プログラムの創設ディレクター兼図書館長を務める。二〇一四年に、二十七人のパレスチナ人学生をアウシュヴィッツ訪問に連れて行ったため、激しい論争の的となる。パレスチナ一般大衆の抗議や殺害の脅迫を受けて、大学を辞任。

返信Ⅶ

ヨッシー様

あなたの本を最近読み終えたところで、返信の誘いに応じることにしました。私は、時に「東岸」のヨルダン人と呼ばれる者で、家族はパレスチナの出身ではありません。でも、パレスチナ出身の友人や知人がたくさんいます。私は、人生の大部分をヨルダンで育ちました。その意味では、私はあなたの間近な隣人ではなくて、少し離れた隣人でしょう。

物心ついた頃から、パレスチナ・イスラエル問題は私の成長についてまわりました。学校でアラブ・イスラエル紛争の歴史を学び、いかに紛争が自分たちの現実に影響を与えてきたか、その重要性を教わらなかった時間はありません。いずれにしても、教師の多くは難民の当事者で、幼少期にそこで過ごした生活を極めて鮮明に説明できる人か、あるいは難民の子孫で、パレスチナから追放された物語や歴史を受け継いできた人たちでした（あなたが本の中で「イスラエルの地」と読んでいる表現が、あなたの隣人に不快感を抱かせるように、あなたにとっては「パレスチナ」という表現がそれに当たるのでしょう）。ということで、ご想像のとおり、一方的なアラブ人の視点からの歴史教育を私は大量に受けてきました。

私の人生の中で、この問題についてはどちらかというと浮き沈みがあって、イギリスの大学で快楽的な時期を過ごしていた時には関心が衰えていました。でもこの十年間は、パレスチナ・イスラエルが身近にあることもあって、この問題に深い関心を抱いてきました。自分のために紛争を理解し、学校で習ういくらか単純化された紛争の物語から距離を置きたくて、自分で色々と読むことにしました。イスラエルの新聞を読むことから始め、あなたの国の政界分布をできる限り幅広くカバーして、イスラエル社会がどのように考えるのかをもっとよく理解しようとしました。あなたの民族の基本的かつ一般的な認識を私は把握していると思いますし、あなたの手紙のお陰で、ユダヤ人の自己理解の中心にイスラエルがあるのが実によく分かりました。

私は当初、あなたに返事を送って論点を指摘しようと思いました。でもインターネットのコメント欄を見て、そんな努力が虚しいことを確信しました。代わりに、私が感じていることを率直に伝えて、多少でも私の言うことにあなたが共鳴してくれることを願っています。

要点から始めます。私は、イスラエルは存在するべきだと信じています。この確信は、ユダヤ民族に関する私の基本的な理解やユダヤ民族とイスラエルの地との絆についての理解に基づくものではありません。むしろ、私の信じる基本的で普遍的な正義に由来するもので、特有の文化を持つ人々は、その文化を基本的な形で表現できる独自の空間を持つ権利があるし、国家は統治する人々の文化を反映しているという考えです。それだから私は、イスラエルをユダヤ国家として認めることに全く問題を感じません（余談になりますが、クルド人も独自の国家を持つ権利があると私は信じています。それがアラブ人やトルコ人、イラン人にどんな政治的・地理的な意味合いを持つかは関係ありません）。いずれにせよ、イスラエル国民の大多数がユダヤ的な表現で国家を定義したいのであれば、私がそれに異論を挟む筋合いはありません。事実、イスラエル国民は時として「ヨルダンはパレスチナだ」と主張しますが、同様に、ヨルダンが自らをどのように定義するかについてとやかく言われるのは頂けません。

しかし、……あなた宛のこの手紙にはいくつかの「しかし」があり、不満な点もあるし、パレスチナ人とイスラエル人の和解の出発点に関してはあなたと意見を異にします。その問題は、驚くなかれ、シオニズムについての懸念なのです。私の心のどこかに、あなたが目を丸くして「またか……」と考えている姿が目に浮かぶようです。でも最後まで聞いてください。これから書くことは恐らくあなたには読み難いものだと思うし、気分を害するかもしれませんが、それは私の意図するところではありません。あなたは本の中で、パレスチナ人やアラブ人、イスラム教徒に向けてあなたへ返事を書くよう促しています。シオニズムとは反対の、私たちの視点からの見解を聞く心づもりがあなたに必要だと思うのです。

私が思うに、シオニズムは二つの要素から成り立っています。一つは、郷土帰還への聖書的・宗教的な願望で、離散でのユダヤ人の生活の大部分を形成しました。二つ目は、ヘルツェルの言う「ユダヤ国家」の世俗的な必要性です。そして、どちらの構想にも核心的な問題があって、そのせいで、私たちは現状に至ってしまったと考えています。

順番に説明します。シオニズムの聖書的な解釈には、離散が終わり、ユダヤ民族がイスラエルの地を通して救済されるために、イスラエルの地に帰還したいという願いと憧れがあります。ユダヤ人がこの信仰を数千年も抱き続けたのは称賛に値しますが、それは絶対主義的な過激主義者の立場だと私は思います。「イスラエルの地はイスラエルの民に属するのだ」と断言的に主張し、それは事実上、シオニズムが自分のものだと主張する土地に、前から住んでいたかも知れない人々を排除することになります。自分たち以外の人々がどれだけ長く住んでいようと、この地で何をしてこようと、どんなに愛着があろうと、この地の所有権はせいぜい一時的なもので、歴史的にも、実際的にも、法的にも有効性はないという立場です。

次に、シオニズムの世俗的な面を論じてみましょう。こちらのほうが宗教的な主張よりもはるかに問題だと私は信じています。簡単に言うと、世俗的なシオニズムはその目的を達成するために、パレスチナに住んでいるアラブ人の人間性を奪いました。バーゼルで開かれた第一回シオニスト会議の当初から、この地に別の人がすでに住んでいることは知られていました。「花嫁は綺麗だが、彼女はすでに他の人に嫁いでいる」という不謹慎な表現をご存知でしょう。ヘルツェルは、パレスチナの先住民を解決すべき問題とは見なしても、彼が保護しようとしたヨーロッパのユダヤ人と同じように、望みや恐れを抱く人間としては捉えていなかったのです。状況を示すためにヘルツェルの言葉を引用します。「我々は、自分たちに割り当てられた区域の私有財産を慎重に収用せねばならない。一文無しの住民を国外に遠ざけ、寄留先の国々での雇用を斡旋し、我々の国での雇用を許可しないようにはできないか、試すべきだろう。財産を持っている人たちは我々の側に来るだろう。収用と貧困層の転居の過程は、慎重かつ周到になされるべきだ……」民族の救いと贖《あがな》いが目的であると公言する民族運動について、これは何を示していますか。望ましくない「一文無しの住民」を大衆問題として扱い、彼らの土地を内密にごまかして「収用」しなければならないと言うのですか。もちろん、他にもパレスチナのアラブ人に関する神話や歪曲がシオニストの夢に伴って膨らみ、その最たるものが「土地なき民のための民なき土地」です。そこで暮らしていた人々の存在は無意味だと言うのですか。どうしたら彼らの存在を消すことができるのですか。救いを求めている民族が、どうしたら他の民族の人間性を無視することができるのですか。こんな答えを耳にすることがよくあります。「ヨーロッパのユダヤ人は、特に帝政ロシアの集団殺戮《ポグロム》なんかで、絶望的な時代を過ごしていたんだ」。でも、それでパレスチナに住む人々の人間性を奪うことが本当に許されるのですか。もし離散の地にいるパレスチナ人が同じ論旨を当てはめて、あなたに対して「自分たちはのけ者で、愛されることもなく、多くの政権の脅威の下で否応《いやおう》なく生活しているのだから」と言ったら、あなたはそれを受け入れますか。実際、あなたはしませんよ。あなたは、自分のことを人間として見なしてほしいと要求します。でも、あなたの民族運動の全歴史は、人間として見なしてほしいと要求する人たちの人間性を奪うことによって、築かれてきました。

以上の点の根底にあるのは「原罪」の一言です。この一言に尽きます。私にとって、これが世俗的なシオニズムの原罪です。あなたたちの主張する地に暮らしている他の人々の人間性を考慮し損ねているのです。分かってください、私はあなたにシオニズムを否定したり拒絶するよう頼んでいるのではありません。誰かの存在意義の核心となる理念を否定するように頼んでおきながら、自分の話を真剣に聞いてもらえるなどと期待できるわけがありません。私があなたに求めているのは、シオニズムのこういった側面をあなたが批判することです。アラブ人であり部外者である私がどんなに批判しても、私が今提起した問題について、イスラエル人やユダヤ人を反省させることはできないでしょう。

ユダヤ人から見れば、あなたは一度もこの地を去ったことはありません。あなたはこの地に対する要求権を一度も放棄しなかったのだから、時間的・空間的な距離がこの地の所有権の決定要因とはなりません。あなたの信仰と信念、そしてあなたの神との契約が、あなたにこの土地の権利を与えています。アラブ人から見れば、あなたは遠い大陸からパレスチナにやって来たヨーロッパのユダヤ人です。そして私の頭に浮かぶのは、この確固たる事実が、二つの物語の間の「正義」の戦争でパレスチナ人を優位にしているということです。パレスチナ人は、ヨーロッパを巡って他の人々がすでに住んでいる土地を要求したり、他の民族に害を及ぼそうと願ったり、貧しい居住区《ゲットー》に暮らすユダヤ人たちを追い出して自分たちの土地を得ようとはしませんでした。

あなたは今こう自問しているかも知れません。「イスラエルは存在するべきだと信じています」という発言から、どうしてこの男はシオニズムの精神をほとんど否定しかけるところにまで話を進めてしまったのだろう、と。まあ究極のところ、私が思っているのは、この戦争でイスラエル人が勝ってもパレスチナ人が勝っても、正当な結果にはならないということです。イスラエル人が戦争に勝利することに私が反対するのは想像がつくでしょうが、なぜパレスチナ人が勝利することに反対するのだろうとあなたは思っていることでしょう。なぜかと言うと、それでは実のところ何も解決しないからです。歴史的に不正を受けてきた民族に正義をもたらすことにはならないし、パレスチナ人やアラブ人が誇りをもって振り返ることのできる歴史を残せないからです。癒されることのない傷を残すだけで、私たちはそれを覆い隠し、自分たちに及ぼす後遺症について見て見ぬふりをするだけです。それに、千年後くらいにユダヤ人たちがまた戻って来て、全行程を繰り返すかも知れない。それで、私は巡り巡って、イスラエルを追い出すために闘い続けるよりも、イスラエルをこの場所に残しておくほうがいいという信念に至ったんです。

それで、親愛なるちょっと離れた隣人さん、どうしたら私たちは互いの違いを解消し、不満に対処し、傷を癒していけるのでしょうか。この先の内容を読むのは、あなたには多少おっくうかも知れません。とにかく、まずは謝罪から始めるべきです。

どれだけこの問題を検討し、分析し、分解して組み立て直しても、私の考えは繰り返し次の点に戻るのです。ユダヤ民族、少なくとも自らシオニストと称している人たちは、正々堂々と公の場で心を込めてパレスチナの民族に心からのお詫びを述べるべきだ、と。あなたの置かれていた状況がどうであれ、貧しくて比較的無力な人々をあなたは利用し、彼らに対して歴史的な不正を加えたのです。世俗的なシオニズムが創設されるまで、彼らはあなたに何の害も及ぼさなかった民族です。パレスチナ人とアラブ人がユダヤ人に謝罪しなければならないこともたくさんありますが、そのプロセスは、あなたの側が第一歩を踏み出さない限り始まらないと思います。これが私たちの間の画期的な出来事になると私は心から信じています。そうすることによって、パレスチナ人が求め続けた当然受けるべき承認が遂に与えられることでしょう。確かに、アラブ人はあなたを郷土に帰る従兄弟《いとこ》、あるいは兄弟姉妹として遇するべきでした。でも（この呪われた言葉の繰り返しになりますが）その最初の謝罪なくして、アラブ世界が、あなたたちに及ぼした害悪を認めることはないでしょう。

最後に述べたいことがあります。私は、この問題についてどちらがより正しいとか間違っているとか、判定するつもりはありません。この複雑で血なまぐさい紛争について私が何を考えているのか、またどうしたら私たちは癒しを始めることができるのか、私の思っているところを伝えたいだけなのです。私たちがパートナーシップを組むことによって、中東を世界の羨望《せんぼう》する地に変えることができると信じています。また結局のところ、あなたが正しく指摘したように、私たちアラブ人が失ってしまった探究心と自己批判の精神を再び取り入れたほうがいいと私は思っています。過去一世紀、アラブ世界では極端な均一化が進み過ぎました。私たちのことを誰よりも芯から理解していると私が信じている民族から、（ヘルツェルの言葉を借りるならば）古くて新しい何かを注入されることで、必ず私たち二つの民族を益することができるでしょう。

真心を込めて、ヨルダンのやや遠い隣人より

匿名希望。ヨルダンのアンマンに在住のデータアナリスト。

追伸・一体全体、あなたたちの民族は私たちに手を差し伸べるのになんでこんな長い時間がかかったのですか。あなたたちが生きているど真ん中に私たちの民族はいるのですよ。なんでこの取り組みが、手遅れになりかけている今ではなく、世俗的シオニズムの始まりになされなかったんですか。

返信Ⅷ

ヨッシーさんへ

あまりにも長い間、この紛争の両者は、一種の自己言及的な想像の産物の中で存在してきました。二つの民族の間にある集団レベルでの不信感を、平和が和らげなければなりません。いずれの側も憎しみや疑い、非難と反論、恐れ、妄想、歴史的な必要性、報復の先にあるものをほとんど分かっていません。

他者を受け入れようとするあなたの心構えに、私は驚嘆しました。パレスチナ人は皆あなたの本を読むべきです。イスラエル人は皆あなたの本を読むべきです。アラブ世界は総じて、あなたの本を読むべきです。あなたの手紙に見られる誠実さは、救済的な自省の力強い思いで漲《みなぎ》っていて、謙虚で魅力的です。

それでも、私はエジプト人なので、差し出がましくパレスチナ人を代弁することはできませんが、あなたの物語の中に、都合のいい神話を存続させる表現構造を見出だしました。これに関しては、ニューヨーク・タイムズに掲載されたパレスチナ人作家ラジャ・シェハデーによるあなたの本への思慮に富んだ返答を参照してください。彼はこう書いています。「あなたの手紙は知的遊戯のようで、あなたにはそれを楽しむ特権がありますが、私たちにはないのです。『隣人さん、あなたが私の立場だったら、どうしますか』（二一一頁）とあなたは尋ねます。でも私たちはあなたの立場にいません。あなたは紛争の核心的な問題を『否定のサイクル』として描き、私の側はあなたの『正当性』を否定し、『ユダヤ人の民族意識』を十分に認めていないとし、あなたの側は私の『国家主権』を否定していると述べています。でもこれらの事柄は、同等ではないのです」

道義的に同等ではないと言うシェハデーの主張に私も同意しますが、いずれの側も、私が「贖いの可能性」と呼ぶものに取り組まなければなりせん。双方が、意義ある解決策を見出だすために、この紛争に自らが及ぼしたことに各々が向き合い、それを認めなければなりません。

ヨッシーさん、私はあなたが贖いに向かっての力強い第一歩を踏み出すことに寄与したと信じています。アラブ世界にいる私たちは、自らの集団的な内省に取り組み、自分の欠点や失敗を認めなければなりません。これは私たちが得意としないことです。私自身、カリフォルニア大学バークレー校で哲学を専攻しながら、イスラエルに対する果てしない議論を繰り広げてきました。私はエドワード・サイードに深く感化され、特に彼の画期的な著書『オリエンタリズム』の影響を受けていました。

しかし時が経つにつれ、ユダヤ民族について私自身が無知なのにうんざりするようになりました。私は、ユダヤ教やユダヤ文化、歴史、ホロコーストに関する本を読み始めました。その過程で何かが起こったのです。予想外の、すっかり変えられる体験でした。知識を深めると共に尊敬の念を抱くようになり、それがユダヤ民族への揺るぎない愛の思いに繋がりました。ヨッシーさん、あなた自身の開眼や変遷の瞬間を、あなたの本の中ではっきりと述べていますね。

あなたは、十番目の手紙でこう書いています。「聖書時代から、ユダヤ人は、自分たちが人類の祝福の存在となることを信じてきました。この自己認識は、あなたとの関係において、何を私たち自身に求めているのでしょうか。あらゆる困難を度外視し、互いをもう一度平和に近づけるために、私は何に取りかかるべきでしょうか」（一八五頁）。パレスチナ人の側から、より広範囲なアラブ世界からなすべきことは、非難したり応酬したりせずに、紛争に関するこのような勇気ある内省と熟考なのです。

いずれの側にも、論ぜられるべき真っ当な不平があります。でも双方が相手の人格攻撃を続ける限り、それはできません。あなたは、本書執筆の目的が「私のすぐ隣に住むパレスチナ人にユダヤ人の物語を語り、ユダヤ人のアイデンティティにおけるイスラエルの重要性を説明すること」（二頁）と述べています。あなたの隣人と関わりを持とうとするあなたを私は称賛します。あまりにも長い間、あなたの隣人は置き去りにされ、無視され、疎外されているように感じてきました。私たちが今必要としているのは、パレスチナ人や他のアラブ人によるこのような対話です。このような胸を打つ感動的な本を書いてくださって感謝します。運命が両民族を引き離すように仕組んだと思われる地域に、待ち望んでいた楽観《オプティミズム》的な期待を再び灯してくれてありがとう。私は平和が来ると信じています。でもそれは、あなたが始めた贖いの対話と同じような対話を双方が取り組む場合に限るのです。

真心を込めて、

R・F・ジョルジー

エジプト系アメリカ人小説家。最新作『Absolution』は、イスラエルの映画監督エラン・リクリスによって映画化されている。

返信IX

ヨッシー様

あなたが『わが親愛なるパレスチナ隣人へ』を書いたとき、パレスチナ人がそれを読んだり、返信を書いたりすることをあなたが想像するなど、私は思いもしませんでした。私は本当に偶然に本書を読んだ一人で、今返信を書いています。

あなたの本が、エルサレムに住むユダヤ人としてどのように感じているのかを個人的な視点から述べているのは別として、あなたのような方が政治的、心理的な壁を越えて物事を捉えることができたという事実は素晴らしいことです。パレスチナ人の声が私にこう語っているのが聞こえます。「この本を評価するなんてどんなつもりだ！」。でも、どうしてこのように感じるのか説明させてください。

あなたは手紙1の冒頭で、「あなたのことを『隣人』と呼ばせてください。というのも、まだあなたの名前も知らないし、あなたの個人的なことは何も知らないからです」（八頁）と書いています。私はこの言葉に、私たちパレスチナ人が滅多に耳にしない声を聞きました。あなたがこの一連の手紙の中でパレスチナ人とパレスチナを受け入れていることは、私にとって大きなことでした。あなたは私たちを受け入れるだけではなく、ご自分が隣人を知らないことを認められた。このことは、他者を知ろうとする力についての私の信念を強めてくれます。私たちが「他者」を知ることを禁じられている限り、この紛争は終わらないでしょう。それは、紛争に巻き込まれている人々には許されない贅沢です。彼らは、自らを麻痺させる恐怖と人間性の喪失に囲まれています。

あなたの手紙は、宗教的な物語がパレスチナ・イスラエル紛争を形成しているという私の思いを裏付けてくれました。宗教は私たちを一つにするべきです。なぜ、アブラハムの子孫である私たちが、争い合っているのでしょうか。そして何のために。それは、この宗教的な物語が「選ばれた者」と「選ばれなかった者」という、二つの異なるカテゴリーに私たちを分類するからでしょうか。アブラハムが息子や妻との関係における問題を解決しなかったからでしょうか。私たちが互いに、自らのことを、今なお続く抑圧の犠牲者だと思っているからでしょうか。私たちはこの一連の物語を再考するべきではないでしょうか。そして、次世代のユダヤ人とパレスチナ人に、共通の運命に関する、また共通の人類と正義の価値観に関する、新しい物語を提供するべきではないでしょうか。

あなたは、最善を尽くして、ご自分の恐れと願いを正直に述べてくれました。これがパレスチナとイスラエルについてのより困難な対話への一歩となることを、私は願っています。

敬具

フダ・アブルコブ

中東平和同盟（ALLMEP）の地域担当責任者。

返信X

ヨッシーさんへ

私たちは、ナブルス出身の「パレスチナ人女子」（ラワン）とエルサレム出身の「イスラエル人男子」（バル）です。ワシントンDCのアメリカン大学のプログラムで知り合いました。私たちが一緒に始めた取り組みについて、お伝えしたいと思います。

ラワンは、人生の半分をニューヨークで、残りの半分は、ラワンに言わせればニューヨーク《ビッグアップル》と真逆の、西岸地区のナブルス郊外の保守的なイスラム教徒の村で過ごしました。そこで、彼女はイスラエルの占領の影響を体験しました。イスラエル国防軍の兵士が彼女の家に侵入し、彼女や若い兄弟たちに心的外傷《トラウマ》を与えました。母親は兵士に撃たれました。ハワラの検問所で、ライフルを持ち自分に銃を向ける相手と初めて接しました。そのような経験を通して、イスラエルが西岸地区に留まってガザを包囲している限り、和平やどんな合意も達成できないことを彼女は悟りました。

バルは、ネゲブの砂漠にあるキブツ、ベイト・カマで生まれました。ベドウィンの町ラハットの隣です。子供の頃から夕食の食卓の話題はいつも和平が中心で、イスラエルがガザと西岸地区から撤退すれば、自ずと棲《す》み分けができると彼は強く信じていました。十代の頃、バルはパレスチナ人に襲われ、殴られ、持ち物を奪われました。でもバルにとって、相手側が紛争終結を望んでいるとは信じられない最大の理由がありました。それは、イスラエルのガザ撤退が、和平をもたらすどころか、バルの住む区域にロケットが撃ち込まれる事態を招いたことでした。その時から、三年間の兵役を含め、パレスチナ人との接触には絶えず暴力が伴いました。退役後、エルサレムでツアーガイドとして働いていた時、双方の暴力行為を目撃しました。あるツアー中に、イスラエルの警官を刺そうとしたパレスチナ人が撃たれて負傷する現場に居合わせたのです。バルが日常的にパレスチナ人と接するときは、大抵の場合、表面上は敬意を持って接していますが、その底辺には一触即発の緊張感と恐怖感が伴っていました。

私たちは、あなたが本書で用いている、反対側に手を差し伸べるためのアプローチに啓発されました。あなたの対話は、私たちにとって、誠実で飾り気のない語り方の模範となりました。とは言え、私たち二人は異なる形で啓発されました。バルはあなたの本を通して、「相手側の理解を生み出すには、自分の物語をパレスチナ人に語り、彼らの物語を聞くことだ」という自らの信念を再確認しました。ラワンにとって、本書はより複雑です。彼女の第一印象は、シオニスト運動が、パレスチナ人が日々被《こうむ》っている不義を正当化しているように感じました。しかし、彼女はあなたの意見を尊重していますし、私たちがどんなに意見を異にしても、互いに耳を傾けることの重要性を理解しています。それはまさに本書が私たちに勧めていることです。

本書が発端となり、私たちはアメリカ中の大学を訪れ、私たちの極めて異なる物語を並列して学生たちに語ることにしました。この本は私たちを一つにし、二十代のパレスチナ人とイスラエル人の間に真剣な対話をもたらしています。私たちは、オスロ世代が失敗に終わった結果に対して、対処する責任を負う次世代です。オスロ世代は今も、他者に対する先入観を拭うことができません。それは、前進するにあたっての唯一の障害は他者だという考えです。私たちの唯一の選択肢は、新しい物語を生み出すことです。

私たちのプログラムでは、互いの物語をあらゆる立場の人に伝える中で、キリスト教徒、イスラム教徒とユダヤ人、パレスチナ人とイスラエル人に出会っています。私たちは、聴衆がオスロ世代と同じ先入観を持っているのに気づきました。彼らは、パレスチナ人の民族性を否定するか、またはイスラエルの存在権を否定します。私たちは共に立って、パレスチナ難民の問題について話し合い、移動の自由について議論し、両民族の安全保障上の必要性を語ります。今日、この一連の難しい課題についての交渉は不可能に近いですが、私たちが共にステージに立っているという事実が、変革は可能であることを示しています。私たちは、一冊の本が人々に反応を促すことができ、私たちのような対話によって障壁を打破することができると信じています。

あなたの本が、この出会いのアプローチをどう発展させるべきかを教えてくれました。私たちは、このような出会いがアメリカや西欧諸国に住むイスラエル人とパレスチナ人の間に広まるだけでなく、私たちのアプローチがイスラエルとパレスチナにも普及されることを願っています。私たちはイスラエル人とパレスチナ人に訴えたいのです。「もし、あなたが新しい物語《ニュー・ストーリー》を生み出すための責任を負っていると思うなら、そしてもし、反対側の物語があなたの物語を損なわないと信じるなら、それを大声で言ってください。この運動に参加してください」と。

この紛争が両民族の間にもたらした障壁を打破するために、私たちは取り組んでいきます。

感謝を込めて、そして良い一日を、

ラワン・オデとバル・ガリン

ラワン・オデは、「中東のためのニュー・ストーリー・リーダーシップ」の専務理事。毎年夏に、イスラエルとパレスチナの新進気鋭の指導者をワシントンDCに招いている。アンナジャ大学で会計学の学士号を取得。バル・ガリンは、アメリカン大学「ヒレル」のイスラエル・プログラムの責任者。ハイファ大学で歴史学の学士号を取得。公認ガイド。

謝辞

次の諸兄姉に深甚の謝意を表します。

天使の王国の使者のように現れて、この本の出版を実現してくれたマリー・ブレンナー。

作品と作者を大切にする優れた編集者で、この本をより良いものにしてくれたソフィア・グループマン。

すべてにおいて私の人生のパートナーであるサラ。

多大な喜びを与え、イスラエルの理解を深めさせくれた、モリヤ、ガヴリエル、シャハル。

ポール・E・シンガー財団のテリー・カッセル、ポール・E・シンガー、マックス・カーペル、ダニエル・ボナーには、その寛大な友情と支援に。特にハリー・Z・コーヘンには、本書のために施してくれた多大な労力に。

チャールズ・アンド・リン・シュスターマン・ファミリー財団のリン・シュスターマンとリサ・アイゼンには、長年にわたる寛大な支援と友情に。

本書の制作を助けてくれた私の著作権代理人、ラリー・ワイスマンとサーシャ・アルパート。

ダニエル・ハルトマンには、その友情と支援と励ましに、またこの本の編集に関する貴重な助言、そして私がより高い自己を目指すよう挑んでくれたことに。

私が挫けそうになったときにも、本書を信じて、励ましと知恵と友情を示してくれたジョナサン・ケスラー。本書に代父《サンダック》ないしゴッドファーザーがいるとすれば、それはジョナサンである。

本書執筆に取りかかった当時、貴重な感想を述べて、私らしい表現を示してくれたジョナサン・ローゼン。

ハルーン・モグールの文学的また精神的な友情に。

シャローム・ハルトマン研究所の iEngage セミナーで、長年の同僚かつ友人として、私を知的かつ精神的に豊かにし、この本で提起した問題を深めるよう投げかけてくれたタル・ベッカー、イラナ・スタイン・ハイン、ダニエル・ハルトマン、イェフダ・クルツェル。

ムスリム・リーダシップ・イニシアチブ（ＭＬＩ）を成功に導いてくれたシャローム・ハルトマン研究所の同僚や友人の、アラン・アビー、イルファァナ・アンワー、ローレン・ベルクン、メラヴ・フィシュマン、マイタル・フリードマン、ダリート・ホーン、マーリン・ホウリ、ハナ・ギラト、ラヘル・ジャコビ・ローゼンフィールド、イェフダ・クルツェル、ケイト・リー、ハルーン・モグール、ギドン・マイス、シーリー・メルツェル、トヴァ・ペルロー、トヴァ・セルキン、アタラ・ソロウ、サブラ・ワックスマン、ミッキー・ウェインスタイン。

ヨエルとノーミ・グリックには、その限りない友情と支援に。

深い愛情と精神的な友情を通して私を計り知れないほど豊かにしてくれた、私の人生の祝福である、ステファニー・リバ・エンゲルソン・アルガモン。

必要なときにはいつも共にいてくれる、私のパートナーであり兄弟である、『ジューイッシュ・ジャーナル』のデービッド・スーサ。

ユダヤ民族にとっての祝福の存在で、私がプロジェクトに取りかかるときには最初に協力を求める、『ジューイッシュ・ウィーク』のギャリー・ローゼンブラットとスィア・ウィーゼルティア。

ダン・セノールの友情と助言に。

敬愛する友人で後援者のダイアン・トローデルマンとハロルド・グリンスプーン。

MLIの創設以来の後援者で協力者である、ラッセル・ベリー財団のアンジェリカ・ベリールース・サルツマン、そして、レヴソン財団のジュリー・サンドーフとネサ・ラポポート。

本書の企画を信じてくれたジョナサン・バルナム。

ハーパー・コリンズ出版社の素晴らしいチームである、ティナ・アンドリアディス、ミラン・ボズィック、レイチェル・エリンスキー、トム・ホプケ、ダグ・ジョーンズ、ムリエル・ジョーゲンセン、デーヴィッド・コラル、レア・ヴァイスィエレヴスキー。

あまりにも早く逝ってしまった、バンビ・シェレグ。本書の企画を思いついたのは、彼女の画期的な雑誌『エレツ・アヘレット』で、イスラエル人からパレスチナの隣人に宛てた手紙を取り上げた特別号が発端だった。

モシェ・ハルベルタールには、神聖なるものの本質に関する見識に。

原稿に貴重な感想を寄せてくれた、パルベズ・アフメッド、アリ・アモーラ、ミハル・ビトン、サム・フリードマン、イェヘズケル・ランダウ、ジョン・モスコウィッツ、ノアム・ツィヨン。

私に聖なる勇気の意味を教えてくれた、ムスリム・リーダーシップ・イニシアチブに参加した皆さん。

イルファーナ・アンウェル、トビー・ペール・フリーリック、ザフ・ゲルマン、デーヴィッド・ホロウィッツ、デブラ・マジード、レスリー・マイヤーズ、ライアン・サイッド、クレア・ヴァフテル、イナス・ユーニスには、その友情と支援に。

リサーチ・アシスタントとして働いてくれた、ハルトマン研究所の私の優れた研修生である、ハリー・アーロンソン、リオラ・バリンスキー、エヴァン・チャーニー、リヴカ・コーヘン、ギドン・ハルブフィンガー、サム・メリンス、ヨッシー・クイント、ダニエル・シュワルツ、アーロン・テンネンバウム。

ラムレの町にある、アラブ系イスラエル人とユダヤ系イスラエル人の共存センターのオープン・ハウスの創設者、ダリア・ランダウ。彼女の勇気と開かれた心が、私を、共存により深く関わるように駆り立ててくれた。

ダヴィッド・ハルトマンとメナヘム・フローマンは、私の敬愛する師であり友で、それぞれ独自の方法でユダヤ人のあり方の境界を押し拡げることを教えてくれた。二人の存在が惜しまれてならない。

〔以下は改訂第二版の付記〕

編集者のゲール・ウィンストンとエミリー・テイラーには、ペーパーバック版の改訂を担当してくれた尽力に。

ゲラー・ファミリー財団の友人であるマーティ・ゲラーとローレン・ルトキンには、その寛大な支援に。

アヴィヴ財団の友人であるハニー・カッツェン・ラウファー、スティーヴン・ラウファー、そしてアダム・スィモンには、その寛大な支援に。

ローレン・バークンには、ハルトマン研究所のために本書についての広範な研究ガイドを作成してくれた素晴らしい作業に。

ミハル・レズニックには、私たちの隣人へのアウトリーチ活動に。

デーヴィッド・ファインには本書のウェブサイトを立ち上げてくれた専門知識に。

《邦訳版・特別インタビュー》

〔聞き手・神藤誉武〕

●ヨッシー・クライン・ハレヴィ（本書著者）

出版の動機と本書の主旨

——ヨッシーさん、日本の読者にも本書の意義がよりよく理解できるよう、お話を伺いたいと思います。まず、本書出版の動機からお聞かせください。

ヨッシー　本書の目的は、私たちイスラエルに住むユダヤ人の物語をパレスチナの隣人やアラブ・イスラム世界の人々に直接伝えることです。これは至極当然のことのはずですが、私の知る限り今までなされてこなかったことです。

私は長年にわたりパレスチナのメディアを注視してきました。ハマスからファタハまで彼らのどのメディアも、現実とはかけ離れたユダヤ民族やイスラエル国のイメージを描いています。ユダヤ人にはこの地との歴史的な繋がりは何もなく、真の意味での民族でもなく宗教的少数派に過ぎない、と。私たちは、中東全域でそのように見なされているんです。

イスラエル・パレスチナ紛争は、突き詰めると正当性の問題です。双方が、自らが何者なのかを定義する権利、そして独立国家を持つ権利について争っているのだと私は思っています。

——その問題に、イスラエルに住むユダヤ人としてだけでなく、信仰者として関わりたいと思っておられるのですね。

ヨッシー　はい、信仰を持つ一ユダヤ人として、私も貢献できると思うのです。双方に対話を促《うなが》し、宗教が、大衆扇動や憎悪の要因ではなく、ユダヤ教徒とイスラム教徒を一つにする要因となり得ないか。それぞれの伝統の中に、政治的な妥協案を宗教的に裏付ける要素を見出だせないか、探究したいのです。

――本書の主旨をどのように要約されますか。

ヨッシー　本書は、中東和平に向けての従来のアプローチに三つの課題を突きつけています。

第一に、宗教を和平プロセスの本質的な要素として尊重すること。従来のアプローチでは――これは特に西側に顕著ですが――宗教的要素を抜きにして紛争を解決しようとします。でも中東では、紛争から宗教を除外することはできない。もちろん、この紛争のすべてにおいて宗教が関係しているわけではありませんが、それでも双方にとってのかなりの部分がそうなのです。和平交渉や痛みの伴う譲歩を宗教的に裏付けられなかったら、正当性に欠けてしまう。イスラム教の側はもちろん、ユダヤ教の側でも同様です。

第二に、互いの相対立する物語を尊重すること。西側での紛争解決の考え方は前向きで、過去よりも未来を大事にします。でも中東では、ユダヤ人にしてもアラブ人にしても、過去を消すことはできない。英語で、何かを無関係なこととして退けたいときに「それは過去のことだよ《ザッツ・ヒストリー》」と言います。でも、中東で「それはヒストリーだ」と言ったら、皆が注目し始めます。中東では、私たちは何者なのか、どこから来たのか、私たちの物語とは何か、広い意味でそれが私たちの本質なのです。言うなれば、私たちは過去の世代と共に生きる人間で、先祖の傷を消すことはできないのです。

第三に、双方の相対立する強硬派の立場を尊重し、そこを出発点とすること。この紛争がなぜこんなに厄介かと言うと、いずれの側も、それぞれの自己理解に基づき、なぜこの小さな地のすべてが自分のものなのか説得力のある主張を述べることができるからです。でも和平の大敵は、絶対的な正義を要求すること、つまり相手側に何らの正義も認めないことです。だからもし私たちが、この百年紛争に何らかの終止符を打ちたいのなら、互いに自らの主張を制限し、「イスラエル国家＝イスラエルの地の全域」とはなり得ないことを認め、「パレスチナ国家＝パレスチナの地の全域」ともなり得ないことを認めなければならない。それが二国家解決案の意味するところです。

――イスラエルの政治分布では、ご自身をどう位置付けますか。

ヨッシー　中道です。中道派として、二国家解決案を実現しなければならないけれど、現時点では二国家解決案は実現できない、と考えています。今日、多くのイスラエル人がこの立場だと思います。

イスラエルの世論調査に「あなたは二国家解決案を望んでいるか」という質問があって、六〜七割の人が一貫して「イエス」と答えています。次に「あなたは二国家解決案が、和平と真のイスラエル承認をもたらすと思うか」という質問には、七〜八割が「ノー」と答えている。だから、自分たちが願っていることと、実現可能だと思っていることの間で、精神が分裂してしまっているような感覚がイスラエル人の間に蔓延《まんえん》しています。

長い間、私自身も、大半のイスラエル人のように、「私たちは和平のために努力したけれど、和平のパートナーがいなかった。だから、この現状は私たちのせいではない」と言っていました。でも、もうそんなこと言っておれないと思うのです。本書は、このイスラエル人のジレンマをパレスチナ人に伝える試みでもあります。

ムスリム・リーダーシップ・イニシアチブ

――本書執筆は、ＭＬＩ（ムスリム・リーダーシップ・イニシアチブ）の関わりに端を発していると書いていますが、共同創立者のアブドゥラー・アンテプリ師との出会いなどについて話していただけますか。

ヨッシー　二〇〇三年に電子メールをもらったんです。面識のない、トルコ出身のイスラム教指導者《イマーム》からで、当時アメリカ・コネチカット州のウェズリアン大学のイスラム教の聖職者《チャプレン》を務めていた人でした。「あなたの本『エデンの園の入り口で』にとても感動しました。イスラム世界へのあなたの旅路を読んで、自分も同じようにユダヤ人やユダヤ教の世界を訪れたい」と書いてきたんです。それがアブドゥラー・アンテプリ師でした。

　メールをもらって困りましたね。あの本は、出版後にすぐ埋もれてしまっていた。発刊日がちょうどアメリカ同時多発テロの起きた二〇〇一年九月十一日だったせいもあるんです。イスラム教とユダヤ教の和解についての本を出版するには、縁起のいい日ではなかった。それで、私も心情的にあの本から距離を置いていました。それにイスラエルは第二次インティファーダの時期で、私はほとんどのイスラエル人と同様、「イスラエルは占領終結に向けて心から努力したのに、その見返りに、私たちの歴史上最悪のテロの時代が到来した」と思っていました。

　でもアブドゥラー師が、イスラム教徒とユダヤ教徒の関係を修復する一助となる取り組みをしたいと言ってきたんです。そして、私の所属するハルトマン研究所の支援で、新進気鋭のイスラム系アメリカ人指導者たちに、ユダヤ教とイスラエルとシオニズムについて教えるプログラムを提案してきたんです。正直言って、私はうまくいくとは思っていませんでした。

——実際はどうだったのですか。

ヨッシー　参加者にとっても、私たち二人にとっても、画期的でした。ＭＬＩは、アメリカのイスラム系コミュニティでは猛烈な非難を浴びてきましたが、不動の地位を確立しました。アブドゥラーはイスラム系の人々から殺害の脅迫も受けていました。ＭＬＩがなぜそんなに影響力があるかというと、アメリカのイスラム系コミュニティの主流派の指導者たちを対象にしているからです。大学の聖職者やジャーナリスト、作家、政治的な指導者、実業家、コミュニティのリーダー等々。多くが北米の一流大学の卒業生です。彼らは参加当初、イスラエルに強い敵意を持っていましたが、やがてユダヤ人と対話したくてたまらない気持ちを抱くようになったのです。

――どのように教えるのですか。

ヨッシー　一番の障害は用語です。「シオニズム」は、彼らにとっては悪の代名詞なんです。子供の頃から、そう教え込まれている。この言葉を聞いただけで、本能的に不快になるんですよ。だからシオニズムについて教えるんです。多種多様のシオニズムがあることも。

私たちの前提は、イスラエルのいかなる政策についても彼らを説得しないこと。私たちの関心はただ一つ、自分たちの物語を伝えることです。一例を挙げれば、イスラム世界や中東では、イスラエルの物語は一九〇三年にロシア帝国のキシネフで起きた集団殺戮《ポグロム》に始まり、ホロコーストに至ると考えられています。それで私たちが決めたのは、政治シオニズムの序曲《プレリュード》として、四千年の宗教的な物語を伝えることでした。MLI第一期生の初日、カリキュラムの概略を説明していたら、参加者の一人が手を挙げてこう言ったんです。「ちょっと待ってください。あなたたちがここに住んでいるのはホロコーストが原因ではなく、古代から途絶えたことのない絆のためなんですか？」と。思わず、アブドゥラー師と顔を見合わせましたね。アブドゥラー師は嬉しそうに、ヘブライ語で「ダイェーヌ！」（訳注・「これだけでも十分」の意）って言ったんですよ。

――誰でも参加できるのですか。

ヨッシー　親パレスチナの人も歓迎です。参加者に、親パレスチナの立場を離れてほしいとは思っていません。むしろ離れてしまったら、彼らはイスラム系コミュニティで信頼を失ってしまう。プログラムの卒業生に私が願っているのは、彼らの関心が片側に限定されるのでなく、広がっていくことです。近年イスラエルでも海外でも多くのユダヤ人が、イスラエルへの愛を犠牲にしたり裏切ったりせずに、パレスチナ人の見方を理解し、その苦しみに共感を抱くことができるようになっています。もし、私たちが二国家解決案を支持し、双方の正義に応じようと願うのなら、同じようにイスラム教徒の中にも、彼らのコミュニティへの忠誠心を犠牲にせずに、イスラエル人の懸念や苦闘に共感する人たちが出てきてほしいと私は願うのです。

――ＭＬＩの成功の秘訣は何ですか。

ヨッシー　第一に、弁解しないこと。イスラエルやユダヤ教やユダヤ民族のことを、私たちは美化しません。自分たちの内部の諍《いさか》いや苦闘も、参加者にありのまま話しています。

――本書のように？

ヨッシー　はい。しかしそこにはとても大切な区別があります。自己内省する能力《キャパシティ》は、自身の霊的な誠実さや人間関係における誠実さを保つために不可欠ですが、それと同時に、一線を越えて見苦しく極端な自己批判はすべきでありません。

　イスラム世界の欠点を指摘しないことも成功の要因です。イスラム教徒には、イスラム世界の問題はよく分かっています。私たちユダヤ人が自分たちの苦闘を話せば話すほど、彼らも自ずと促されて、自分たちの苦闘を話すようになります。これがパートナー同士の信頼に基づく対話になります。

――ＭＬＩを通して、この紛争に関するどんな示唆を得ましたか。

ヨッシー　この紛争が双方の最も根源的な心的外傷《トラウマ》を拡大させていることです。ユダヤ人にとっては、自らの存在そのものを犯罪視され、滅亡の危機に晒《さら》される堪え難い経験に連れ戻されます。この紛争は、民族としての私たちの最も深い恐怖心を呼び起こします。

　イスラム教徒の側にも、この紛争は同じように作用しています。イスラエルによる占領やアラブ諸国に対するイスラエルの軍事的な勝利が、結果的にイスラム世界の敗北と屈辱の物語を増大させています。生存のための自衛戦で勝利したことに私は謝るつもりはありませんが、それが彼らにもたらした心理的な影響については私たちも考えなければなりません。

そういうわけで、彼らが私たちに求めているのは、第一に、イスラエル国家の設立がパレスチナ人に何を意味するのかを認めること。第二に、私たちの口から二国家共存案に真剣に取り組みたいという言葉を聞くこと。第三に、私たちのコミュニティの反イスラム的な声を批判することです。私たちが彼らに求めているのは、第一に、西岸地区とガザ地区をパレスチナ国家の領土と認め、第二に、ユダヤ国家を脅かすことはないという意志を具体的な行動で表明すること。第三に、彼らのコミュニティの反ユダヤ的な声を批判することとです。

——ＭＬＩ参加者との人的交流を通して、時事問題に関する自身の捉え方も変わったのでは？

ヨッシー　そうなんです。例えば二〇一七年、アメリカが大使館をイスラエルの首都エルサレムに移転しました。私は長年、世界中の首都で唯一、諸外国の大使館がないエルサレムの異常さを遺憾に思っていたので、イスラエルに住む大多数のユダヤ人同様、アメリカ大使館の移転を歓迎しました。でも、あの移転の仕方は良くなかったと思うのです。

ＭＬＩの参加者がエルサレムに到着してまず何をするかというと、ホテルに荷物を置いてそのままアル・アクサ寺院《モスク》に直行します。彼らはそこで強烈な祈りの体験をしてから、イスラエルでのプログラムに参加します。それくらいイスラム教徒にとってエルサレムは大切なんです。

だから大使館移転の際に、エルサレムに住んでいるパレスチナ人の存在や彼らの反対意見、さらに世界中のイスラム教徒にとってのアル・アクサ寺院の意義について、真摯なコメントを聞きたかった。大使館移転は挑発行為ではなくプロセスの一貫であることを、パレスチナ人やアラブ・イスラム世界に確信させる機会を逃してしまったと思うのです。

――ＭＬＩの経験が本書にどのように影響していますか。

ヨッシー　本書の執筆で一番苦労したのが語調《トーン》です。ユダヤ人がパレスチナ人と紛争の話をするときは、怒りモードか謝罪モードのどちらかなんです。でも、いずれのモードも真の解決には繋がらない。本書で試みたのは、いずれのアプローチも避け、パレスチナ人への共感と自分の物語に忠実であることのバランスを保つことでした。それについて、ＭＬＩの仲間が「ヨッシーの物語をありのまま伝えたらいいじゃないか。怒りも謝罪も必要ない。ありのままのヨッシーが、隣人に敬意を表したら十分だよ」と言ってくれ、最適な語調になるよう助けてくれました。

出版の反響

――本書の反響について話していただけますか。

ヨッシー　たくさんの怒りの返信が届きましたが、肯定的な返信ももらいました。例えば、ガザに住む元ジャーナリストの若い女性は、希望を見出だしたくてあなたの本を読んでいますと書いてくれたり、あるパレスチナ人は、イスラエル人の私がパレスチナ人の痛みに共感を抱いていることに圧倒されたと書いてきました。お茶がてら話がしたいと西岸地区の至る所に招かれています。

読者の一人は、『わが親愛なるイスラエル隣人へ』という本を書き始めたのですが、止めてしまいました。パレスチナ社会の反応を恐れたと彼が話してくれました。返信者の多くが「私の名前を公表しないで」と書いています。気の滅入るような現実を象徴しています。ユダヤ民族がこの地に固有な存在であるのを認めてもいいと思っているパレスチナ人がいるのを私は知っていますが、彼らはそのことをパレスチナ社会では公言できないんです。

――本書の第二版には、エピローグとして複数の返信を載せていますが、一つの覚悟を感じました。

ヨッシー　そう、賭けなんです。自分と真逆の主張をする手紙を、あえて自分の反論を載せずに公開するんですから。この二十五年間、私はジャーナリストとして、歴史認識を巡る論争を続けてきました。本書の執筆当初は、「史実を書こう。そして、パレスチナのメディアで報道されている『ユダヤ人はこの地とは何ら関係がない』という説が虚構であることをパレスチナ隣人に説得しよう」と思っていました。でも悟ったんです。彼らがユダヤ人のことを「根っからの嘘つき」だと信じているなら、どんな事実を言っても、考古学的な根拠であれ歴史的な根拠であれ、誰も説得することはできない、と。

　本書は実験なんです。現代の風潮、特に政治文化では、反対意見を持つ人に敬意を評するということは、まずしない。反対者を打ち負かし、相手が間違っているだけでなく、悪であることを示そうとする。私は、それとは違う対話のモデルを示すことができないか、試しているんです。

――日本の読者にはどのようにエピローグの返信を読むことを願っていますか。

ヨッシー　日本の読者には、私の物語と相対するパレスチナ人の物語、二つの主張を並列して包括的《ホール》な視点から読んでほしい。そして、本書を本としてではなく、対話への第一歩として捉えてもらいたい。

――エピローグの冒頭で「これらの手紙を読むのは、イスラエル人である私にとって容易ではありません」と書いていますね。どんな点が「容易ではない」と思いますか。

ヨッシー　第一に、虚偽を含んだ歴史見解です。例えば一九六七年、アラブ諸国はイスラエルを攻撃する意図はなかった、とか。私は当時ニュースを注視していたので、アラブ世界がイスラエルを撲滅しようと結集していたのを覚えています。カイロやダマスコの街路でデモ集会をしていたのも。それから、シオニズムの様々な機関に「入植に関する《コロニアル》」という名前が入っているからシオニズムは植民地主義の一形態だ、という主張。植民地主義は母国があることを前提としますが、ユダヤ人には母国がなかったんです。

　また、イスラエル人の政治家ベントヴやペレッド将軍の言葉を引用していますが、いずれも極左の計略《アジェンダ》を抱き、史実に悖《もと》る発言をする人たちなので、残念ながら信頼できません。

　それから、収用や貧困層の転居に関するヘルツェルの日記の一文を引用して、それがあたかもパレスチナ人に対するシオニズム運動の包括的な方針のように描いています。でも、ヘルツェルの創作で最も有名な小説『古くて新しい地《アルトノイラント》』に描かれている、ユダヤ人とパレスチナ人が平和裡に共存する描写についてはなぜか触れていない。いずれにしろ、シオニズムは一枚岩ではなく、様々な意見の集合なので、マスター・プランなどなかったのです。

——確かに、ヘルツェルは日記では収用や貧困層の転居を一つの可能性として検討し、「慎重かつ周到になされるべき」だと書いているのに、ヘルツェルがあたかも貧困層を「内密にごまかして」実行しようとしたと誤読していますね。

　第二に、瑣末《さまつ》なことに引っかからないこと。相手側の声を聞く余地を、小さくてもいいから私たちの意識の中に作るためにはそれが必要です。手紙の送り主と知り合うことを通して——中には友人としての付き合いを始めている人もいます——私の脳裏に、彼らの声が、痛みが、歴史観があるんです。たとえ、自分の意見がそれとどんなに違っていても。

——返信の中で「原罪」という言葉を使っているのが気になりました。

　問題は、この紛争の「原罪」は何かということです。パレスチナ人がこの表現を使う場合は、ユダヤ人がこの地に帰還したことが「原罪」であり、紛争の原因だと考えている。でも、パレスチナ民族運動とアラブ世界はユダヤ人と共存する機会があったのに、一貫して拒み、ユダヤ人の帰還に暴力的に反対してきた。ユダヤ人からしてみれば、それがまさしくこの紛争の「原罪」であり、原因です。アラブ側が国連の二国家解決案を受け入れていたら、パレスチナ難民問題も起きなかった。

——本書で、双方の物語を尊重しなければならないと述べられていますが、物語がどれだけ事実に基づいているかは関係ないということですか。

ヨッシー　私にとって、事実はとても大切です。実事を主張し続けることは必要ですが、それだけではもはや十分ではない。なぜなら双方が、同じ物語はもちろんのこと、同じ一連の事実を共有することは決してないからです。私たちは歴史戦の最中にありますが、私はできるだけ歴史の束縛を弱めて対話の障害にならないようにしたいのです。

——本書で、アラブ世界では自己批判が非常に稀《まれ》であると述べていますが、なぜだと思いますか。

ヨッシー　アラブ世界は概して、誇りと恥の文化であり、身内への忠誠心を大事にする。だから、自分たちのことを公の場で批判したりしません。

——過激派に対する恐れがあるのではないですか。

ヨッシー　それもあるでしょう。私が願っているのは、双方が自らを何らかの形で監視することです。返信を書いてくれたムハンマド・ダジャーニ教授の団体が、パレスチナ人の教科書や憎悪教育についての調査結果を、英語とアラビア語で発表しました。大変重要なことです。イスラエル側に関しては、様々な民間の団体が私たちの問題点を分析しています。相手を非難するのではなく、各々が自分の側を非難する。それが和平に繋がると思います。

——専門家の中には、「本書の主旨は甘い。期待するような穏健なイスラム教徒は世界でもごく一部で、大半のアラブ人もイスラム教徒もユダヤ人やイスラエルを敵視し続ける」と批判する人もいるのではないですか。

ヨッシー　イスラム世界に対する私たちのアプローチは、二つの原則に基づくべきです。第一は、イスラム国（ＩＳ）やムスリム同胞団、ヒズボラ、ハマス、イラン政権を含む、過激なイスラム主義の脅威を過小評価してはならないということ。彼らは中東の混乱に対する解決策の一部ではなく、問題の核心です。第二の原則は、過激なイスラム主義（イスラム教ではなく）の脅威を過大評価してはならないということ。イスラム教の聖典を断片的に引用し、人類に不可欠な信仰の一つを風刺して十七億のイスラム教信者を敵視するような世界の声に、私たちは異議を唱えるべきです。アメリカに住むすべてのイスラム教徒がスパイであると見なすのも問題です。

　私の見る限り、残念ながらパレスチナ国家ができるチャンスは当分ありません。パレスチナ民族運動に平和的な意図があるとは思えないからです。仮に、もし明日にでもパレスチナ国家を創設しようものなら、テロ組織ハマスに乗っ取られ、イスラエルはすべての国境をテロ集団によって脅かされることになります。だから「和平を今《ピース・ナウ》」という表現を私たちは使うべきでない（訳注・ピース・ナウは平和共存を訴えるイスラエル左派のNGO団体の名前）。「和平」を目指しますが、「今」ではない。でないと、妄想から妄想へと振り回されてしまいます。

――では、和平の可能性がない状況でどうしたらいいのでしょう。

ヨッシー　それでも、私たちは和平追求にコミットし続けなければなりません。本書でも引用したように、聖書が「平和を尋ねて、これを追い求めよ」（詩編三四・一五）と命じているとおりです。だからイスラエル政府は、最終合意に関するこちら側の考えを繰り返し示し、それを考慮するか拒否するかは相手側に任せればいいのです。

　和平協議を再開できるようになった際、互いが、相手側の要求を部分的にも受け入れられるために、対話の中で何らかの余地が必要になります。私はその準備をしたいのです。互いの正義の主張を完全に満たすことはできませんが、双方の要求が部分的には尊重されるのです。ここで、互いの物語と宗教的な正当性の問題が関わってきます。

そういう意味では、交渉の場には外交官だけでなく、ユダヤ教のラビやイスラム教のイマーム、哲学者、神学者、そして精神科医も（笑い）参加しなければなりません。

宗教対話

――宗教対話に関して、ご自分のアプローチをどう説明されますか。

ヨッシー　宗教に対する私のアプローチは、神学的であるよりも体験的です。その意味では非常にユダヤ的でしょう。もちろんユダヤ教にも神学はありますが、ユダヤ教が強調するのは戒めであり行動することです。

私はイスラム教とキリスト教の両方に関する本を書きましたし、キリスト教のことも好きです。でも、ここで留意してほしいのは、私はホロコースト生存者の家庭で育ち、家族の中でキリスト教はナチズムと同義語だったということです。教会はナチズムに加担して一緒に行動していたというのが、父のハンガリーでの経験です。でもそれは、二十一世紀をユダヤ人として生きる私の体験ではありません。私は恵まれた時代に生きています。キリスト教の内面的な美しさを――その神学理論を受け入れずに――多少でも体験することができましたし、修道士・修道尼たちと親交を深め、イスラエルで暮らすサイレント・シスターズから瞑想を学びました。イスラム教についてもそうです。私がイスラムの祈りの行列に加わった時、神の臨在をありありと体験しました。

――ヨッシーさんは他宗教の長所を素直に認められますが、それは自分の宗教に対する揺るぎない確信があるからだと思いました。イスラム教に対して、他に尊敬を抱いている点はありますか。

ヨッシー　私がイスラム教徒から学んだのは、彼らが生活の中で、神の臨在をごく当然のこととして体験していることです。かつてユダヤ人もその感覚を持っていました。でも十九世紀のヨーロッパ啓蒙主義や世俗化の影響で、それを失い始めたのです。そしてホロコーストです。私たちは神と和解しなければならないと思うのです。数多くのユダヤ人はホロコーストのせいで、未だに神に対して怒りを持っています。その気持ちは私にもよく分かります。でも私にとって、ユダヤ民族の核心部分――つまり何千年もの間、私たちを民族として保ってきたもの――とは、個人の生活でも、集団の中でも、神とのありありとした生きた関係を持っていたことです。神と私の関係は、私の生活の中で神の臨在を意識することを基とするべきです。そのためにユダヤ教の瞑想に取り組んでいますが、もう三十年以上この瞑想が私自身のユダヤ教の中心となっています。祈りの時間に限らず、神がいつもそこにおられる。ユダヤ人の生活全般で、そのような神意識が回復されることを私は願っています。

――ヨッシーさんは、宗教的な指導者も和解への一端を担うべきだと述べておられますが、それには前提条件があると思うのです。宗教者自身が、自我の問題を解決していないと、我見に囚《とら》われて独善的となり、他の人が真理を語っていても聞き取れない。そして、かえって和解を阻《はば》む存在になってしまうのではないですか。

ヨッシー　そうなんです。私たちに必要なのは、平和を語る人ではなく、実際に平和を体現している人です。でもそれは本当に難しいことで、単に政治的、神学的に正しい立場を選べばいいということではありません。ずっと深い取り組みが必要で、自分自身の、霊的にまだ十分成長していない内面的な部分と向き合わなければなりません。そこに触れられるとイラっとしたり怒ったりして、自分自身が平和の人として成長するのを妨げてしまう部分です。これは一生かけての取り組みです。それに取り組むための色々な方法がありますし、瞑想も素晴らしいです。優れた宗教とは、そういった面に取り組むためにあると私は思うのです。

どんな方法を用いるにしても、自己啓発と共に、相手の声に耳を傾けてほしい。自分の考えに一〇〇％の確信を置かずに、疑問の余地を残しておくこと。それが好奇心を育て、相手への共感へと導いてくれます。

――他宗教の人たちに伝えたいメッセージはありますか。

ヨッシー　私の願いは単純です。この紛争のどちらか一方だけを支持しないでほしい、そして皆さんにはそれぞれありのままでいてほしいということです。もしあなたがキリスト教徒であれば、本物のキリスト教徒であってほしい。そして全方向に心を開いて、この紛争が犠牲者と抑圧者の対立ではなく、トラウマを抱えた二つの民族の対立であることを認識してもらいたい。皆さんに、イスラエルの政策を全面的に支持してもらおうなどと考えてはいません。ただ、イスラエルについて論じる際には、イスラエル人を理解し、イスラエル人がどのようにこの紛争を捉えているのかを知ってほしいのです。

ユダヤ教と世界

――本書の中で、ユダヤ教は特定の民族を対象としているので、他の宗教の正当性を受け入れることができると述べられています。他の宗教が「正当」であるというのはどういう意味ですか？

ヨッシー　その宗教が真実であるかどうかの私の尺度は、神学ではなく祈りの経験です。神学とは、啓示の体験や神の実在を人間の概念で理論化したものなので、どれだけ大切であっても必然的に欠陥があり、完全ではありません。

私には、本物の信仰を見極める二つの尺度があります。第一に、その信仰が、ごく平凡な人を敬神の念が篤《あつ》く寛大な人に、人間の気持ちが分かる人に変えしめることができるか。第二に、その信仰が、並外れた人を捉えて聖なる人に、すなわちその人に近づくだけで神の臨在を感じられる人物に変えしめることができるか。すべて偉大な信仰は、この二つの側面を持っていると私は思います。

――本書で、「神が一つである《ワンネス》」ことについて何度か触れられていて、この表現をとても広い意味で使っているように感じたのですが、いかがですか。

ヨッシー　私は二十代の頃に、『神秘体験証言集』という本を読みました。その本には、時代や宗教や文化の違いを超えて、様々な聖人たちの証言が載っていました。その記述を読んで私が気づき始めたのは、その人たちは皆同じようなことを述べているということでした。実在、光の世界、愛、すべてが繋がっていること、一つの実在――それは、教理としてではなく、体験としての一神教です。

それは私の人生観がすっかり変わる体験でした。私は一人の人間として、啓示の真理を体験しているようでした。そこでは、ユダヤ教神秘主義者《カバリスト》やヒンズー教徒、スーフィー、カトリック教の修道士たちが共に立ち、あたかもその本の中でシナイ山の啓示の瞬間を体験しているようでした。そして、彼らが読者である私に語りかけてくるのを感じたのです。「よく見るんだ。目に見えるものだけが世界なのではない。むしろ目に見えないものこそが、究極的には、見えるものよりもリアルなのだ」と。

これはまさしく私たちの全宗教に共通していることだと感じたのです。ですから、私が一信仰者として他の宗教と接するときに、私の中のどこかで、どの宗教もアットホームに感じるのです。その意味では、様々な「宗派」を持つ一つの宗教があって、私はその一員なのだと感じています。

――本書ではユダヤ教の特殊性を強調していますから、宗教的な伝統の区別を捨てて、全宗教が一つの宗教に統一されるべきだとは思われていないですね。

ヨッシー　その通り。私は自分の「宗派」であるユダヤ教に深く根ざしています。私の他宗教への旅路が真実だったのは、私自身が自らの信仰に深く根ざしたところを出発点としていたからだと思います。だからこそ、私が出会った敬虔なイスラム教徒やキリスト教徒、私を迎え入れてくれた多くの人たちが私の旅に応じてくれたのだと思います。それは、彼らも同じように、自らの信仰に深く根ざしたところから応じてくれたからです。

――本書では、「人類は一つである《ワンネス》」という表現もされていますね。それに関してはどうですか。

ヨッシー　私は自分の宗教生活を「神が一つであることをいつの日か体験することへの憧憬《しょうけい》」と定義します。ユダヤ人が、ユダヤ教の神髄である「シェマアの祈り」（訳注・神の唯一性と、神への愛と奉仕を内容とする。聖書の申命記六・四〜八、一一・一三〜二一、民数記一五・三七〜四一）を口にして、神が一つであることを唱えるとき、それは原理ではなく、まさに実在の定義を述べているのです。私たちは、神と呼ばれる統一された存在の中に生きている。現象界のすべてが、この統一された存在の中にあるのです。

聖書に、イスラエルの民がシナイ山にたどり着く描写がありますが、その箇所の動詞が、突然、複数形から単数形に変わります。「彼らはシナイの荒れ野に入り、荒野に宿営した《複数》。イスラエルは、山に対面して宿営した《単数》」（出エジプト記一九・二）。中世のユダヤ教の聖書注解者ラシーは、この動詞の変化は、人々が一つの心で宿営し、一つの存在になったことを表していると説明しています。神の前で、私たちは一つになったのです。

私の祈りは、私たちユダヤ人が一つの民族として、戦慄《トレメンダム》するべき聖なる実在の前に一つになるこの感覚を強めること。そして、その特有な啓示の体験を基礎として他の人々との関係を築き、少しずつ一つなるものを体験する瞬間に近づくことです。それが、人類が一つであることの意味です。

イスラエルの未来

――人類に対するイスラエル国家の意義をどのように捉えていますか。

ヨッシー　私は、ホロコースト生存者の息子としてのトラウマを抱き、ユダヤ民族の歴史を「私たち対世界」という図式で捉えていました。私たちは、世界の意志に反しても、自らのために生き残らなければならない、と。でも今は、ユダヤ民族は世界のために生き残ってきたのだと思っています。

　私たちは、人類が自らを滅亡させることのできる時代に生きています。私たちユダヤ人が世界に提供できるのは、私たちの生存の叡智《えいち》です。特にホロコーストのあの状況から、どのようにしてイスラエル国家の再建に至ったのか。私たちはどこから力を汲み、信仰と叡智を得たのか。この点で、イスラエル建国はユダヤ民族の歴史物語だけでなく、人類の最も偉大な物語の一つだと私は思っています。私にとって、それは単なる政治的な物語ではなく、宗教的な物語なのです。

――本書でユダヤ民族の選びということを述べていますね。

ヨッシー　私は、ユダヤ民族だけが選ばれたとは思っていません。各民族に使命がある。ユダヤ民族の使命は、諸国民の模範《モデル》となる社会をここに築くこと、そしてイスラエル国家は、人類のあらゆる難題《パラドックス》を解決するための一種の実験場だと私は考えています。世界中の国々から人々が帰還すれば、自ずと世界中の難題がこの地に持ち込まれることになる。イスラエルのユダヤ人は、あらゆる問題の捉え方が各人各様で、すべてにおいて相対立する意見を持っています。

私がもし神様で、人類史上最も危険なこの時代に、ユダヤ人を人類に有用なモデルに仕立て上げるとしたら、こうしたでしょう。人類が遭遇し得るあらゆる経験をユダヤ人に体験させて、この地に連れ戻してこう言うのです。「よし、お前たちは、四千年の歴史に裏打ちされた叡智を培《つちか》った。これからお前たちは、人類が直面しているあらゆる難題と格闘するんだ。さあ、どう取り組む？」

私たちユダヤ人が一民族として人類に語りかけたのは、かつてこの地に暮らしていた時です。私たちは聖書を通して民族として語りかけ、世界を、人類を変えました。この地を追われてから二千年の離散の間、ユダヤ人は人類に多大な影響を与えましたが、それは民族としてではなく、個人としてでした。マルクスもいれば、フロイトやアインシュタイン、そして多数のノーベル賞受賞者もいます。でも私たちが民族として世界に語りかけることができるのは、このイスラエルの地に居て、自らを民族として建て直したときなのです。

問題は、私たちが民族として、世界にどんなメッセージを発信するべきなのか、私たち自身がまだ分かっていないことです。そのためには預言者が必要です。イスラエル民族がこの地に帰還することを通して、預言が回復されることを私は願っています。それは一つの希望であり、そのことを私は信じたいのです。

――最後に一言ありますか。

ヨッシー　この取り組みに対する私の信念と、神の摂理の感覚を強めてくれるものがあります。一九九〇年代後半に、私は一ユダヤ教徒としてパレスチナのイスラム教世界を訪れるという、常軌を逸した一人旅をしました。その訪問記を出版しましたが、少なくとも一人の人が読んでくれました（笑い）。でもあの本は、その人一人のためだったのです。私がユダヤ教徒として試みたイスラム教への一人旅が発端となり、百名以上のイスラム系アメリカ人指導者がそれに応えるように、ユダヤ教の世界を訪れたのです。

このことは、一信仰者である私にとって、次のことを示しています。私たちの動機や行為が神への奉仕、人類への奉仕を目的としているのであれば、そこには必ず反響がある。私たちが何をなしても大海の一滴のように感じるかもしれない。そして究極的には、その行為がどんな作用をもたらすのかを私たちは知り得ないでしょう。でも、どんな行為であっても、深い善意の意志からなされたものは必ず共鳴していくのだ、と私は信じています。

――貴重な時間をありがとうございました。

（二〇一九年二月十日、エルサレムにて）

●ムハンマド・S・ダジャーニ・ダウーディ（パレスチナ人平和活動家）

パレスチナ社会の良心

エピローグの「返信VI」を書いたエルサレム生まれのパレスチナ人平和活動家、ムハンマド・S・ダジャーニ・ダウーディ教授からもお話を伺うことができた。

ダジャーニ教授はかつてファタハ過激派の学生運動のリーダーで、武力闘争によるユダヤ国家イスラエルの撲滅を目指していた。現在は、過激化するイスラム世界や諸宗教に対し、クルアーンに基づく中庸《ワサティア》の精神を啓蒙する平和運動「ワサティア」を推進している。ユダヤ人との共存をはじめ、パレスチナ社会ではタブーな発言や活動に積極的に取り組んでいるため、殺害の脅迫を何度も受けている。

訳者がダジャーニ教授と初めて会ったのは、ヨッシーさん宅の安息日の夕食に招かれた時だった。長身の教授は、修羅場を潜《くぐ》った人特有の落ち着きと風格がある。一通りの自己紹介が終わると、ヨッシーさん夫妻とご子息ガヴリエル君と五人で食事をしながら、話題はすぐに紛争問題に及んだ。教授がこうコメントした。

「イスラエル商品のボイコット運動（BDS）は、イスラエルとの関係を悪くするだけで、パレスチナ人のためにはなりません。大事なのは、ネルソン・マンデラの和解の精神です。ただし、この紛争はアパルトヘイトとは関係ないし、そこに人種的な偏見などはない。パレスチナ人が願っているのは、イスラエルの法律上の平等な地位ではなく、自分たちのアイデンティティと独立です。だから、必要なのは二国家解決案です。でも、こんな発言をするとすぐに、ダジャーニはイスラエルに利用されているだとか、アメリカのCIAの手先だとか言われるんです」

ヨッシーさんの奥さんが、「CIAも買い被られたものね」と笑っていた。そして、教授が続けた。

「先日も、和解をテーマにした会議に参加するために南アフリカに行ってきたんです。そしたら、イスラエルの学者が参加するというので、BDSの支持者たちが会議開催に反対していたんですよ。会議の主催者が『パレスチナ人のダジャーニ教授も参加するんですよ』と言ったら、BDSの連中が『ダジャーニは真のパレスチナ人ではない。彼は親イスラエルだ』って言うんです。それに対して私は、『私こそ真のパレスチナ人だ。私は和平のために生きている。でも君たちはそうではない』と答えました」

ダジャーニ教授は、アメリカで政治学と政治経済学の分野でそれぞれ博士号を修め、パレスチナ自治政府にも勤めていたので、他ではなかなか聞けない、学識と経験に基づいたパレスチナ社会の現状分析を語られた。それで、改めて話を伺いたいと申し出たら、快諾してくれた。

エルサレムの旧市街にダビデの塔の博物館があるが、その道向かいにダジャーニ教授の親戚が経営するホテルがある。後日そこに招待いただいた。以下は、その時の対話の一部である。教授の話は、本書の内容をより深く理解するための貴重な視座を与えてくれる。掲載を許可してくれたダジャーニ教授に心からの謝意を表し、その要約をここに紹介する。

＊

平和を推進する家系

――ダジャーニ教授の姓の「ダウーディ」はダビデ王と関係があるそうですね。オスマン帝国のスレイマン大帝（治世一五二二～一五六一年）が教授の先祖にダビデ王の墓の門守を命じたと聞きました。

教授 そうなんです。ダビデ王は、ユダヤ教、キリスト教、イスラム教で尊敬されています。ダビデ王の墓のある建物の二階にはイエスが弟子たちと過ごした最後の晩餐の間もあり、とても大切な場所です。

でも十六世紀初頭、あの墓を管轄していたフランシスコ会は、他の宗教宗派の礼拝を認めず不寛容だったので、諍《いさか》いが絶えなかった。私の先祖はイスラム教神秘主義スーフィーの著名な学者で、独自の学派を築いていましたし、他宗教にも寛容でした。それでスレイマン大帝が一五二九年、先祖にダビデ王の墓の管轄を任命し、他宗教の人々がそこを巡礼できるように命じたんです。以来、一九四八年までダジャーニ家が墓を守り続けた。それが「ダウーディ」という名前の由来です。

――ダジャーニ教授の和解や宗教対話の取り組みは、ダジャーニ家の平和的共存を重んじる伝統に基づいているとも言えますか。

教授 その通りです。宗教対話と寛容の精神は私の家族の遺産《レガシー》です。ダジャーニ家はエルサレムでも由緒ある家系で、平和的共存を推進することで知られています。一九三八年、私の家族を代表するハッサン・シッキ・オマール・アル＝ダジャーニ（一八九〇～一九三八）は、アラブ人過激派の指導者ハジ・アミン・アル・フセイニ（一八九五～一九七四）に暗殺されました。アル・フセイニの不寛容で強硬な姿勢に反対して、ユダヤ人との共存を訴えていたからです。

――アル・フセイニと言えば、パレスチナ・イスラエル紛争の元凶のような人物ですね。彼は、ナチス・

ドイツと手を組み、アラブ人に反ユダヤ感情を焚き付けるだけでなく、ユダヤ人との協調路線を支持する穏健派やアラブ人指導者を多数殺害しています。残念なのは、アル・フセイニの扇動や粛清で、二国共存を受け入れる穏健派のアラブ指導者がいなくなり、闘争派ばかりになったことだと思うのですが。

教授　アル・フセイニがあんなことをせず、融和策をとっていたら、イスラム教徒、キリスト教徒、そしてユダヤ教徒が共存していたイギリス委任統治時代初期の多元的な社会のあり方を継続することができました。アル・フセイニの経歴は至って奇妙なんです。宗教的な資格は何も持っていないのに、他のイスラム教の指導者を出し抜いて、イギリス人によってエルサレムのイスラム教法典権威《ムフティ》に任命されている。彼は過激派であって、平和の使者ではありませんでした。もちろん、ユダヤ側にも過激派はいました。当時の状況は、一九九三年のオスロ合意以降の状況に似ているかも知れません。

アラファトの過ち

——パレスチナ社会でアル・フセイニを批判したり、かつてのアラブ人社会にいた穏健派の人がアル・フセイニによって抹殺されたことを公言したり、学校の歴史教育で教えたりするのは無理ですか。それで穏健派の正当性を訴えることができると思いますが。

教授　アル・フセイニは、今日のパレスチナ人社会では英雄視されていますから、彼のことを批判するのは非常に危険です。パレスチナ人社会で彼について否定的なコメントをしたり、彼の歴史的な役割を再検討したりなど、まずできない。同じことはアラファトにも言えます。アラファトは、非常に多くの過ちを犯し、パレスチナ人がそのために多くの代償を払った。でもアラファトを批判できるようになるにはもう少し時間が必要です。

——アラファトの「過ち」とはどんなことですか。

教授　彼が一九九六年に大統領になった時、権力を共有することができなかった。それがアラファトの問題です。彼は、エルサレムを十字軍から解放したイスラム教徒の英雄サラディンの再来になりたかった。アラファトは優秀な人材を権力の座に就かせなかったのです。彼は、ジョージ・ワシントンやネルソン・マンデラのようになるべきでした。彼らは民主制度の仕組みを打ち立てて大統領の任期が済むと、権力から離れました。同様に、アラファトも憲法と民主制度の遺産を私たちに残すことができたのに、しなかった。権力欲があまりにも強すぎたんです。

だから、未だにパレスチナ社会では任期の過ぎた政府が統治しているし、大統領が民主的に選出される仕組みもない。私たちは、パレスチナに民主制度を築けると期待していました。でも残念ながら、指導者が死ぬかクーデターで転覆されるまで権力を掌握する第三世界諸国のようになってしまった。

パレスチナ社会の問題

――教授はヨッシーさん宛の手紙でパレスチナ人の「大いなる夢」という表現を使っていますね。

教授　パレスチナ社会は、未だに一九六七年の戦争直後の考え方、アラブ連盟があの年の九月に発表した「イスラエルとは和平を結ばず、承認せず、交渉せず」という声明を踏襲しています。イスラエルは「アラブ世界の心臓部に突き刺さった短剣である」と信じて、それを撲滅すべきだと。ヨルダン川から地中海までパレスチナを解放し、イスラエルの存在しないパレスチナ国家を築こうと考えている。それが「大いなる夢」です。それを子供たちは学校で教え込まれています。

西岸地区に住むパレスチナ人の若い世代は、イスラエルの刑務所に入りたがっているんです。そしたら「同胞のために自己を犠牲にした」ということで英雄扱いされるし、パレスチナ政府の職につける。

採用の資格は、どんな技能を持っているかではないんです。それに対しては誰も反対意見を言わない、言えないんです。

――では、どういう取り組みから始めたらいいと思いますか。

教授　占領を一刻も早く終結させるべきです。ただ、パレスチナ社会では、何でも占領やイスラエルのせいにする。自分たちに民主制度がないのも、独裁政治なのも、全部イスラエルのせいだと。それは間違いです。

パレスチナ社会で、和解と寛容の精神を普及させる必要があります。日本では子供の頃から平和の大切さを教えるように、和解のスペシャリストを育成するようパレスチナの教育システムに組み込まなければならない。パレスチナの子供たちは、ユダヤ人やイスラエル人、アメリカや西側に対する憎しみや敵意を抱くように育てられています。私たちは自らを改め、平和の文化に転向しなければなりません。

イスラエル人との接触

――転向と言えば、ダジャーニ教授もかつては過激派で、イスラエル撲滅を呼びかけるファタハのリーダーでしたね。何がきっかけで寛容と和解の道を推進するようになったのですか。

教授　一九九三年、私は、癌《がん》を患っていた父の世話をするためにエルサレムへ帰ってきました。私はそれまでユダヤ人やイスラエル人と接することはなかったし、関係を持つのを避けていました。でも当時、父はイスラエルのハダッサ病院で治療を受けていて、その送り迎えを私がするようになった。私はそこで心打たれたんです。ユダヤ人の医師たちは、父をパレスチナ人としてではなく一人の患者として治療してくれていた。病院には他にもパレスチナ人の患者がいましたが、イスラエルの医療システムのもとで平等に治療を受けていました。それは私にとって衝撃的でしたし、葛藤を抱くようになりました。イスラエル人を人間として見られるようになってしまったからです。一九九五年に父は亡くなりましたが、治療のお陰で五年間生き延びることができました。それは、イスラエルの医師たちが与えてくれた五年間でした。

それから数年後の金曜日の夕方、母、弟、弟の娘の四人で、テルアビブで夕食をしていたら、突然母が喘息の発作を起こしたんです。母の吸入器は空でした。安息日だったので近所の店は閉まっており、車でエルサレムに帰ることにしました。道中、喘息の発作は酷《ひど》くなるばかりで、車を運転していた弟は、ちょうどベングリオン空港の近くを走っていたので、空港に向かうことにした。私はイスラエル人が助けてくれるとは思っていなかった。でも、空港の検問所の職員に母の容態を説明したら、直ちに医療チームが駆けつけてくれ、母を蘇生するために一時間以上あらゆる手を尽くしてくれた。さらには救急車を呼んで、近くの軍の病院に母を運んでくれましたが、残念ながら病院に着いた時には、母は亡くなっていました。でも、それは私にとって覚醒の経験でした。父の死の時よりも強烈でした。私は、相手側の中にある善きものを見たのです。それで、彼らと共存できる、いや、彼らと和解し、共存しなければならないと確信したのです。そして、「誰もが善きものを持っている。その善き部分を見出だして、それが現れるために努めなければならない」という私の信念を強めてくれました。

ついこの間も、夜の八時頃、弟を乗せて車を運転していたら、タイヤがパンクしたんです。外は土砂降りの雨でした。車を脇に停めたけれども、車載ジャッキを持っていなかった。そしたらイスラエル人の車が停まって、若い男性が「お手伝いしましょうか」と声をかけてくれました。雨の中、タイヤの交換を手伝ってくれ、去って行きました。彼にとって、私たちがアラブ人だったことなど関係なかった。あの青年はただ、人を助けたかっただけでした。こういう些細なエピソードを、お互いの社会でもっと頻繁に伝えていくことが必要です。

パレスチナ国家の未来

――教授は、パレスチナ国、イスラエル国、ヨルダン王国の連邦案を考えていると聞きました。

教授　グローバル化の時代に小さな国が生き延びるのは困難です。パレスチナ人とヨルダン人には親戚が多いし、ヨルダンの政治体制は多元主義に基づいているから共存しやすい。ヨルダンではレバノンやシリア、イラク、パレスチナから避難した人たちが住んでいます。ヨルダンと連邦を結んだらパレスチナ国家にとっても有益だと思っています。この連邦機構にイスラエルを組み込むこともできるはずです。

――それはどちらが先ですか。パレスチナ国家の独立ですか、それとも連邦ですか。

教授　まずは、世俗的で民主的なパレスチナ国の独立が必要です。パレスチナ人としての独自のアイデンティティを確立することが大事です。それと並行して、イスラエルとの信頼関係を築くための期間も必要です。そしてやがてはヨルダンやイスラエルと連携して、経済、安全保障、環境など各分野で協力関係を築けたらいいと思います。

――何か特定のモデル、例えばベルギー・オランダ・ルクセンブルクの三カ国連合ベネルクスなどをイメージしているのですか。

教授　いや、他のモデルをコピーする必要はありません。ヨーロッパとは文化も環境も異なるから、自分たちに合った独自のモデルを考案したらいい。

それは、パレスチナ側が南アフリカのアパルトヘイトを持ち出して、イスラエル批判をしていることにも言えます。あれは間違いです。イスラエルに対するボイコット運動なんて紛争解決のためにはならない。イスラエル人もパレスチナ人も、互いにビシネスを通してそれぞれの益になっている。紛争解決に一番大切なのは信頼関係の回復です。ボイコット運動や憎悪を駆り立てていては、絶対に信頼関係を築けない。パレスチナ人に必要なのは、イスラエル反対・パレスチナ支持の立場ではなく、和平支持、和解支持の立場をとることです。

宗教対話の使命

――教授は、和解には宗教対話が必要だと考えているようですが、それはどんな観点からそう思われるのですか。

教授　敵意や憎悪は無知に根ざしています。だから、無知を克服しなければならない。ヨッシーさんに書いた返信で、クルアーンがユダヤ人を「豚や猿」と描いている箇所をイスラエル人のイスラム専門家が誤解していたことに触れたので、ここでは繰り返しません。ただ、同様のことはパレスチナ人にも言えます。パレスチナの大学では、イスラム教については学べても、他宗教についてはきちんと教えてもらえない。また、イスラム教の教育も、平和的な視点からではなく、他宗教の真理を否定し憎悪を抱くような教え方をしています。例えば、ユダヤ人が預言者（訳注・ムハンマド）を毒殺した、などです。全くのナンセンスで、そんな主張を証明する歴史的な証拠はありません。また、アラファトはユダヤ人の神殿はエルサレムではなくイエメンに建てられていたと信じていた。だから、宗教者同士が教育に関して対話する必要があります。まずは、各宗教宗派の指導者たちが他宗教のことを学ぶこと。特に、イスラム教の長老《シェイフ》や指導者《イマーム》が取り組むべきです。

――宗教対話をしても「話し合い」の次元で終わるから、無意味だという人もいますね。

教授　でも、宗教対話をしないと了見が狭くなります。かつて私はエルサレムYMCAの執行委員会のメンバーでした。ダビデの塔の博物館長もメンバーでした。私はあの博物館を一度も訪れたことがなかった。それで彼が私に、「うちの博物館はあなたのホテルのすぐ隣にあるのに、なぜ訪れたことがないんですか」と尋ねてきたんです。私は、「あの博物館は、エルサレムの歴史におけるイスラム教の文化や役割について紹介しないからだ」と答えました。そしたら、彼が博物館に特別に招待してくれました。展示品を紹介するガイドもつけてくれて。行ってみて驚きましたね。イスラム教の様々な時代がきちんと展示されていた。自分にとって宗教対話の大事な教訓でした。自分の目で確かめもせず、「あの博物館はイスラム教の歴史を無視しているからボイコットするべきだ」という噂を信じていたんです。

――パレスチナ社会に関して、教授が一番懸念していることは何ですか。

教授　それは、イスラム国（IS）がパレスチナに来ることです。イラクとシリアの次はパレスチナかも知れません。

――ISがどうやってパレスチナに来るんですか。

教授　ISの過激派たちがパレスチナに来るのではなく、そのイデオロギーが普及されることです。イデオロギーに境界線はないですから。

――ヨッシーさんがパレスチナ人から受け取った返信の多くは匿名を希望しています。それはなぜだと思いますか。

教授　現状に希望が見出だせないと、人は悲観的になって過激派を支持するようになります。今日のパレスチナ社会では、イスラエル人に協力する人を猛烈に攻撃します。だから、返信を書いた人たちは自分がイスラエル人と共謀する裏切り者と見なされるのを恐れているんです。職を失うだけでなく、下手すると自分や家族に命の危険を及ぼしかねない。

――教授は二〇一四年三月にパレスチナ人の学生たちをアウシュヴィッツに連れて行って、ホロコーストについて教えましたね。それで職を失い、身辺が危険になった。そのようにアラブ社会のタブーを犯すような行為をして、怖くないんですか。

教授　あのアウシュヴィッツ訪問は前代未聞のことだったので、アラブ人コミュニティでは大騒動になりました。アウシュヴィッツから帰ってきたら、デモ集会が開かれたり、脅しを受けたり、車を燃やされたりしました。あれから五年になりますが、未だに身の危険を感じながら生きています。でも、自分がするべきことはしなければならない。神の計画がある。私は使命を全うするまでは死なないと思っています。

――現在取り組んでいることは何ですか。

教授　ドイツのフレンスブルクにあるヨーロッパ大学と協力して、和解や共感、宗教対話、調停、紛争解決、和平に関する博士課程のプログラムの設立に取り組んでいます。アイルランドや南アメリカのように、紛争が解決する時代を待つのではなく紛争の最中にあって平和と和解と寛容の文化を教育したいのです。

＊

インタビューが終わり、ダジャーニ教授とエルサレム旧市街近くのモールを散歩した時、教授が感慨深く言われた言葉が心に残った。「ここを歩いても、誰がイスラム教徒で、パレスチナ人、イスラエル人なのか分からないし、そんなこと誰も気にしない。本当はそうあるべきなんだ」

日本政府や日本のNGO団体がパレスチナ社会への貢献を検討しているなら、ダジャーニ教授が所長を務めるワサティア和解センターとの連携を勧めたい。ちなみに、ワサティアの共同設立者でダジャーニ教授の弟であるムンター・ダジャーニ教授は、二〇〇六年十一月に世界連邦日本宗教委員会の東京大会で基調講演を行ない、「中東における平和へのビジョン」を語っている。

訳者あとがき

本書は、ヨッシー・クライン・ハレヴィ著『*Letters to My Palestinian Neighbor*』（HarperCollins, 2018）の全訳である。翻訳には二〇一九年発行の第二版を使用した。

著者はニューヨークのユダヤ人の家庭に生まれ育った。ニューヨーク市立大学ブルックリン校でユダヤ学を学び、シカゴのノースウェスタン大学大学院でジャーナリズムを専攻し、以後ジャーナリストとして活動する。一九八二年にイスラエルへ移住し、現在はエルサレム・ハルトマン研究所上級研究員として勤めるかたわら、イスラエルの時事問題、中東問題、宗教対話に関する執筆や講演活動を積極的に行なっている。

著者は幼少の頃から、ホロコースト生存者である父親の体験談を聞いて育った。父親の一番の教えは、「世界に幻想を抱かず、現実を直視しろ」だった。ホロコーストが起きたのは、ユダヤ人にも責任がある。ただし、それはユダヤ人が臆病だったからではなく、甘い考えを抱き、西洋文明と西洋の人道主義《ヒューマニズム》を信じていたからだ、と。同胞であるユダヤ人に対して責任を持つ——この自覚が著者のユダヤ人意識と危機意識を育み、十代の頃からシオニズム強硬派の青年運動ベイタルに入り、ソヴィエト連邦からユダヤ人を救出するための抗議運動などへ積極的に参加した。後に極右ユダヤ人活動家となるメイール・カハナもソヴィエト連邦のユダヤ人救出に熱心で、著者はその姿に惹かれてカハナのユダヤ防衛同盟（ＪＤＬ）のメンバーになった。しかしＪＤＬが過激になるにつれて遠ざかり、ユダヤ人と異邦人の和解を探るようになる。父親の感化をどう受け止めるべきか苦悶する青年時代の著者の姿は、ホロコースト生存者と次世代の関係を扱ったドキュメンタリー映画『カディシュ』（一九八四年）の題材となっている。

特筆すべきは著者の思想的な転向だ。シオニズム強硬派の活動家だった著者は、本書の謝辞にも載っているイスラエルのラビ、ダヴィッド・ハルトマン師やメナヘム・フローマン師と出会う。現代ユダヤ思想界を代表するハルトマン師からは、ユダヤ人が主権を回復することに対して道義的な責任を担う必要性を学び、現代ユダヤ神秘主義者を代表するフローマン師からは、自分に対して公然と敵意を抱く人にも心を開き、隣人に手を差し伸べることの大切さを学んだという。著者はこの両師の感化を受けて、独善的な主張を回避するようになった。そして、和平のためには宗教宗派を超えた信仰者の連帯が必要と考えるようになり、現在に至っている。

本書以前の著者の代表作は三つある。

『一ユダヤ過激派の自叙伝』（*Memoirs of a Jewish Extremist*, 1995）。著者の思想的な遍歴を著しつつ、ユダヤ人としてアメリカで生きることを論じた作品。

『エデンの園の入り口で』（*At the Entrance to the Garden of Eden*, 2001）。本書で紹介されているように、著者の一九九〇年代後半のパレスチナ社会の訪問記で、隣人の信仰と体験を理解する試み。

『夢見る者のように』(*Like Dreamers*, 2013)。一九六七年の六日戦争で戦った空挺部隊の隊員七名の各人各様の生涯を愛情込めて綴りつつ、イスラエルの歴史と様々な思想の潮流を辿る作品。聖都エルサレムを統一した六日戦争が、結果的にイスラエル社会を分断し、中東情勢にどのように影響を及ぼしたかを記している。

本書を訳していて何度となく脳裏に浮かんだのが、スウェーデン国教会のストックホルム司教で宗教対話に熱心だったクリスター・ステンダール教授(一九二一〜二〇〇八年)のことだ。同氏は、ハーバード神学校で聖書学(新約)を教え、本書著者の勤めるハルトマン研究所の客員フェローでもあり、宗教間対話に関する重要な三原則を述べている。

一、他の宗教を理解しようとするとき、その宗教の信奉者に尋ねるべきで、敵対者に尋ねるべきではない。
二、自分の宗教の一番良い部分と相手の一番悪い部分を比較してはならない。
三、「聖なる羨望」を持つこと。他宗の伝統の中で尊敬でき、自分の宗教にも取り入れることができたらと思えるような余裕を持つこと。

本書は、いわばステンダールの三つの原則に基づいた対話を促している。相手側にレッテルを貼ったり、先入観で判断したりするのではなく、人格的な交流を通して相互理解を深める。そして、自分の側の苦闘や問題点も率直に話し、相手の宗教の素晴らしさを素直に認め、心から尊敬できるようになることを心がける。それは、人間が他者を理解し、人と共に生きる上で一番大切なことを回復することでもある。

本書で最も画期的なのは、著者が、第二版のエピローグとして初版に対する反響、それも自分と真逆の主張を、あえて自分の反論も載せずに掲載していることだ。それは、著者が、返信を書いてくれた送り主たちに敬意を表し、判断は読者の見識に委ねているからだ。

ただ、返信には虚実ないまぜにした論旨や事実を歪曲した主張もある。イスラエルは南アフリカのようなアパルトヘイト国家だ、などというコメントはその類いだ。逆説的ながら、仮にイスラエルが南アフリカのような人種差別政策を実行していたなら、パレスチナ人による市営バスやレストランでの自爆・殺傷テロは起こらなかっただろう。アパルトヘイト国家では出自別のバスやレストランを使用しなければならず、パレスチナ人はユダヤ人が使うバスやレストランには入れないことになるからだ。また、イスラエルにはアラブ系の大学教授や国会議員、最高裁判事がいることも、この紛争の本質が人種差別ではないことを裏付けている。なおパレスチナ民族運動は、南アフリカのアフリカ民族会議の目標とは異なり、イスラエルの市民権獲得を望んではいない。と言うのも、市民権獲得はイスラエル国の正当性を承認することになるからだ。同運動が市民権獲得を拒否していること自体、イスラエルがアパルトヘイト国家でないことを意味している。

日本でのアラブ・イスラエル問題に関する報道や解説書の取り上げ方は一面的な場合が多いので、返信の謬見《びゅうけん》を一つずつ指摘しておかないと誤った理解を日本に広めかねない。だが本書ではそういった指摘はあえてせず、むしろパレスチナ社会内部の声として、パレスチナ社会の良心と呼ばれるムハンマド・S・ダジャーニ・ダウーディ教授のインタビューを載せることとしたので、そちらを参照されたい。

なお、先に訳したダニエル・ゴーディス著『イスラエル――民族復活の歴史』(ミルトス、二〇一八年)の訳者解説では、アラブ・イスラエル紛争問題に関して最低限踏まえておくべき要点として、パレスチナ問題の背景、領土問題の捉え方、イスラエル国防軍の対応の三つについて簡潔に紹介しておいた。合わせて参照していただければ、本書の内容をより理解できるだろう。

葉上照澄大阿闍梨のこと

ここで、献辞に記されている天台宗の大阿闍梨である葉上照澄《はがみしょうちょう》尊者(一九〇三~一九八九)について触れたい。日本人が今後、本書の紛争問題や宗教対話に関わるにあたって是非とも知っておくべき足跡を残した人物なので、少し長くなるが紹介する(なお、本書原著の献辞には、MLIの共同創立者のアンテプリ師と歴史学者で在アメリカ合衆国イスラエル大使を務めたマイケル・オレン氏の名が記されている)。

葉上尊者は昭和の日本仏教界を代表する人物で、世界平和のためには宗派を超えた宗教者の協力が必要との持論から、日本内外で宗教対話と中東和平の推進に尽力された。

戦前はドイツ哲学の教授、新聞記者を生業としていたが、妻の死と日本の敗戦が契機となり、四十歳を越えていた戦後間もなく、日本の再建のために、先ずは自分の建て直しから取り組まなければならないと思い、比叡山に入られた。入山の翌年、七年を要する難中難の千日回峰行《かいほうぎょう》に挑み、さらに運心回峰行千日、法華三昧行千日とあわせて三千日の聖行を満行して大行満《だいぎょうまん》になられた。そして、新日本を担う人間づくりに励むと共に、人類の和解を求めて日本内外で積極的に活動された。

尊者は「世界が平和になるためには、キリスト教とイスラム教とユダヤ教が和解しなければ駄目だ。それを和解させるのは日本の宗教者以外できない」という自覚を抱き、中東和平に関わるようになるが、それにはこんな経緯《いきさつ》がある。

ある日、鎌倉円覚寺の朝比奈宗源《あさひなそうげん》老師から会いたいという電話があり、隠寮を訪れると、いきなり「エジプトへ行ってほしい」と言われた。世界二大宗教のキリスト教とイスラム教を和解させることが世界平和の先決で、そのために老師自らエジプトに赴《おもむ》きたいのだが主治医の許可が下りない、とのことだった。

そして、老師は尊者にこう告げられた。

日本は原爆の洗礼を受けた唯一の被爆国である。原爆の出現によって初めて人類は絶滅することを知った。神はなぜ広島長崎を選んだのか。少なくとも神がモーゼにシナイ山で十戒を授けてより三千三百年、その人類の宿業の後始末を日本の宗教者に命じたのかも知れない。そう思うとやり甲斐もあろう。エジプトのナセル亡き後のサダト大統領は強い宗教的信念の持ち主のようだ。ソ連と断交して大使を追い帰している。機会は今だと思う。

尊者は、老師の話を聞いていて、伝教大師の「大道未だ弘まらざれば、大人《だいにん》興り難し」という言葉が胸に迫って来たという。そして決然として「そうだ、その仕事に残された私の生涯を賭けよう」と奮起された。以後、尊者は何度もエジプトやバチカンを訪れている。エジプトのサダト大統領と深い信頼関係を結び、バチカンの諸宗教省長官ピネドリー枢機卿とも真の友情関係を築いた。サダト大統領を訪れた際に、尊者が半切りに書いた伝教大師の「照干一隅」を広げて、「ポストにベスト、大統領の職責を命がけでやり通しなさい」と言うと、サダト大統領はいかにも満足そうな笑顔を見せ、何度も握手をして別れた。

一九七七年のエジプト訪問の後、葉上尊者はサダト大統領に親書を送り、中東紛争を解決するため、同じアブラハムの子孫であるユダヤ教とキリスト教とイスラム教の対話を進言された。これが一つの機縁となって、同年十一月十九日、サダト大統領の劇的なイスラエル訪問が実現し、イスラエル国会議事堂での宗教的信念に満ちた大演説が行なわれた。この歴史的な快挙がエジプト・イスラエル平和条約に繋がることになる（翌々年の一九七九年三月二十六日に締結）。

葉上尊者はこの間、お祝い状に添えてさらに第二の書簡を送り、シナイ半島が返還されたときには、シナイ山でユダヤ教、キリスト教、イスラム教による、世界平和のための共同礼拝式典を開催したらどうかと提案された。すると、一九七九年十一月十九日にシナイ半島が返還されることが発表され、尊者は、サダト大統領の招請により、返還記念式典とサダト大統領によるユダヤ教、キリスト教、イスラム教の三教共同礼拝に参列した。

しかし一九八一年、サダト大統領が過激派イスラム兵士の凶弾に倒れた。犯行声明には、第一の理由はサダト大統領がユダヤ教徒と握手したからだとあるのを聞いて、尊者は、とっさにこれは自分が代わって殺されるべきだと思われた。ユダヤ教との和解は尊者がサダト大統領に幾度となく進言したことだったからだ。尊者はこの死を受け、全責任を担う覚悟で、シナイ山での共同礼拝を計画された。イスラム原理主義者に狙われているとの情報がある中、一九八四年に再びシナイ山に世界の宗教者が結集し、人類の和解と世界平和の祈りを捧げる壮挙が行なわれた。アメリカのある宗教歴史学者が、この挙行を「有史以来の出来事であり、日本の宗教者がそのイニシアチブを取ったことを高く評価する」と述べている。

尊者には、あらゆる宗教者の共鳴を呼ぶ道心が働いていた。それは、「時間、空間に永遠の存在が二つも三つもあってはたまりません。時代と場所によってその呼び名と性格が違うだけのことです」という尊者の言葉が示すように、各々の歴史や伝統を尊敬しつつも、永遠なる実在は一つであるという固い信念をなしていた。実に、本書の根底にある「聖なる実在の前に一つになる」感覚と相通じる感性である。

尊者は晩年まで多忙なスケジュールをこなし、世界中を飛び回り、比叡山に内外の宗教代表を集めて宗教サミットを開催された。しかし現状に決して満足されず、宗教サミットで議長を務めながらも「まだまだホンマもんじゃない」と席上喝破され、満場の人々の度肝を抜かれたそうだ。

イスラエルには一九八八年に訪問され、イスラエルの首長ラビやユダヤ賢者アンドレ・シュラキ師との対話が行なわれた。エルサレムでは「わしはここで死んだら本望だ」と言われたそうだが、それはエルサレムが三大一神教の聖都だからだけでなく、ここで人類の和解と中東和平のために死ねたら本望だという尊者の祈りの言葉だったのかも知れない。最後は宗教サミットをエルサレムで開催することに身命をかけて行動されたが、その実現を見ず一九八九年に遷化された。

実は、本書の出版は葉上尊者のお陰と言える。二〇一八年は、葉上尊者がイスラエルを訪れてちょうど三十年目にあたり、同年六月に、尊者の弟子である横山照泰《しょうたい》師を団長とした「葉上照澄大阿闍梨の足跡を辿る」イスラエル・ツアーが実施された。一行はエルサレムで世界平和を祈願し、現地の諸宗教を代表する指導者たちとの素晴らしい対話の機会があった。訳者も、ニューヨークから通訳として参加させてもらった。面識のないはずの尊者が、出発の二日前に夢に現れたのを鮮明に覚えている。

ツアーの二カ月前に本書の原著が出版されたばかりで、この邦訳があれば、日本人が今後、現地の人たちと宗教対話や紛争解決について語る場合により深い話ができるのではないかと思っていた。それで、最終日のホテルでの朝食時、参加されていた葉上尊者の愛弟子でダイセーグループの田中孝一会長に邦訳出版の相談をしたら、二つ返事で「それ、やりましょう」と出版に全面協力してくださるとの有難い言葉をいただいた。同席されていたご子息の田中毅さんが「それを訳したら、葉上先生の供養になりますね」と言われたのが心に残っている。

この出版は、田中会長の絶対の信頼と全面協力なくしてあり得なかった。深甚の謝意をここに表します。また、株式会社ミルトスの谷内意咲氏をはじめスタッフの皆さんにお世話をいただいた。ここに厚くお礼を申し上げたい。そして、本書の下訳を校正してくれた父にも心から感謝したい。

今年は、奇しくも、葉上尊者の祈りであったエジプト・イスラエル平和条約が締結されて四十年であり、さらには、尊者が遷化されてちょうど三十年になる。尊者は生前、「僕は死後も戦いは続くと思っている」と言われたそうだが、今も死んでも死なない無窮《むきゅう》の生命をもって働きかけているのを感じてならない。本書がその志を醸成する因《よすが》となり、世を照らす一隅の灯明となる一助となれば幸いである。

二〇一九年三月七日

エルサレムにて　　訳　者

● 著者紹介　ヨッシー・クライン・ハレヴィ（Yossi Klein Halevi）

1953年ニューヨーク生まれ。エルサレム・ハルトマン研究所上級研究員、作家、評論家、講師。イスラエルの時事問題、中東問題、宗教対話に関する著書多数。ユダヤ教徒として、キリスト教やイスラム教との相互理解に取り組む。中東和平のためには宗教宗派を超えた宗教者の連帯が必要との視点から、イスラム教の指導者でデューク大学のアブドゥラー・アンテプリ師と共に、ムスリム・リーダシップ・イニシアチブ（新進気鋭のイスラム系アメリカ人指導者たちに、ユダヤ教とイスラエルについて教える教育プログラム）を発足。エルサレム在住。

● 訳者紹介　神藤誉武（じんどう　よぶ）

1972年、東京生まれ。1997年、エルサレム・ヘブライ大学聖書学科・タルムード学科卒業。1999年、ハーバード大学大学院中近東言語・文化学部修士課程修了。2006年、米国ユダヤ神学校大学院聖書・古代セム語学科博士課程修了、Ph.D. 取得。ニューヨーク大学ティクバ研究所に勤務するかたわら、ニューヨーク大学、同大学ロースクール、ユダヤ神学校、シンガポール国立大学で教鞭を執る。イスラエル・バルイラン大学およびシャレム・カレッジ客員教授。専門は聖書学、ユダヤ学、宗教哲学。専門分野での論文多数。訳書に『イスラエル ――民族復活の歴史』（D・ゴーディス著、ミルトス）がある。

● 口絵写真
イスラエル政府報道担当局
イスラエル観光省／横山匡
● 装幀
クリエイティブ・コンセプト

わが親愛なるパレスチナ隣人へ
――イスラエルのユダヤ人からの手紙

2019年4月19日 初版発行

著者　ヨッシー・クライン・ハレヴィ
訳者　神藤誉武
発行者　谷内意咲
発行所　株式会社 ミルトス
〒103-0014 東京都中央区日本橋蛎殻町
1-13-4 第1テイケイビル 4F
TEL 03-3288-2200　FAX 03-3288-2225
振替口座 00140-0-134058
http://myrtos.co.jp　pub@myrtos.co.jp

印刷・製本 中央精版印刷株式会社　Printed in Japan　ISBN 978-4-89586-163-2
定価はカバーに表示してあります。